云南省第三批省级一流本科课程金融学建设成果

金融学
专业知识与实务训练

麦强盛　查贵良——主　编
杨健梅　边　瑞　闫翠珍　王玉兴——副主编

FINANCIAL THEORY AND PRACTICE

中国林業出版社
CFPH China Forestry Publishing House

内 容 简 介

本书是云南省一流本科课程“金融学”的配套教辅资料，聚焦银行业、证券业、保险业和基金业，体现最新金融理论与实践，融汇金融从业资格考试内容，使学生既系统掌握金融理论知识，又清晰把握金融从业资格考试前瞻，实现思教融合、科教融合、创教融合、产教融合。同时学习贯彻习近平总书记给全国涉农高校的书记校长和专家代表回信精神，厚植学生“三农”情怀，持续提炼农耕文化、家国情怀等思政元素，系统整理金融学在农林业领域的实践和应用案例，将思政教育贯穿教材全过程。本书适用于大学金融学类以及经济学科相关专业的本科学生、金融从业者以及需要系统了解、掌握金融知识的一般读者。同时可作为相关金融学知识竞赛的辅导读物。

图书在版编目(CIP)数据

金融学专业知识与实务训练 / 麦强盛，查贵良主编；杨健梅等副主编. --北京 ：中国林业出版社，2025. 5(2025. 12 重印)

ISBN 978-7-5219-3196-9

Ⅰ. F830

中国国家版本馆 CIP 数据核字第 20258Q0E83 号

策划编辑：丰　帆
责任编辑：丰　帆
责任校对：苏　梅
封面设计：时代澄宇

出版发行：中国林业出版社
（100009，北京市西城区刘海胡同 7 号，电话 83223120）
电子邮箱：jiaocaipublic@163. com
网　　址：https：//www. cfph. net
印　　刷：北京中科印刷有限公司
版　　次：2025 年 5 月第 1 版
印　　次：2025 年 12 月第 2 次印刷
开　　本：787mm×1092mm　1/16
印　　张：16
字　　数：369 千字
定　　价：55. 00 元

前言

金融是国民经济的血脉，关系中国式现代化建设全局。党的二十大报告指出，深化金融体制改革，建设现代中央银行制度，加强和完善现代金融监管，强化金融稳定保障体系，依法将各类金融活动全部纳入监管，守住不发生系统性风险底线。党的二十届三中全会对进一步深化金融体制改革作出重大部署，必将为加快建设金融强国注入强大动力，不断开辟金融工作新局面。

金融更好地服务实体经济的必然要求。实体经济是金融的根基，服务实体经济是金融的天职。要继续以改革为牵引，建立健全金融服务实体经济的激励约束机制，打通金融服务实体经济的堵点、难点，把金融资源真正集聚到高质量发展的战略方向上来，聚焦到服务新质生产力发展需要上来，着力做好科技金融、绿色金融、普惠金融、养老金融、数字金融"五篇大文章"，为实体经济发展提供更高质量、更有效率的金融服务，促进经济和金融良性循环。

本书积极落实党的二十大精神进教材工作，在核心理念上强调"金融是实体经济的血脉，为实体经济服务是金融的天职，是金融的宗旨，也是防范金融风险的根本举措"。作为云南省一流本科课程"金融学"的配套教辅资料，本书聚焦银行业、证券业、保险业和基金业，体现最新金融理论与实践，融汇金融从业资格考试内容，使学生既系统掌握金融理论知识，又清晰把握金融从业资格考试导向。

本书以人格塑造、知识传授和能力培养为目标，沿着知识主线，跟踪金融前沿热点，深挖课程思政元素，以金融热点串联知识、以中国故事塑造价值、以中国实践提升能力，引领学生深入理解并有效践行中国特色金融发展之路。同时学习贯彻习近平总书记给全国涉农高校的书记校长和专家代表回信精神，厚植学生"三农"情怀，持续提炼农耕文化、家国情怀等思政元素，系统整理金融学在农林业领域的实践和应用案例，将思政教育贯穿教材全过程。

本书由西南林业大学麦强盛、查贵良担任主编，杨健梅、边瑞、闫翠珍、王玉兴担任副主编。具体分工如下：麦强盛拟定全书提纲和内容要点，编写第14、15章；查贵良编写第8、9、10章，并负责全书的统纂与修改工作；杨健梅编写第1、2、3、4章；边瑞编写第5、6、7章；王玉兴编写第11、12、13章；闫翠珍编写第 16、17、18 章。

本套辅导教材以及相关用书，可供金融业从业资格全国统一考试人员参考使用，对于其中存在的疏漏和错误之处，欢迎读者指正。

麦强盛　查贵良

2024 年 12 月

目 录

银行篇

第 1 章　银行体系 …… 2
1.1　银行的起源和发展 …… 2
1.2　我国银行体系 …… 4
1.3　银行体系的安全保障 …… 11
第 2 章　商业银行业务 …… 17
2.1　商业银行负债业务 …… 17
2.2　商业银行资产业务 …… 26
2.3　商业银行其他业务 …… 32
第 3 章　银行管理 …… 41
3.1　银行管理基础 …… 41
3.2　资产负债管理 …… 48
3.3　资本管理 …… 52
第 4 章　银行风险管理 …… 58
4.1　银行风险概述 …… 58
4.2　流动性风险管理 …… 60
4.3　信用风险管理 …… 62
4.4　市场风险管理 …… 63
4.5　操作风险管理 …… 65
4.6　声誉风险管理 …… 66

证券篇

第 5 章　证券市场基本法律法规 …… 70
5.1　证券市场的法律法规体系 …… 70
5.2　证券法 …… 71

5.3 期货和衍生品法 …… 83
第6章 证券经营机构管理规范 …… 91
6.1 风险管理 …… 91
6.2 投资者适当性管理 …… 99
第7章 证券公司业务规范 …… 103
7.1 证券承销与保荐 …… 103
7.2 证券公司融资融券及其他信用业务 …… 108
7.3 证券自营 …… 116

保险篇

第8章 保险概述 …… 122
8.1 保险的性质、含义、要素与特征 …… 122
8.2 保险的分类 …… 127
8.3 保险的地位、职能与作用 …… 133
第9章 保险合同 …… 141
9.1 保险合同的特征与种类 …… 141
9.2 保险合同的主体与客体 …… 143
9.3 保险合同的内容与形式 …… 145
9.4 保险合同的订立、变更、解除和终止 …… 147
9.5 保险合同的履行 …… 148
9.6 保险合同的解释和争议的处理 …… 150
第10章 保险的基本原则 …… 154
10.1 保险利益原则 …… 154
10.2 最大诚信原则 …… 156
10.3 近因原则 …… 157
10.4 损失补偿原则 …… 159
第11章 保险市场 …… 163
11.1 保险市场概述 …… 163
11.2 保险市场供给 …… 165
11.3 保险市场需求 …… 166
11.4 保险市场中介 …… 167

11.5　保险市场监管 …… 168
第 12 章　财产保险 …… 175
12.1　财产保险的概述 …… 175
12.2　企业财产保险 …… 178
12.3　家庭财产保险 …… 180
12.4　利润损失保险 …… 182
第 13 章　人身保险 …… 185
13.1　人身保险概述 …… 185
13.2　人寿保险 …… 187
13.3　人身意外伤害保险 …… 192
13.4　健康保险 …… 194

基金篇

第 14 章　投资基金概述 …… 198
14.1　投资基金简介 …… 198
14.2　证券投资基金 …… 200
14.3　股权投资基金 …… 203
第 15 章　证券投资基金的类型 …… 207
15.1　证券投资基金的分类 …… 207
15.2　股票基金 …… 209
15.3　债券基金 …… 210
15.4　合格境内机构投资者(QDII)基金 …… 211
15.5　其他基金 …… 212
第 16 章　股权投资基金分类 …… 221
16.1　创业投资基金与并购基金 …… 221
16.2　公司型基金、合伙型基金与信托(契约)型基金 …… 223
16.3　股权投资母基金、人民币基金和外币基金 …… 225
第 17 章　基金的募集、交易、登记和设立 …… 228
17.1　基金的募集 …… 228
17.2　基金的认购、交易、申购和赎回 …… 231
17.3　基金的登记 …… 237

第 18 章　基金的信息披露 …… 239
18.1　基金信息披露的基础知识 …… 239
18.2　基金主要当事人的信息披露义务 …… 240
18.3　基金募集信息披露 …… 241
18.4　基金运作信息披露 …… 242
18.5　特殊基金品种的信息披露 …… 244
参考文献 …… 247

银行篇

第1章　银行体系

学习目标

(1)了解商业银行和中央银行的产生、发展过程。

(2)了解我国银行体系构成、各银行金融机构的内涵。

(3)熟悉和掌握商业银行的性质、职能和经营原则。

(4)熟悉和掌握中央银行的性质、职能。

(5)理解银行体系安全网“三大保障”内容。

1.1　银行的起源和发展

1.1.1　商业银行的产生与发展

1.1.1.1　商业银行的产生及形成途径

(1)商业银行的产生

银行的产生与商品经济发展紧密相关，可以说商品经济和银行形成了相辅相成的关系。14~15世纪的欧洲，由于优越的地理环境和较为发达的社会生产力，各国与各地之间的商业往来越发频繁。但是，由于当时的封建割据，不同国家和地区之间所使用的货币名称、成色等方面都存在很大差异。因此，要实现商品的顺利交换，商家就必须把各自携带的货币先进行兑换，于是当时就出现了货币兑换商，专门从事货币兑换业务。

随着商品经济的迅速发展，货币兑换和收付的规模不断扩大，而商业往来中长途携带大量金属货币存在很多不便，途中也有财物被劫等风险，由此货币兑换商开始兼营货币保管业务，后来又发展到办理支付和汇兑业务。随着货币兑换和货币保管业务的不断发展，货币兑换商手中集聚了大量的货币资金，而这些委托保管的货币，有相当一部分长期积存，不会被马上提取，因此这部分货币可以用来发放贷款，获取高额利息收入，货币兑换商便开始了授信业务。货币兑换商为了获得更多的货币资金，开始由被动保管货币变为主动揽存货币，并且从降低保管费或不收保管费发展到给委托保管货币的客户一定的好处，保管货币业务便逐步演变成了存款业务。由此，货币兑换商逐渐开始从事信用活动，商业银行的萌芽开始出现。

银行业的发源地是意大利，1171年设立的威尼斯银行是世界上第一家现代意义上的银行。随着资产阶级工业革命的兴起，工业发展对资金的巨大需求，客观上要求由商业银行发挥中介作用。在这种形势下，西方现代商业银行开始建立。1694年由英国政府设立的英格兰银行是历史上第一家股份制银行，它的成立标志着现代商业银行的产生。

(2) 商业银行的形成途径

现代商业银行是随着资本主义生产方式的产生而发展起来的，归结起来主要有以下两种形成途径：一种是从旧的高利贷性质的银行转变成资本主义商业银行；另一种是由股份制形式组建而成的商业银行。

①从旧的高利贷性质的银行转变成资本主义商业银行。在资本主义生产关系建立之前，早期的银行就已经存在，但当时贷款利率非常高，属于高利贷性质，且规模不大。随着资本主义生产关系的逐步建立，高额的利息影响了资本家的利益，不能满足资本主义工商业的需要，制约着资本主义的发展。因此客观上迫切需要建立能够向企业提供适度利率的现代商业银行。当时的高利贷银行面临着贷款需求大幅下降和关闭的风险，为了顺应时代的变化，高利贷银行开始降低贷款利率，转变为商业银行。

②由股份制形式组建而成商业银行。英国是最早建立资本主义股份制银行的国家，其建立的第一家股份制银行——英格兰银行，以较低的利率向工商企业提供贷款。由于新成立的英格兰银行实力雄厚，很快就动摇了高利贷银行在信用领域的地位，英格兰银行也因此成为现代商业银行的典范。后来，英格兰银行的组建模式被推广到欧洲其他国家，商业银行开始在世界范围内得到普及。

1.1.1.2 商业银行的发展

资本主义产业革命促使生产力空前提高，生产力的提高又促使资本主义银行业蓬勃发展。表现为商业银行经营机构不断增加，如英国 1776 年有银行 150 家，到 1814 年则发展到 940 家，增加了 3 倍。当然在银行业的发展过程中，也有一些私人银行因为资历相对薄弱，在竞争中不断衰败和改组，被大银行控制，如英国的私人银行从 1826 年的 554 家减少到 1842 年的 310 家，而股份制银行业却在一天天扩大，如英国的股份制银行由原先的 6 家发展至 118 家。

1.1.2 中央银行的产生与发展

1.1.2.1 中央银行产生的客观要求

中央银行是在资本主义商品经济迅速发展，经济危机频繁出现，银行信用普遍化和集中化等背景下产生的，这既为中央银行的产生奠定了经济基础，又是中央银行产生的客观要求。

(1) 集中统一银行券发行的需要

早期银行除办理存贷和汇兑业务外，还可以发行银行券，以增加自己的资金。但随着经济的发展、银行机构的增多，银行券分散发行的弊端越发明显：在资本主义竞争激烈、经济危机频发的背景下，许多银行特别是小银行由于其信用能力薄弱或经营不善甚至被同业挤兑，在这样的情况下，并不能保证所发行银行券的信誉和货币流通的稳定性；此外由于一些银行的信用、资历等能力有限，所发行的银行券仅限于国内流通，给生产和流通带来不便。因此，客观上要求一家资本雄厚且在全国具有权威的大银行来集中发行银行券。

(2)统一票据交换及清算的需要

随着商品经济的发展扩大、银行业的不断发展，银行业务与日俱增，所收受的票据数量增多，银行之间的债权债务关系复杂化，单靠各家银行自行轧差进行当日清算已经很困难，票据清偿和结算的矛盾日益突出。因此，客观上要求建立一个全国统一的、有权威和公正的清算中心，而此任务只能由中央银行来承担。

(3)最后贷款人的需要

在商业银行的经营发展中，时常会出现经营资金周转困难、头寸调度不灵而濒临挤兑、破产等问题，于是迫切需要一家既集中各家银行的存款准备，又能在某些银行发生支付困难时提供周转资金的机构，即银行的最后贷款人，中央银行的出现正适应了这样的客观要求。

(4)对金融业统一管理的需要

随着经济的发展，银行数量不断增加，资金日益雄厚，业务范围越来越广，金融对国民经济的影响越来越大。要保证金融稳定、经济稳定，必须建立专门机构对金融业的经营活动进行必要的管理和监督。中央银行不仅在业务上与一般银行有密切的联系，而且能依据政府的意图制定一系列的金融政策和管理条例，所以统一金融管理这一职责须由中央银行来承担。

1.1.2.2 中央银行产生及发展

正是由于银行券发行的集中、票据清算、最后贷款人和监管的需要，一些大的商业银行逐渐从商业银行体系中分离出来，演化成为中央银行。

第一次世界大战爆发后，主要国家先后放弃了金本位制，以致出现金融混乱和严重的通货膨胀。各国政府认为有必要利用中央银行来加强对货币信用的控制，实行稳定的金融政策，以共同维持国际货币体系和经济稳定，于是推动了中央银行的普遍建立。第二次世界大战后，由于各国政治、经济发生了重大变化，大多数参战国受到严重的战争破坏、经济困难，通货膨胀。为了恢复经济，稳定经济金融秩序，各国都加强了对中央银行的控制，将货币政策作为调节国民经济的主要手段，中央银行成为制定与执行货币政策的重要机构，许多国家的中央银行开始了国有化进程并制定新的银行法，强化中央银行货币金融政策。

1.2 我国银行体系

1.2.1 商业银行

商业银行是指依照《中华人民共和国商业银行法》(简称《商业银行法》)和《中华人民共和国公司法》(简称《公司法》)设立的吸收公众存款、发放贷款、办理结算等业务的企业法人。商业银行以追求利润最大化为目标，以多种金融负债和金融资产为经营对象，为客户提供多功能、综合性的金融服务。

1.2.1.1 商业银行的性质

商业银行与一般的工商企业相比，有相同之处但也有其自身的特征。

(1) 商业银行具有一般企业的特征

商业银行作为服务企业，与一般的工商企业一样，根据相关规定成立并开展业务经营，在经营的过程中，以营利为目的，自负盈亏，经营目标是追求利润最大化。所以商业银行具有一般工商企业特征。

(2) 商业银行是一种特殊的企业

商业银行具有其特殊性，因为商业银行是经营货币资金的特殊企业，所以不能与一般的工商企业完全等同。商业银行的特殊性主要表现在：

①商业银行的经营对象特殊。商业银行的经营对象是货币资金，主要经营着与货币收付、借贷及其他与货币有关的金融服务业务。而一般工商企业主要经营一般商品，组织生产和流通或提供其他类型的服务业务。

②商业银行责任特殊。商业银行作为金融体系中重要的金融机构，承担着超出获得最大利润外的特殊社会责任，即商业银行要配合中央银行实施各种货币政策，对经济进行调节。

③商业银行与一般工商企业的关系特殊。一方面，一般工商企业要依靠银行办理存、贷款和日常结算，商业银行也要依靠一般企业经营过程中暂时闲置的资金，增加资金来源，并以一般工商企业为主要贷款对象，取得利润。另一方面，一般工商企业是商业银行业务经营的基础，企业的发展和素质会影响商业银行的生存。

④商业银行对社会的影响特殊。一般工商企业的经营好坏只影响一个企业的股东和这一企业相关的当事人，而商业银行的经营好坏可能影响整个社会的稳定。

⑤国家对商业银行的管理特殊。由于商业银行对社会的特殊影响，国家对商业银行的管理要比对一般工商企业的管理严格得多，管理范围也要广泛得多。

(3) 商业银行是一种特殊的金融企业

商业银行不同于其他金融机构。除了银行外，金融体系中还有一类非银行金融机构，商业银行不同于其他金融机构，包括不同于契约型金融机构，如保险公司；不同于投资性金融机构，如投资银行；也不同于中央银行和政策性银行。具体主要体现在以下两个方面：

①商业银行不同于中央银行。中央银行主要面向政府和金融机构开展活动，是具有银行特征的政府机关，在整个金融体系中具有超然的领导地位，承担着国家金融管理的责任。而商业银行是面向工商企业、广大公众和政府开展经营活动的金融机构。

②商业银行也不同于中央银行之外的其他金融机构。主要表现在商业银行具有吸收存款和发放贷款的权利和功能，能提供更加全面的金融服务。

1.2.1.2　商业银行的职能

商业银行的职能主要是由其性质决定的，商业银行主要有以下 4 个基本职能。

(1) 信用中介职能

商业银行的信用中介职能是最基本也是最能反映其经营活动特征的职能。信用中介职能是指商业银行利用银行信用，充当资金盈余者和资金短缺者之间的中介人，实现资金的融通。主要表现为，商业银行通过吸收存款等方式把社会上的各种闲散资金集中到银行，形成其负债业务，再通过贷款等形式把集中的资金投放给需要资金的部门使用，形成其资产业务。

银行作为信用中介，克服了企业之间在资本数量、借贷时间和空间上不一致及不了解对方信用能力等局限性。通过信用中介职能对货币资本进行再分配，使货币资本得到充分有效地运用，加速了资本的周转，促进了生产的发展。

(2) 支付中介职能

支付中介职能是指商业银行通过客户活期存款账户的资金转移，为客户办理货币结算、货币收付、货币兑换和存款转移等业务活动。商业银行的该项职能既有利于其获得稳定而廉价的资金来源，又能为客户提供良好的支付服务，从而最大限度地节约现钞使用和降低流通成本，加快结算过程和货币资本的周转，为社会化大生产的顺利进行提供有利条件。

商业银行的支付中介职能与信用中介职能密切相关，因为只有在客户账户里有存款的情况下，商业银行才能办理支付。所以尽管支付中介职能先于信用中介职能出现，但是在发展过程中，支付中介职能也依赖于信用中介职能的发展。

(3) 信用创造职能

信用创造是商业银行的特殊职能，是在信用中介和支付中介职能的基础上产生的。信用创造是指商业银行利用其吸收活期存款的有利条件，通过发放贷款、从事投资业务，从而衍生出更多存款，表现为扩大社会的货币供应量。信用创造主要包括信用工具的创造和信用量的创造。

(4) 金融服务职能

金融服务职能是指商业银行利用在国民经济中联系面广、信息灵通等特殊地位和优势，借助电子计算机等先进手段和工具，利用其在发挥信用中介和支付中介功能的过程中所获得的大量信息，为客户提供信息咨询、融资代理、信托租赁、代收代付等各种金融服务。金融服务职能大大拓展了商业银行的业务范围，增加了利润增长点，已成为当代商业银行的重要职能。

1.2.1.3　商业银行的经营特点

商业银行因其特殊性，所以在经营过程中，有高负债率、高风险性和监督管制严格性三大特点。

(1) 高负债率

商业银行经营的是特殊的商品——货币，主要基于信用开展业务，商业银行的资金来源中80%~90%是社会公众及工商企业的存款，这形成了商业银行的负债业务，企业对这些存款具有支付利息和偿还本金的义务。此外，为了获得利润，商业银行又会把大部分借入资金贷给公众和工商企业以获取收益，从而使自己成为全社会最大的债务人和最大的债权人。

(2) 高风险性

商业银行也是一个高风险企业，商业银行面临着如下的风险：发放出去的贷款收不回来的信贷风险，由于市场利率、汇率的变化可能给商业银行带来的市场风险，因出现信用危机而可能发生的挤兑风险，以及由于银行从业人员水平不高、业务操作不当带来的操作性风险等。

(3)监督管制的严格性

商业银行经营具有高负债率、高风险性的特点，这表明商业银行的业务活动与社会公众的利益息息相关，它在社会经济活动中具有特殊且重要的地位。所以，各国政府对商业银行都实施严格的管制，例如，规定银行的开业资格、业务活动领域等。

1.2.1.4　商业银行的经营原则

基于商业银行经营中存在的高负债率、高风险性及监督严格性 3 个特征，商业银行经营过程要满足"三性"原则，即安全性、流动性和盈利性。

(1)安全性原则

安全性原则是要求银行在经营活动中必须保持足够的清偿能力，能够承受重大风险和损失，能够随时应付客户提现。

(2)流动性原则

流动性原则是指商业银行随时可以适当的价格取得可用资金的能力，以便应付客户提存以及银行支付需要。商业银行的流动性包括资产的流动性和负债的流动性。

(3)盈利性原则

盈利性原则是商业银行经营的动力及目标，是商业银行在经营活动中获得利润的能力，商业银行实现盈利的途径有很多，例如，尽量获得成本较低的资金，以减少成本费用，尽量减少现金资产，扩大盈利资产的比重，以充分利用资金赚取收益，加强贷款资产的管理，减少不良资产带来的损失等。

商业银行经营的"三性"原则之间存在既对立又统一的辩证关系。表现在盈利性是动力、核心及目标，要想实现盈利性，安全性和流动性是基础。离开安全性和流动性，盈利性无法实现。而离开盈利性，安全性和流动性又失去了其存在的价值。

1.2.1.5　我国商业银行体系

截至 2023 年 12 月末，我国共有各类银行合计 4000 家(不包括开发性金融机构和政策性银行)，其中包括大型商业银行、股份制商业银行、城市商业银行、农村中小金融机构、外资银行和民营银行。

(1)大型商业银行

我国大型商业银行包括中国工商银行股份有限公司、中国农业银行股份有限公司、中国银行股份有限公司、中国建设银行股份有限公司、交通银行股份有限公司、中国邮政储蓄银行。

(2)股份制商业银行

股份制商业银行是采取股份制形式的现代企业组织架构，按照商业银行的运营原则，高效决策、灵活经营，逐步建立的科学管理机制和市场化的管理模式。股份制商业银行已经成为我国商业银行体系中一支富有活力的生力军，成为银行业乃至国民经济发展不可缺少的重要组成部分。

目前全国性股份制商业银行包括中信银行股份有限公司、中国光大银行股份有限公司、招商银行股份有限公司、上海浦东发展银行股份有限公司、中国民生银行股份有限公司、华夏银行股份有限公司、平安银行股份有限公司、兴业银行股份有限公司、广发银行股份有限公司、渤海银行股份有限公司、浙商银行股份有限公司、恒丰银行股份有限公司12家。

（3）城市商业银行

20世纪90年代中期，以城市信用社为基础，我国开始陆续组建城市合作银行，后改称城市商业银行。经过多年的发展，城市商业银行已经逐渐发展成熟，基本完成了股份制改革，转变经营模式，在当地占有相当大的市场份额。目前我国主要有北京银行股份有限公司、天津银行股份有限公司、河北银行股份有限公司等120多家城市商业银行。

（4）农村中小金融机构

我国农村银行业中小金融机构主要包括农村信用社、农村商业银行、农村合作银行和村镇银行。

①农村信用社也称农村信用合作社，是指经中国人民银行批准设立、由社员入股组成、实行民主管理、主要为社员提供金融服务的农村合作金融机构。农村信用合作社于20世纪50年代在农村合作化过程中开始组建，1996年与中国农业银行脱钩，由中国人民银行托管，继续按合作金融改革。2003年国务院发布的《深化农村信用社改革试点方案》明确要把农村信用社办成为"三农"服务的社区和地方金融机构，对不同地区，实行不同的股权制度和组织形式。在股权制度选择上，分别实行股份制、股份合作制、合作制等几种制度；在组织形式上，分别成立农村商业银行、农村合作银行、县（市）农村信用合作联社等几种形式。截至2023年12月末，我国共有490多家农村信用社。

②农村商业银行简称农商银行，是由辖区内农民、农村工商户、企业法人和其他经济组织共同入股组成的股份制的地方性金融机构。截至2023年12月末，我国共有1600多家农村商业银行。

③农村合作银行是由辖区内农民、农村工商户、企业法人和其他经济组织入股组成的股份合作制社区性地方金融机构。截至2023年12月末，我国共有20多家农村合作银行。

④村镇银行是指由境内外金融机构、境内非金融企业法人、境内自然人出资，在农村地区设立的主要为当地农民、农业和农村经济发展提供金融服务的银行业金融机构。2006年后，我国放宽农村银行业金融机构准入政策，颁布《村镇银行管理暂行规定》，允许金融机构在农村设立村镇银行及新型农村资金互助社。截至2023年12月末，我国村镇银行和农村资金互助社合计有1630多家。

（5）外资银行

外资银行是指依照中华人民共和国有关法律法规，经批准在中华人民共和国境内设立的外商独资银行、中外合资银行、外国银行分行及外国银行代表处。目前，外资银行已成为我国银行体系的重要组成部分。截至2023年12月末，我国共有外资银行41家。

（6）民营银行

民营银行是由民间资本控股，采用市场化运作，主要为民营企业提供资金支持和服务的银行。2013 年 6 月，国务院常务会议首次提出，“推动民间资本进入金融业”，“探索设立民间资本发起的自担风险的民营银行”。随后，同年 7 月 5 日，国务院办公厅发布《关于金融支持经济结构调整和转型升级的指导意见》，明确提出“扩大民间资本进入金融业”，“尝试由民间资本发起设立自担风险的民营银行”。民营银行从此开启了新篇章。截至 2023 年 12 月，我国共有民营银行 19 家。

1.2.2　开发性金融机构和政策性银行

1.2.2.1　开发性金融机构

开发性金融机构以国家信用为基础，以市场业绩为支柱，通过融资贯彻国家政策，实现政府的发展目标。

我国开发性金融机构是国家开发银行。国家开发银行成立于 1994 年 4 月，是直属国务院领导的政策性金融机构，2008 年 12 月改制为国家开发银行股份有限公司。2015 年，国务院明确国家开发银行定位为开发性金融机构。2017 年 4 月，名称变更为国家开发银行，组织形式变更为有限责任公司。国家开发银行主要为国家重点项目、重点产品和基础产业提供金融支持。

在我国，开发性金融是传统政策性金融的深化和发展，它以服务国家发展战略为宗旨，依托国家信用，运用开发性方法和市场化运作，主要从事中长期投融资业务，以保本微利为经营原则，在实现政府发展目标、弥补市场失灵、提供公共产品、提高社会资源配置效率、熨平经济周期性波动等方面具有独特优势，是金融体系中不可替代的重要组成部分。

开发性金融包含以服务国家战略为宗旨，以国家信用为依托，以市场运作为基本模式，以保本微利为经营原则，以中长期投融资为载体等基本内涵。

1.2.2.2　政策性银行

政策性金融是指在一国政府的支持与鼓励下，以国家信用为基础，运用种种特殊的融资手段，严格按照国家法规限定的业务范围、经营对象，以优惠的存贷款利率或条件，直接或间接地为贯彻、配合国家特定经济和社会发展政策而进行的一种特殊的资金融通行为或活动。

政策性银行主要是指那些多由政府创立、参股或担保，不以营利为目的，专门为贯彻和配合政府社会经济政策或意图，在特定的业务领域内，从事政策性融资活动，协助政府发展经济、进行宏观经济管理的金融机构。

建立政策性银行的目的是实现政策性金融和商业性金融分离，以此解决商业银行身兼二职的问题。政策性银行具有经济调控职能、政策导向职能、补充性职能、金融服务职能。政策性银行以其服务对象的特殊性，为企业和社会提供各方面的金融和非金融服务，充当政府经济政策和产业政策的顾问，在某些领域提供专业化的有效服务，从而发挥其服务性职能，促进经济发展。

我国政策性银行主要有中国农业发展银行、国家开发银行和中国进出口银行 3 家。

(1) 中国农业发展银行

中国农业发展银行成立于1994年11月，是由国家出资设立、直属国务院领导、支持农业农村持续健康发展、具有独立法人地位的国有政策性银行。其主要任务是依托国家信用支持，在农村金融体系中发挥主体和骨干作用，加大对农业农村重点领域和薄弱环节的支持力度，促进经济社会持续健康发展。

(2) 国家开发银行

国家开发银行成立于1994年，是国务院直属领导的政策性金融机构。2008年12月改制为国家开发银行股份有限公司。2015年3月，国务院明确国家开发银行定位为开发性金融机构。2017年4月，“国家开发银行股份有限公司”名称变更为“国家开发银行”，组织形式由股份有限公司变更为有限责任公司。国家开发银行是全球最大的开发性金融机构，中国最大的中长期信贷银行和债券银行。

国家开发银行注册资本4212.48亿元，股东是中华人民共和国财政部、中央汇金投资有限责任公司、梧桐树投资平台有限公司和全国社会保障基金理事会，持股比例分别为36.54%、34.68%、27.19%、1.59%。

(3) 中国进出口银行

中国进出口银行成立于1994年4月，是由国家出资设立、直属国务院领导、支持中国对外经济贸易投资发展与国际经济合作、具有独立法人地位的国有政策性银行。依托国家信用支持，积极发挥在稳增长、调结构、支持外贸发展、实施“走出去”战略等方面的重要作用，加大对重点领域和薄弱环节的支持力度，促进经济社会持续健康发展。

中国进出口银行通过资本金的运用，在境内外发行金融债券及其他有价证券，同业拆借、同业存款、回购业务，吸收授信客户项下存款等方式筹集资金。进出口银行发行的债券为政策性金融债券，由国家给予信用支持。

1.2.3 中央银行

中央银行是一国最高货币金融管理机构，在一国金融体系中居于主导地位，负责制定和执行货币政策，实行金融管理和监督，控制货币流通与信用活动的金融中心机构。

我国的中央银行是中国人民银行，成立于1948年12月。中国人民银行在国务院领导下，制定和执行货币政策，防范和化解金融风险，维护金融稳定。它既是为商业银行等普通金融机构和政府提供金融服务的特殊金融机构，又是制定和实施货币政策、监督和管理金融业、规范和维护金融秩序、调控金融和经济运行的宏观管理部门。中国人民银行在国务院的领导下依法独立执行货币政策，履行职责，开展业务，不受地方政府、社会团体和个人的干涉。

1.2.3.1 中央银行的性质

(1) 中央银行是国家最高金融决策机构，具有国家机关的性质

中央银行可以通过制定和执行货币政策对经济进行直接或间接的干预，例如，通过公开市场操作、调整法定存款准备金率和再贴现率等货币政策工具来调节宏观经济。

(2) 中央银行是特殊的金融机构

中央银行不以营利为目的，不经营普通银行业务，不与普通工商企业和个人发生业务联系，业务对象是商业银行、政府机构和其他金融机构，它具有发行货币的权利，负责集中管理存款准备金、代理国库、管理国家黄金和外汇储备，维护支付清算系统的正常运行。

1.2.3.2 中央银行的职能

与商业银行职能类似，中央银行的职能也是其性质的具体体现。中央银行的职能包括：发行的银行、银行的银行、政府的银行。

(1) 发行的银行

中央银行垄断货币发行权，成为全国唯一的货币发行机构，中央银行是最高的货币管理当局，控制整个经济中的货币供给量，是中央银行之所以成为中央银行最基本的特征。

(2) 银行的银行

中央银行面向商业银行和其他金融机构办理金融业务。作为银行的银行，其职能具体表现在以下几个方面：①保管存款准备金；②作为最后贷款人；③担任全国的票据清算中心。

中央银行为各商业银行及其他金融机构互相之间应收应付的票据进行清算，主要通过各商业银行在中央银行的准备金账户进行。

(3) 政府的银行

政府的银行也叫国家的银行，是指中央银行代表政府贯彻执行金融政策，代理国库收支以及为政府提供各种金融服务。中央银行作为政府的银行，该职能主要表现在以下几个方面：代理国库向政府融通资金(一般是短期资金，且不透支)，代表政府管理国内外金融事务，充当政府金融政策顾问，为一国经济政策的制订提供各种资料、数据和方案以及代表政府参加国际金融活动。

1.3 银行体系的安全保障

通常认为，中央银行的最后贷款人制度、存款保险制度和金融监管机构的审慎监管是构成金融安全网的三大组成部分。

1.3.1 最后贷款人制度

最后贷款人制度是指在银行体系遭遇异常冲击引起流动性需求增加，而银行体系本身又无法满足这种需求时，由中央银行向银行体系提供流动性以确保银行体系稳健经营的一种制度安排。

最后贷款人制度建立的主要目标是防范系统性金融风险。通过实施最后贷款人职能向银行体系提供流动性支持，可以有效改变存款人的预期，稳定市场信心，阻止金融恐慌的蔓延，增强银行体系抵御流动性风险的能力。

1.3.1.1 中央银行承担最后贷款人角色

由于中央银行垄断了货币发行权，又具有独立性，且属于非盈利性机构，这就决定了最后贷款人的职能也必须由中央银行来担任。

中央银行负责制定和执行货币政策，拥有再贴现、公开市场业务等货币政策工具，能够在流动性缺乏时通过不同的操作方式给予商业银行支持。此外，因为中央银行是银行的银行，其可以向商业银行以提供贷款的方式，帮助商业银行渡过难关。

1.3.1.2 最后贷款人的援助对象

最后贷款人的援助对象是暂时出现流动性不足但仍然具有清偿力的金融机构。当一国支付体系终端出现支付危机、存款机构的流动性不足或出现挤兑时，最后贷款人的流动性支持有助于稳定存款人信心，避免由个别机构倒闭而引致系统性金融风险。

最后贷款人没有责任救助那些因管理不善出现清偿力危机而资不抵债的金融机构，但应减轻单个金融机构失败引发的溢出效应、传染效应。所以，为了避免道德风险，中央银行应只向暂时出现流动性不足但仍然具有清偿力的机构提供援助。对于出现清偿力危机的商业银行，表明其已经濒临破产倒闭，中央银行一般不应施以救助。

1.3.1.3 最后贷款人的操作方式

中央银行履行最后贷款人职责，实施的操作方式一般包括公开市场业务操作、再贴现和再抵押。中央银行进行公开市场业务操作，主要是通过在金融市场上购买有价证券，投放基础货币，向整个金融市场投放流动性。再贴现是指商业银行把工商企业向自己贴现的合格票据，如国库券，短期公债等，再向中央银行贴现以融通资金的一种方式。再抵押是指中央银行以商业银行所提供的票据(一般为国家有价证券)作抵押而发放的贷款。再抵押具有负担利息低，票据权利仍属于商业银行的特点。

1.3.2 存款保险制度

存款保险是一种金融保障制度，是指由符合条件的各类存款性金融机构集中起来建立一个保险机构，各存款机构作为投保人按一定存款比例向其缴纳保险费，建立存款保险准备金，当成员机构发生经营危机或面临破产倒闭时，存款保险机构向其提供财务救助或直接向存款人支付部分或全部存款，从而保护存款人利益，维护银行信用，稳定金融秩序的一种制度。

存款保险是市场经济条件下保护存款人利益的重要举措，是金融安全网的重要组成部分。建立存款保险制度，有利于维护公众对我国银行体系的信心，进一步理顺政府和市场的关系，深化金融改革，维护金融稳定，促进我国金融体系健康发展。

1.3.2.1 存款保险制度的作用

(1)保护存款人的利益，提高社会公众对银行体系的信心

建立了存款保险制度，当实行该制度的银行资金周转不灵或破产倒闭而不能支付存款人的存款时，按照保险合同条款，投保银行可从存款保险机构那里获取赔偿或取得资金援助，或被接收、兼并，存款人的存款损失就会降低到尽可能小的程度，有效保护了存款人的利益。

(2)有效提高金融体系的稳定性，维持正常的金融秩序

由于存款保险机构负有对有问题银行承担保证支付的责任，它必然会对投保银行的日常经营活动进行一定的监督，从中发现隐患所在，及时提出建议和警告，以确保各银行稳健经营，这实际上增加了一道金融安全网。同时由于这一制度对公众心理所产生的积极作用，也可有效防止银行挤兑风潮的发生和蔓延，从而保障了金融体系的稳定。

(3)促进银行业适度竞争，为公众提供质优价廉的服务

大银行往往在吸收存款方面处于优势，而中小银行则处于劣势地位，这就容易形成大银行垄断经营的局面。而垄断使得社会公众获得的利益小于完全竞争状态下的利益。存款保险制度是保护中小银行、促进公平竞争的有效方法之一。它可使存款者形成一种共识，将存款无论存入大银行还是小银行，该制度对其保护程度都是相同的。因此，提供服务的优劣，将成为客户选择存款银行的主要因素。

(4)有助于社会安定

存款保险机构可通过对有问题银行提供担保、补贴或融资支持等方式对其进行挽救，或促使其被实力较强的银行兼并，减少社会震荡，有助于社会的安定。

1.3.2.2　我国存款保险制度主要内容

我国《存款保险条例》于 2015 年 3 月 31 日公布，自 2015 年 5 月 1 日起施行。以下是我国存款保险制度的主要内容：

①目的。建立和规范存款保险制度，依法保护存款人的合法权益，及时防范和化解金融风险，维护金融稳定。

②投保机构。我国境内设立的商业银行、农村合作银行、农村信用合作社等吸收存款的银行业金融机构。

③保险币种。被保险存款包括投保机构吸收的人民币存款和外币存款。但是，金融机构同业存款、投保机构的高级管理人员在本投保机构的存款以及存款保险基金管理机构规定不予保险的其他存款除外。

④最高偿付限额。存款保险实行限额偿付，最高偿付限额为人民币 50 万元。同一存款人在同一家投保机构所有被保险存款账户的存款本金和利息合并计算的资金数额在最高偿付限额以内的，实行全额偿付；超出最高偿付限额的部分，依法从投保机构清算财产中受偿。存款保险基金管理机构偿付存款人的被保险存款后，即在偿付金额范围内取得该存款人对投保机构相同清偿顺序的债权。

⑤存款保险基金的运用。应当遵循安全、流动、保值增值的原则，限于下列形式：第一，存放在中国人民银行；第二，投资政府债券、中央银行票据、信用等级较高的金融债券以及其他高等级债券；第三，国务院批准的其他资金运用形式。

⑥有下列情形之一的，存款人有权要求存款保险基金管理机构在本条例规定的限额内，使用存款保险基金偿付存款人的被保险存款：第一，存款保险基金管理机构担任投保机构的接管组织；第二，存款保险基金管理机构实施被撤销投保机构的清算；第三，人民法院裁定受理对投保机构的破产申请；第四，经国务院批准的其他情形。

1.3.3 金融监管机构的审慎监管

我国金融监督管理机构主要包括国家金融监督管理总局、中国证券监督管理委员会。本部分主要介绍国家金融监督管理总局。

2023 年 3 月，根据中共中央、国务院印发的《党和国家机构改革方案》，明确在中国银行保险监督管理委员会基础上组建国家金融监督管理总局，统一负责除证券业之外的金融业监管，强化机构监管、行为监管、功能监管、穿透式监管、持续监管，维护金融业合法、稳健运行。

根据审慎监管的要求，金融监督管理机构可以采取下列措施进行现场检查：

①进入银行业金融机构进行检查。

②询问银行业金融机构的工作人员，要求其对有关检查事项作出说明。

③查阅、复制银行业金融机构与检查事项有关的文件、资料，对可能被转移、隐匿或者毁损的文件、资料予以封存。

④检查银行业金融机构运用电子计算机管理业务数据的系统。

进行现场检查，应当经银行业监督管理机构负责人批准。现场检查时，检查人员不得少于二人，并应当出示合法证件和检查通知书。检查人员少于二人或者未出示合法证件和检查通知书的，银行业金融机构有权拒绝检查。

银行业监督管理机构根据履行职责的需要，可以与银行业金融机构董事、高级管理人员进行监督管理谈话，要求银行业金融机构董事、高级管理人员就银行业金融机构的业务活动和风险管理的重大事项作出说明。

银行业金融机构有违法经营、经营管理不善等情形，不予撤销将严重危害金融秩序、损害公众利益的，国务院银行业监督管理机构有权予以撤销。

银行业金融机构违反审慎经营规则的，国务院银行业监督管理机构或者其省一级派出机构应当责令限期改正；逾期未改正的，或者其行为严重危及该银行业金融机构的稳健运行、损害存款人和其他客户合法权益的，经国务院银行业监督管理机构或者其省一级派出机构负责人批准，可以区别情形，采取下列措施：

①责令暂停部分业务、停止批准开办新业务。

②限制分配红利和其他收入。

③限制资产转让。

④责令控股股东转让股权或者限制有关股东的权利。

⑤责令调整董事、高级管理人员或者限制其权利。

⑥停止批准增设分支机构。

银行业金融机构已经或者可能发生信用危机，严重影响存款人和其他客户合法权益的，国务院银行业监督管理机构可以依法对该银行业金融机构实行接管或者促成机构重组，接管和机构重组依照有关法律和国务院的规定执行。

银行业金融机构有违法经营、经营管理不善等情形，不予撤销将严重危害金融秩序、损害公众利益的，国务院银行业监督管理机构有权予以撤销。

银行业金融机构被接管、重组或者被撤销的，国务院银行业监督管理机构有权要求该银行业金融机构的董事、高级管理人员和其他工作人员，按照国务院银行业监督管理机构的要求履行职责。

本章思考题

(1) 简述当代商业银行的发展由来。

(2) 简述目前我国银行体系构成情况。

(3) 简述最后贷款人角色必须也只能由中央银行来担任的原因。

(4) 简述我国出台《存款保险条例》的作用。

案例分析 1：

云南农村信用社：实施金融支持乡村振兴三年计划行动

(新华网昆明 2022 年 12 月 30 日电)“在新的征程上，云南农信以更加优质的金融服务助力全省扎实推进乡村振兴为目标，制订了金融支持乡村振兴三年行动计划。”云南省农村信用社联合社党委副书记、主任边庆说，“三年行动计划”提出，到 2025 年末涉农贷款余额突破 6000 亿元，涉农贷款在各项贷款中的占比超过 60%，农户贷款授信额、获贷率不断提升。

近年来，云南农信坚守支农定位，全力支持打造特色产业。把金融助力产业发展作为工作重要切入点，聚焦茶、花、咖、果、菜等“一县一业”特色产业配置资源，研究发展产业链金融模式，打造“七彩云品贷”系列特色产品体系，推出“花卉贷”“金牛贷”“咖啡贷”等 250 余款信贷产品。全力支持巩固脱贫成果，对重点帮扶县、脱贫县的资源投入力度持续增强，发放了全省 92%的脱贫人口小额信贷。进村入户完成全省 941 万农户经济档案建档，开展怒江州独龙族、怒族、普米族以及德宏州德昂族的“整族授信”，提高“直过民族”金融获得感。积极支持民营小微，发放了全省 43%的普惠小微企业贷款、73%的创业担保贷款，积极承担全省 111 个农村金融空白乡镇网点布局，打通金融服务农村农民的“最后一公里”，为全省 2700 万农村客户提供“惠民惠农”一卡通专属服务。

据介绍，云南农信“三年行动计划”将以“五个聚焦”和“一个强化”推动各级行社加大资源投入、加强产品创新、提升服务水平。一是聚焦补短板，加大资源支持提升发展水平。深挖供应链金融支持农业产业发展和新型农业经营主体，积极强化粮食安全金融保障，持续助力乡村基础设施建设，推动重点帮扶县资源投入稳定增长。二是聚焦强弱项，提高创新水平，增强发展动力。稳步推进数字化转型发展，以场景建设助力业态升级，不断加快绿色金融结构调整。三是聚焦扬优势，挖掘发展潜能助力增收致富。多元化创新产品赋力产业兴旺，发挥渠道优势优化农村服务网络，持续提升农户和新市民群体金融服务水平。四是聚焦保安全，防范金融风险守牢发展底线。切实加强“三农”领域金融风险防控，牢固树立审慎合规经营理念。五是聚焦促团结，凝聚发展合力促进乡风文明。持续完善农村信用体系建设，以优质服务助力乡风文明建设。六是强化机制建设，提供发展有力保障。坚持党建引领，充分发挥政策引导作用，用好“典型引路法”强化示范效应。

讨论：

(1) 简述农村信用社及其性质。

(2) 搜集截至目前云南农村信用社的涉农贷款余额，以及涉农贷款在各项贷款中的占比，并分析云南农村信用社完成 3 年计划目标的情况。

(3) 结合案例资料，分析云南农村信用社持续支持乡村振兴的现状。

第2章 商业银行业务

学习目标

(1) 了解商业银行负债业务内涵、特征、主要风险。
(2) 熟悉和掌握负债业务管理原则。
(3) 熟悉和掌握存款业务内涵、原则及分类。
(4) 了解和理解其他负债业务分类及其内容。
(5) 熟悉和掌握商业银行资产业务分类及内容、管理要求。
(6) 了解商业银行其他业务分类及内容。

2.1 商业银行负债业务

2.1.1 商业银行负债业务概述

2.1.1.1 负债业务内涵

负债业务是指商业银行以债务人的身份筹措资金的活动，是形成其资金来源的业务，也是商业银行开展业务活动的前提和条件。根据我国相关金融监管法规，目前能够合法吸收公众存款的金融机构只有银行类金融机构。其他一些机构，如企业集团财务公司等，虽然也能办理存款业务，但只能向特定客户吸收存款，不得向社会公众吸收存款。

2.1.1.2 负债业务特征

商业银行负债业务具有以下4个方面基本特征。

(1) 负债是以往或目前已经完成的交易而形成的当前债务

这意味着，凡是不属于以往或目前已经完成的交易，而是将来发生的交易可能产生的债务，不能当作负债。

(2) 负债具有偿还性

必须在未来某个时间以转让资产或提供劳务的方式来偿还。

(3) 负债具有潜在效益性

主要体现在两个方面：一是负债运用所得收入大于负债筹资成本；二是负债成本计入当期经营成本或作为当期的营业费用从收入中减去，可以在所得税前扣除，从而使商业银行获取潜在利益。

(4) 负债能用货币准确计量和估价

负债都有确定的偿还金额、有确切的债权人和到期日。

2.1.1.3 负债业务管理原则

商业银行负债业务管理应遵循以下基本原则。

(1)依法筹资原则

商业银行在筹资过程中，必须严格遵守有关法律法规，不得进行违法筹资和违规筹资活动。

(2)成本控制原则

商业银行以负债形式筹集资金，必须考虑商业银行的成本负担能力和经营效益。商业银行如果能以较低的筹资成本取得大量的资金来源，并合理运用这些资金，就可获得较高的收益；反之，如果筹资成本很高，就会降低商业银行的盈利水平，甚至发生亏损。因此，商业银行在筹资过程中要加强成本控制。

(3)量力而行原则

商业银行筹资必须考虑其经营效益和成本负担能力，不能无止境地追求资金来源，必须根据自身的条件、实力和基础，合理、适度地筹措资金，同时将所筹集的资金及时、合理地运用。

(4)加强质量管理原则

商业银行应当重点从负债来源的稳定性、负债结构的多样性、负债与资产匹配的合理性、负债获取的主动性、负债成本的适当性、负债项目的真实性等方面，加强负债质量管理，进行持续监测和分析，对指标异常和超限额的情况进行及时报告和处理。

2.1.1.4 负债业务主要风险

随着商业银行负债业务种类的不断扩大，其面临的风险也日益增多。具体来看，商业银行负债业务的主要风险包括操作风险、流动性风险、市场风险、法律风险、信息科技风险等。

(1)操作风险

负债业务操作风险是指商业银行在从事负债业务时，由于内部程序、人员或系统的不完善或失误而直接或间接造成损失的风险。如缺乏对存款客户基本情况和资金来源的了解，导致客户利用账户从事洗钱活动；对客户存入的款项不入账而用于从事账外经营；对重要空白凭证保管和印章保管不严，导致内部人员盗取客户资金；内部人员空存实取盗取银行资金；内部人员擅自改变计算机系统的账户信息或计息参数，达到盗取资金的目的等。

(2)流动性风险

商业银行作为信用中介，需要留有可随时应付存款人提取需要的流动资产，如果商业银行的大批债权人同时提出债权要求，商业银行又无法及时兑付时，就有可能面临流动性风险，情况严重时会出现清偿性风险，最终可导致商业银行倒闭。

(3)市场风险

负债业务市场风险主要是指利率或汇率的不利变动带来的风险。如商业银行资产负债结构不匹配，短存长贷，当利率上升时，资金成本增加，将导致资产收益下降，甚至遭受损失。

(4)法律风险

负债业务的法律风险主要是指商业银行所设计的负债业务品种、条款或合同文本与现行法律法规不一致或存在明显的法律缺陷，引发法律纠纷并产生损失的可能性。

(5)信息科技风险

商业银行在办理储蓄存款、单位存款时，要特别注意防范由于计算机故障、通信或系统故障或网络欺诈等原因造成业务中断、信息遗失等信息科技风险。

2.1.1.5 负债业务分类

商业银行的负债业务按不同的标准可以分类成不同的类型。按资金来源分类，可分为存款负债、借入负债和结算负债3种；按业务品种分类，可以分为储蓄存款、单位存款、同业存放、同业拆入、向中央银行借款、债券融资、应付款项和或有负债等。

随着市场竞争日趋激烈，商业银行开始积极创新，开启了新型的负债业务，如发行结构性存款、大额可转让定期存单、出售或发行商业票据等。这些新业务丰富了商业银行负债业务种类，也日益成为负债业务发展的亮点和新的利润增长点。

2.1.2 存款业务

存款是存款人基于对银行的信任而将资金存入银行，并可以随时或按约定时间支取款项的一种信用行为。存款是银行对存款人的负债，是我国商业银行最主要的资金来源，同时也是银行的传统业务，在商业银行负债业务中占主要地位。由中国人民银行公布的《存款类金融机构人民币信贷收支表》可知，2024年6月末，我国存款类金融机构各类存款余额为295.40万亿元，占全部资金来源的82.05%。其中，住户存款余额146.26万亿元，占全部资金来源的40.49%；非金融企业存款余额为77.01万亿元，占全部资金来源的21.32%。通常将存款分为储蓄存款、单位存款、大额存单、保证金存款和外币存款几类。

2.1.2.1 存款业务应遵守的原则

基于存款对商业银行经营的重要意义，商业银行在合理吸收存款的基础上，应遵守维护存款人权益原则、业务经营安全性原则和合规经营原则。

(1)维护存款人权益原则

①存款自愿、取款自由、存款有息、为存款人保密。

②谁的钱入谁的账、归谁支配。

③真实性原则。

(2)业务经营安全性原则

根据《中华人民共和国商业银行法》相关规定，商业银行以安全性、流动性、盈利性为经营原则，实行自主经营、自担风险、自负盈亏、自我约束。经营的安全性是银行资金运行的重要保证条件，只有加强存款管理才能避免存款风险的发生。

(3)合规经营原则

合规经营原则是为规范商业银行吸收存款行为，约束存款“冲时点”等违规问题。2018年6月，银保监会、人民银行对《关于加强商业银行存款偏离度管理有关事项的通知》进行修订，继续要求商业银行不得设立时点性存款规模考评指标，不得设定以存款市场份额、排名或同业比较为要求的考评指标，分支机构不得层层加码、提高考评标准及相关指标要求。

2.1.2.2 存款业务类型

(1)储蓄存款

根据《储蓄管理条例》的规定，储蓄是指个人将属于其所有的人民币或者外币存入储蓄机构，储蓄机构开具存折或者存单作为凭证，个人凭存折或者存单可以支取存款本金和利息，储蓄机构依照规定支付存款本金和利息的活动。

储蓄存款的储户主要是居民个人，是个人为积蓄购买力而进行的存款，所以金融监管当局对经营储蓄业务的商业银行有严格的规定，以保障储蓄存款的安全。

按支付方式可以将储蓄存款进一步划分为活期存款和定期存款。

①活期存款。活期存款是客户不需预先通知，可随时提取或支付的存款，也称为支票存款。是流动性最高的一种负债。

活期存款的特点：流动性大、方便灵活、可随时支取、受欢迎等。活期存款具有以下作用：首先，商业银行可以运用活期存款的稳定余额发放贷款，能有效提高银行的盈利水平；其次，能提高商业银行的信用创造能力；最后，是商业银行扩大信用、联系客户的重要渠道。

②定期存款。定期存款是一种由存户预先约定存储期限的存款。到期前一般不能支取，到期储户凭借银行签发的定期存单到商业银行提取。现实生活中，商业银行往往允许储户提前提取。

定期存款的特点：储户可以获得定期利率计算的利息收入，所以具有一定的投资性；因其不能随意提取，所以要求的存款准备金率低于活期存款；定期存款的营业成本低于活期存款、办理手续简单、费用低、风险也小。

根据不同的存款方式，定期存款主要分为整存整取、零存整取、整存零取和存本取息4种，其中以整存整取最为典型。具体内容见表2-1所列。

③其他类型的储蓄存款。除常见的活期存款和定期存款外，还有定活两便储蓄存款、

表2-1 定期存款类型

存款种类	存款方式	取款方式	起存金额	存取期类别	特点
整存整取	整笔存入	到期一次支取本息	50元	3个月、6个月、1年、2年、3年、5年	长期闲置资金
零存整取	每月存入固定金额	到期一次支取本息	5元	1年、3年、5年	利率高于活期存款，低于整存整取定期存款
整存零取	整笔存入	固定期限分期支取	1000元	存期：1年、3年、5年；支取期：1个月，3个月或半年一次	本金可以全部提前支取，不可部分提前支取；利息期满结清时支取；利率高于活期存款
存本取息	整笔存入	约定取息期到期一次性支取本金、分期支取利息	5000元	存期：1年、3年、5年；取息期：1个月或几个月取息一次	本金可以全部提前支取，不可部分提前支取；取息期未到不得提前支取利息，取息日未取息，以后可随时取息，但不计复利

表 2-2　其他类型的储蓄存款

存款种类	特点
定活两便储蓄存款	存期灵活：开户时不约定存期，一次存入本金，随时可以支取，银行根据客户存款的实际存期按约定计息。 利率优惠：利息高于活期储蓄
个人通知存款	开户时不约定存期，预先确定品种，支取时要提前一定时间通知银行，约定支取日期及金额。目前，银行提供一天、七天通知储蓄存款两个品种。一般 5 万元起存
教育储蓄存款	父母为了子女接受非义务教育而存钱，分次存入，到期一次支取本金和利息。 利息免税：免征储蓄存款利息所得税。 利率优惠：1 年期、3 年期教育储蓄按开户日同期同档次整存整取定期储蓄存款利率计息；6 年期按开户日 5 年期整存整取定期储蓄存款利率计息。 总额控制：教育储蓄起存金额为 50 元，本金合计最高限额为 2 万元。 储户特定：在校小学四年级(含四年级)以上学生。如果需要申请助学贷款，金融机构优先解决。 存期灵活：教育储蓄属于零存整取定期储蓄存款。存期分为 1 年、3 年和 6 年。提前支取时必须全额支取

个人通知存款和教育储蓄存款等传统存款种类。具体内容见表 2-2 所列。

④计息金额。存款的计息起点为元，元以下角分不计利息。利息金额算至分位，分以下尾数四舍五入。分段计息算至厘位，合计利息后分以下四舍五入。除活期存款在每季度结息日时将利息计入本金作为下季的本金计算复利外，其他存款无论存期多长，一律不计复利。

⑤计息时间。《中国人民银行关于人民币存贷款计结息问题的通知》(后文简称《通知》)中规定：从 2005 年 9 月 21 日起，我国对活期存款实行按季度结息，每季度末月的 20 日为结息日，次日付息。

⑥计息方式。《通知》中规定：除活期和定期整存整取两种存款外，国内银行的通知存款、协定存款、定活两便、存本取息、零存整取、整存零取 6 个存款种类，只要不超过中国人民银行同期限档次存款利率上限，计息规则由各银行自己把握。银行除仍可沿用普遍使用的每年 360 天(每月 30 天)计息期外，也可选择将计息期全部转化为实际天数计算利息，即每年为 365 天(闰年为 366 天)，每月为当月公历的实际天数。

《通知》中提供了两种计息方式：积数计息和逐笔计息。上述 6 种存款具体采用何种计息方式由各银行决定，储户只能选择银行，不能选择计息方式。

a. 积数计息法：按实际天数每日累计账户余额，以累计积数乘以日利率计算利息。目前，各家银行多使用积数计息法计算活期存款利息。

计息公式：利息 = 累计计息积数×日利率

其中，累计计息积数 = 每日余额合计数

b. 逐笔计息法：按预先确定的计息公式逐笔计算利息。目前，各家银行多使用逐笔计息法计算整存整取定期存款利息。

计息期为整年(月)的，计息公式为：利息 = 本金×年(月)数×年(月)利率

(2)单位存款

单位存款又称机构存款、对公存款，是机关、团体、部队、企业、事业单位和其他组织以及个体工商户(后文简称“单位类客户”)将货币资金存入商业银行，并可以随时或按约定时间支取款项的一种信用行为，是商业银行对存款单位的负债。

按存款支取方式的不同，单位存款具体可分为单位活期存款、单位定期存款、单位通知存款、单位协定存款和协议存款5种。

①单位活期存款。单位活期存款是指单位类客户在商业银行开立结算账户，将人民币存入银行，不规定存期，可随时转账、存取，银行按结息日人民银行规定的活期存款利率计付利息的一种存款。人民币单位活期存款结息日为每季度末月20日，存款利息自动转入相应的活期存款账户。单位活期存款账户又称为单位结算账户，包括基本存款账户、一般存款账户、专用存款账户和临时存款账户。

a. 基本存款账户：基本存款账户简称基本户，是指存款人因办理日常转账结算和现金收付需要开立的银行结算账户。基本存款账户是存款人的主办账户，企业、事业单位等可以自主选择一家商业银行的营业场所开立一个办理日常转账结算和现金收付的基本账户，同一存款客户只能在商业银行开立一个基本存款账户。

b. 一般存款账户：一般存款账户简称一般户，是指存款人因借款或其他结算需要，在基本存款账户开户银行以外的银行营业机构开立的银行结算账户。一般存款账户可以办理现金缴存，但不得办理现金支取。

c. 专用存款账户：专用存款账户是指存款人对其特定用途的资金进行专项管理和使用而开立的银行结算账户。存款人以下特定用途的资金可以开立专用存款账户：基本建设资金，期货交易保证金，信托基金，金融机构存放同业资金，政策性房地产开发资金，单位银行卡备用金，住房基金，社会保障基金，收入汇缴资金和业务支出资金，党、团、工会设在单位的组织机构经费等。

d. 临时存款账户：临时存款账户是指存款人因临时需要并在规定期限内使用而开立的银行结算账户。可以开立临时存款账户的情形包括设立临时机构、异地临时经营活动、注册验资。该种账户的有效期最长不得超过两年。

②单位定期存款。单位定期存款是指单位类客户在商业银行办理的约定期限、整笔存入，到期一次性支取本息的存款类型，存期分3个月、6个月、1年、2年、3年、5年6个档次。存款按存入日中国人民银行挂牌公布的同档次存款利率计息。存款期内如遇利率调整，不分段计息。可部分提前支取或逾期支取，支取或逾期部分存款按实存天数和支取日挂牌中国人民银行公布的活期存款利率计息，利随本清。

③单位通知存款。单位通知存款是指单位类客户在存入款项时不约定存期，支取时需提前通知商业银行，并约定支取存款日期和金额方能支取的存款类型。不论实际存期多长，按存款人提前通知的期限长短，可再分为1天通知存款和7天通知存款两个品种。

④单位协定存款。单位协定存款是一种单位类客户通过与商业银行签订合同的形式约定合同期限、确定结算账户需要保留的基本存款额度、对超过基本存款额度的存款按中国人民银行规定的上浮利率计付利息、对基本存款额度按活期存款利率付息的存款类型。协

定存款账户下设结算户(A 户)和协定户(B 户)两部分。协定存款账户中基本存款额度以内(A 户)的存款按结息日或者支取日人民币单位活期存款利率计息，超过基本存款额度的存款(B 户)按结息日或支取日中国人民银行公布的协定存款利率计息。计息期间如遇利率调整，分段计息。

⑤协议存款。协议存款是指在利率市场化前，根据人民银行有关规定，商业银行可与保险公司、全国社会保障基金会等特定客户签署协议，自主确定存款期限、金额、利率、结息方式的存款，各类协议存款有最低起存期限和金额要求。

(3) 大额存单

大额存单是指由银行业存款类金融机构面向非金融机构投资人发行的、以人民币计价的记账式大额存款凭证，是银行存款类金融产品，属一般性存款。大额存单具有可转让、提前支取和可赎回特点。

大额存单采用标准期限的产品形式。个人投资人认购大额存单起点金额不低于 20 万元，机构投资人认购大额存单起点金额不低于 1000 万元。大额存单期限包括 1 个月、3 个月、6 个月、9 个月、1 年、18 个月、2 年、3 年和 5 年共 9 个品种。

大额存单发行利率以市场化方式确定。固定利率存单采用票面年化收益率的形式计息，浮动利率存单以上海银行间同业拆借利率为浮动利率基准计息。大额存单自认购之日起计息，付息方式分为到期一次还本付息和定期付息、到期还本。

(4) 保证金存款

保证金存款是商业银行为客户出具具有结算功能的信用工具或提供资金融通后按约履行相关义务，而与其约定将一定数量的资金存入特定账户所形成的存款类别。在客户违约后商业银行有权直接扣划该账户中的存款，以最大限度地减少银行损失。

按照保证金担保对象的不同，保证金存款可分为银行承兑汇票保证金、信用证保证金、黄金交易保证金、个人购汇保证金和远期结售汇保证金 5 种。

(5) 外币存款

外币存款业务与人民币存款业务除了存款币种和具体管理方式不同之外，有许多共同点，如两种存款业务都是存款人将资金存入银行的信用行为，都可按存款期限分为活期存款和定期存款，按客户类型分为个人存款和单位存款等。许多银行提供“本外币一本通”之类的存款产品，实际上已将人民币账户与外币账户的界限淡化。

目前，我国银行开办的外币存款业务币种主要有美元、欧元、日元、港元、英镑、澳大利亚元、加拿大元、瑞士法郎、新加坡元等。其他可自由兑换的外币，不能直接存入账户，需由存款人自由选择上述货币的一种，按存入日的外汇牌价折算存入。

2.1.3　其他负债业务

随着我国金融市场的不断发展，商业银行负债业务也日益多样化，主要包括同业存放、同业拆入、债券融资和向中央银行借款等。

2.1.3.1　同业存放

同业存放是指因支付清算、提取及解缴现金款项等需要，由其他金融机构存放于商业

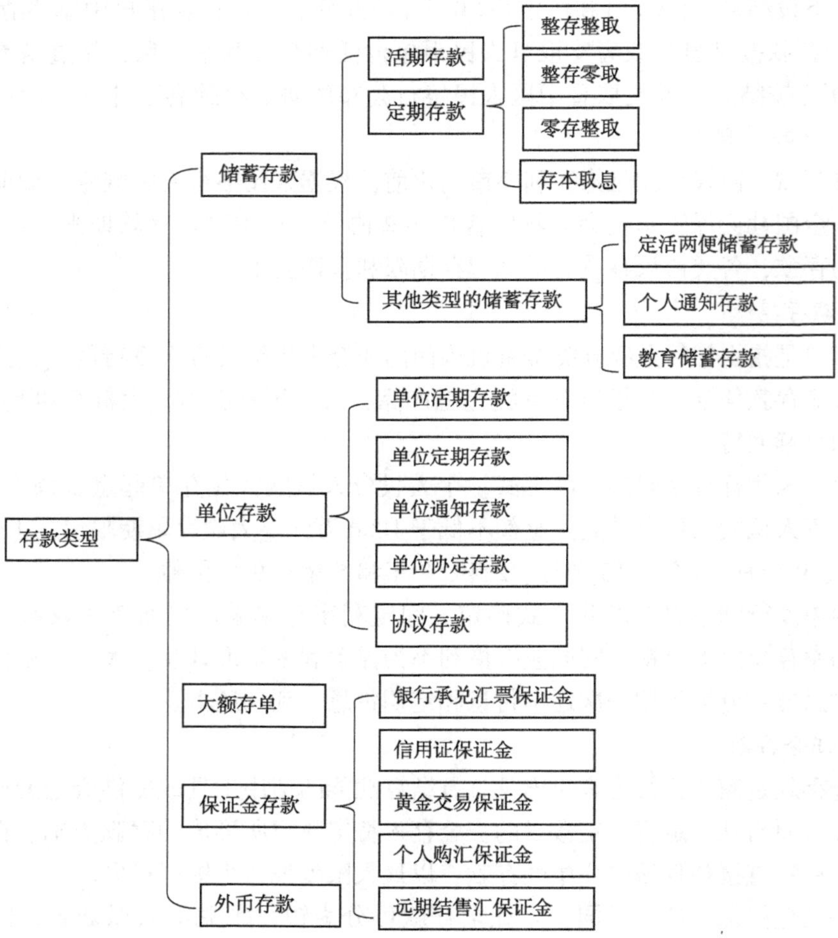

图 2-1　商业银行存款业务类型

银行款项的业务(图 2-1)。

按存放单位不同，分为境外同业存放、国有商业银行存放、其他商业银行存放、农村信用社存放、政策性银行存放、金融性公司存放等业务。

按存放目的不同，分为结算性存放和合作性存放。结算性存放是指金融机构之间由于正常业务往来引起资金结算而发生的同业间存放业务；合作性存放是指由于金融机构之间的业务合作原因发生的存放业务。

2.1.3.2　同业拆入

同业拆借是指商业银行与其他金融机构之间的临时借款，银行同业拆借均为短期，有的只有一天，所以同业拆借又称隔夜拆借。同业拆入是其中的一种，拆入资金主要用于弥补因同城票据清算头寸不足和解决临时性周转资金不足的需要。

2.1.3.3　债券融资

债券融资是指在我国境内设立的金融机构法人，通过在境内外债券市场依法发行、按约定还本付息的有价证券，对购买债券投资人形成的负债。

金融债券是指银行和非银行金融机构依照法定程序发行并约定在一定期限内还本付息的有价证券，是商业银行筹借长期稳定资金而发行的一种债务凭证。对于银行来说，发行金融债券可以筹借一部分资金，形成银行的一项重要的资金来源。

(1) 金融债券的特点

一是到期还本付息，因此所筹集的资金稳定性高，且不必向中央银行账户缴纳法定存款准备金；二是发行与否，何时发行，如何发行，商业银行可自主决定，主动权掌握在银行手中；三是金融债券面向社会公开筹资，筹资的范围较广，筹资效率高。

(2) 发行金融债券的局限性

银行发行金融债券也有一定的局限性，主要表现在：筹资成本较高；管理当局的限制严格；受资本市场发达程度的制约。

(3) 商业银行发行金融债券应具备的条件

①具有良好的公司治理机制。

②核心资本充足率不低于 4%。

③最近三年连续盈利。

④贷款损失准备计提充足。

⑤风险监管指标符合监管机构的有关规定。

⑥最近三年没有重大违法、违规行为。

⑦中国人民银行要求的其他条件。

根据商业银行的申请，中国人民银行可以豁免以上规定的个别条件。

(4) 发行方式

金融债券的发行方式主要包括两类：按是否面向公众发行，分为公募发行和私募发行；按是否通过承销商发行，分为直接发行和间接发行。

私募是指发行人向特定的投资者直接发行金融债券，我国政策性银行向商业银行发行的金融债券常选择这种方式。公募是指发行人向社会公开发行金融债券，投资者的身份一般不受限制。公募发行又可分为直接公募和间接公募。直接公募是指发行人以公募方式直接发行金融债券，我国一部分金融债券的发行选择这种方式；间接公募是指发行人委托承销商以公募方式向社会公开发行金融债券，目前，各国绝大多数的金融债券发行都选择这种方式。

直接发行即发行人不通过承销商而直接发行金融债券，我国金融债券的发行大多选择这种方式。间接发行即发行人委托承销商代为发行金融债券，各国绝大多数金融机构发行债券多选择这种发行方式。

(5) 我国金融债券发行的特殊性

①发行的金融债券大多是筹集专项资金的债券，即发债资金的用途常有特别限制。

②发行的金融债券数量大、时间集中、期次少。

③发行方式大多采取直接私募或间接公募，认购者以商业银行为主。

④金融债券的发行须经特别审批。

2.1.3.4 向中央银行借款

商业银行若资金不足，必要时可以向中央银行借款，一般来说商业银行向中央银行借款的目的不是用来谋利，而是用来缓解本身资金暂时不足的境况。

中央银行向商业银行借款的形式主要包括两种即再贷款和再贴现。

再贷款是指中央银行向商业银行进行的直接贷款，即商业银行用自己持有的合格票据等有价证券作为抵押品向中央银行取得抵押贷款。包括年度性再贷款、季节性再贷款和日拆性再贷款等。

再贴现是指经营票据贴现业务的商业银行将其买入的未到期的贴现票据向中央银行再次申请贴现，即商业银行把自己持有的、未到期的票据，如商业承兑汇票、国库券等转让给中央银行，以取得资金的行为。再贴现是商业银行获得短期资金最简便的方式。

2.2 商业银行资产业务

2.2.1 资产业务概述

商业银行的资产业务是指商业银行利用吸收的资金从事各种信用活动，以获取利润的业务，是银行获取收益的主要方式，如银行将吸收的存款通过贷款的形式放贷给客户的行为就形成了贷款业务。银行通过收取利息的方式获得收益，或是商业银行将资金运用到投资业务中以获取收益。

商业银行的资产业务大体可以分为现金资产、贷款、证券投资、固定资产和其他资产等。本部分主要介绍商业银行现金资产、贷款和债券投资 3 类资产业务。

2.2.2 现金资产

现金资产是银行的库存现金以及与现金等同并可随时用于支付的银行资产。现金资产是银行资产中流动性最高的部分，现金资产并不属于银行的直接获益资金，但却是商业银行正常经营中必不可少的部分。

2.2.2.1 现金资产的类型

狭义的现金资产仅指银行库存现金。而广义的现金资产包括库存现金、在中央银行的存款、存放同业存款和托收中的现金。

(1) 库存现金

库存现金指商业银行保存在金库中的现钞和硬币，主要用于应付客户提取现金和银行本身的日常零星开支。一般情况下，库存现金不能直接给商业银行带来收益，所以商业银行通常仅应保持必要和适度的库存现金。

(2) 在中央银行的存款

在中央银行的存款是指商业银行存放在中央银行的资金，即存款准备金，包括法定存款准备金和超额存款准备金。

(3) 存放同业存款

存放同业存款是指商业银行存放在代理银行和相关银行的存款。商业银行将资金存放在其他银行是为了银行同业之间开展代理业务及结算收付业务。由于存放同业存款可以随时支取，具有活期存款的性质，由此将其视为银行的现金资产。

(4)托收中的现金

托收中的现金是银行在为客户办理支票结算的过程中收到的存款人存入的由其他银行为付款人的支票，该支票所载的金额在未划入本行账户前占用的资金。其规模的大小取决于托收的票据数量以及票据清算时间。

2.2.2.2　现金资产的管理原则

由于现金资产的获利能力很低，所以商业银行应该在满足流动性需要的前提下，将现金资产的机会成本降到最低程度，保证银行经营的安全性和盈利性，并服务于银行整体经营过程。具体有以下三大原则：

(1)总量适度原则

总量适度原则主要是指商业银行的现金资产必须保持在一个适当的规模上，是商业银行现金管理的最重要原则。这是由现金资产的性质决定的，现金资产是微利或是不盈利的资产，如果企业保留过多的现金资产，银行的盈利水平就会受到影响，但如果保留过少的现金资产，客户的正常提现和银行的合理资金需求又可能得不到满足。所以商业银行应该合理判断现金资产的需求情况，保留适度的现金资产。

(2)适时调节原则

现金资产的适时调节原则是指商业银行要根据业务过程中的现金流量变化，及时地调节资金头寸，确保现金资产的规模适度。现金资产的适时调节原则是银行实现现金资产规模适度的必要手段。基本的调节机制如图 2-2 所示。

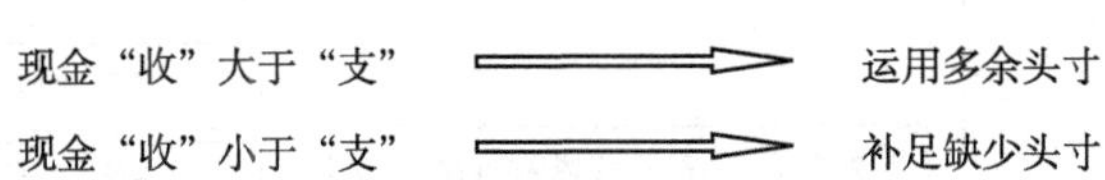

图 2-2　现金资产适时调节机制

(3)安全保障原则

商业银行往往涉及对库存现金进行保管、清点和运输等工作，这可能使银行面临现金被盗、被抢以及自然灾害等带来的损失风险，所以商业银行在进行现金资产的管理中，特别是库存现金的管理中，要加强保卫制度，加强内部控制，严格控制现金资产的使用，严格规范业务操作的流程，确保现金资产的安全。

2.2.3　贷款业务

商业银行贷款是指商业银行作为贷款人，按照一定的贷款原则和政策，以还本付息为条件，将一定数量的资金提供给借款人使用的一种行为。贷款是银行最重要的资产业务，也是商业银行获取收益的重要方式。由中国人民银行公布的《存款类金融机构人民币信贷收支表》可知，2024 年 6 月末，我国存款类金融机构各类贷款余额为 251.05 万亿元，占全部资金运用的 69.50%。其中，企事业单位贷款余额为 163.01 万亿元，占全部资金运用的 45.13%；住户贷款余额为 79.72 万亿元，占全部资金运用的 22.07%。

2.2.3.1 贷款分类

根据贷款的期限、贷款的保障条件、贷款的用途、借款人性质、偿还方式、贷款质量或风险程度和利率等的不同，商业银行有不同的贷款种类(图 2-3)。

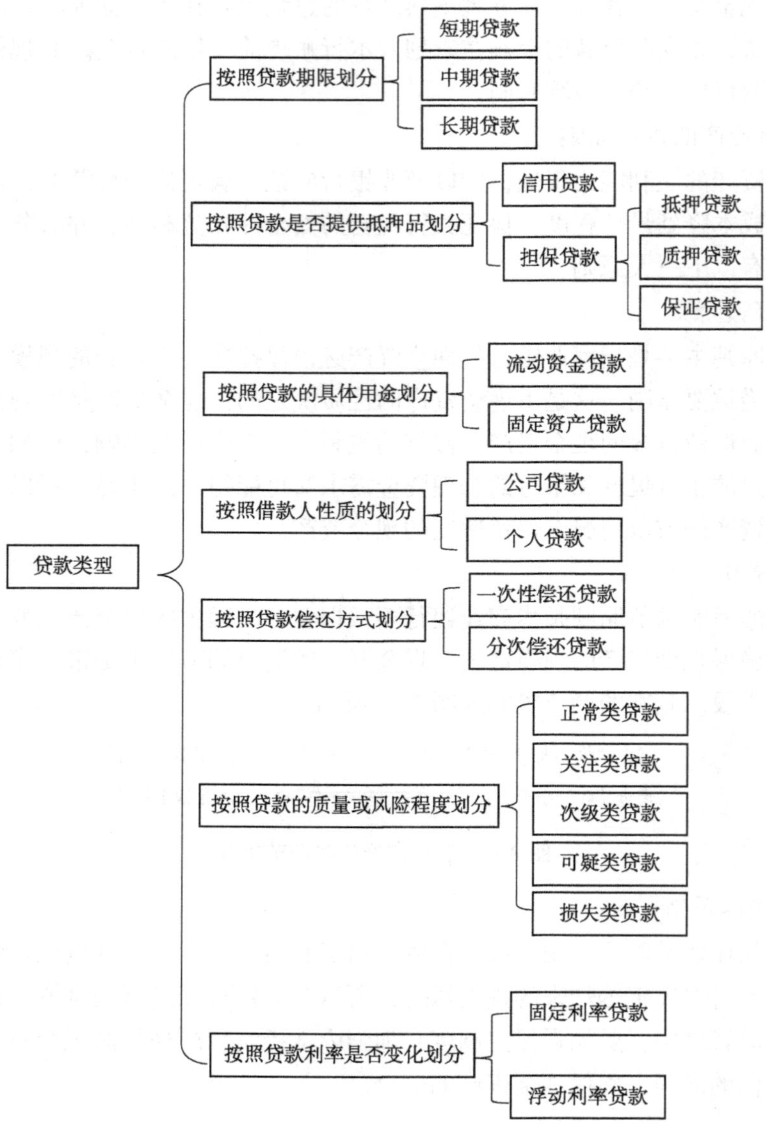

图 2-3　商业银行贷款业务分类

(1)按贷款期限划分

根据贷款期限划分，可以分为短期贷款、中期贷款和长期贷款。短期贷款是指贷款期限在一年以内的(含一年)的贷款；中期贷款是指贷款期限在一年以上(不含一年)三年以内(含五年)的贷款；长期贷款是指贷款期限在五年以上(不含五年)的贷款。

(2)按贷款的保障条件划分

按照贷款的保障条件可以将贷款划分为信用贷款和担保贷款。信用贷款是指银行完全凭借客户的信誉而无需提供抵押物或第三者保证而发放的贷款，这类贷款风险较大；担保贷款是指借款人用一定的财产或信用作为还款保证的贷款，根据还款保证的不同，又可以具体分为抵押贷款、质押贷款和保证贷款。抵押贷款是指银行为了贷款的安全，要求借款者提供财产作为抵押品才能获得资金的贷款；质押贷款主要是指以借款人或第三者的动产或权利作为质押物的贷款；保证贷款是以第三人承诺在借款人不能偿还贷款时，按约定承担的保证责任而发放的贷款。

(3) 按照贷款的具体用途来划分

按照贷款的具体用途来划分，一般分为流动资金贷款和固定资产贷款。流动资金贷款是指贷款人向法人或非法人组织(按照国家有关规定不得办理银行贷款的主体除外)发放的，用于借款人日常经营周转的本外币贷款；固定资产贷款是指贷款人向法人或非法人组织(按照国家有关规定不得办理银行贷款的主体除外)发放的，用于借款人固定资产投资的本外币贷款。固定资产投资是指借款人在经营过程中对于固定资产的建设、购置、改造等行为。

(4) 按照借款人性质的不同划分

按照借款人性质的不同，可以将贷款划分为公司贷款和个人贷款。公司贷款又称为企业贷款或对公贷款，是指商业银行向企事业单位发放的贷款；个人贷款是指商业银行向符合贷款条件的个人发放的贷款。

(5) 按照贷款偿还方式划分

按照贷款偿还方式的不同，可以将贷款划分为一次性偿还贷款和分次偿还贷款。一次性偿还贷款是指借款人在贷款到期日一次性还清的贷款；分次偿还贷款是指借款人按规定期限分次偿还本金和支付利息的贷款。

(6) 按贷款的质量或风险程度划分

按贷款的质量或风险程度划分，贷款可以分为以下 5 种类型：正常类贷款是指借款人一直能正常还本付息，银行对借款人最终偿还贷款有充分把握；关注类贷款是指贷款存在潜在风险，有可能影响贷款偿还；次级类贷款是指贷款缺陷已很明显，正常营业收入不足以保证还款，需要通过出售、变卖资产或对外融资，乃至执行抵押担保还款；可疑类贷款是指贷款肯定要发生损失，只是因为借款人重组、兼并、合并、抵押物处理和未决诉讼等待定因素，损失金额还不能确定；损失类贷款是指贷款的大部分或全部发生损失。一般将商业银行后 3 类贷款划分为不良贷款范畴。

(7) 按贷款利率是否变化划分

按贷款利率是否变化，贷款可分为固定利率贷款和浮动利率贷款。固定利率贷款是指贷款利率在贷款期限内保持不变，遇利率调整也不分段计息的贷款。浮动利率贷款是指贷款利率在贷款期限内随市场利率或官方利率波动，按约定时间和方法自动进行调整的贷款。

2. 2. 3. 2　贷款基本要素

(1) 贷款的主体——借款人

商业银行的借款主体主要包括企事业单位和个人。企事业单位主要是指经工商行政管理部门核准登记，拥有工商行政管理部门颁布营业执照的企事业法人以及其他经济组织等。

(2) 贷款产品

贷款产品是指商业银行向借款人提供的信贷服务，包含期限、资金用途、利率、风险和担保方式等。

(3) 贷款额度

贷款额度是指商业银行承诺向借款人提供的以人民币或外币计量的金额，也可称为银行的授信额度。表内贷款有明确的金额，表外业务是指合同名义金额。

(4) 贷款期限

贷款期限有广义和狭义两种。广义的贷款期限是指银行承诺向借款人提供以货币计量的贷款产品的整个期间，即从签订合同到合同结束的整个期间。狭义的贷款期限是指从具体贷款产品发放到约定的最后还款或清偿的期限。在广义的定义下，贷款期限通常分为提款期、宽限期和还款期。

(5) 贷款利率和费率

贷款利率是指借款期限内利息金额与本金金额的比率，即借款人使用贷款资金时支付的价格；费率是指商业银行在贷款利率以外对提供贷款服务要求的收益报酬，一般以贷款产品金额为基数按一定比率计算。

(6) 还款方式

一般来说，商业银行的贷款可以实行两种还款方式：一次性还款和分次还款，也是按还款方式划分的贷款类型。

(7) 担保方式

商业银行在进行贷款时，可以根据借款人的具体情况，确定运用哪种贷款方式，具体包括抵押担保、质押担保和保证 3 种类型。

(8) 提款条件

提款条件主要包括合法授权、政府批准、资本金要求和监管条件落实等。

2.2.3.3 贷款流程

(1) 受理与调查

借款人需用贷款资金时，应按照商业银行要求的方式和内容提出贷款申请，并恪守诚实守信原则，承诺所提供材料的真实、完整、有效。商业银行在接到借款人的借款申请后，应采用有效方式收集借款人的信息，对其资质、信用状况、财务状况、经营情况等进行调查分析，评估项目效益和还本付息能力。同时也应对担保人的资信、财务状况进行分析，如果涉及抵质押物的还必须分析其权属状况、市场价值、变现能力等，并就具体贷款条件进行初步洽谈。商业银行应采取现场与非现场相结合的形式履行尽职调查，形成书面报告，并对其内容的真实性、完整性和有效性负责。

(2) 风险评价与审批

商业银行应建立完善的风险评价机制，落实具体的责任部门和岗位，全面审查贷款的风险因素。商业银行应建立和完善内部评级制度，采用科学合理的评级和授信方法，评定客户信用等级，建立客户资信记录。商业银行应按“审贷分离、分级授权、按权限审批”等原则明确贷款审批权限、规范贷款审批流程。贷款经营机构/人员完成贷前调查后，将贷款调查报告等贷款资料及初步贷款意见提交有权审批部门，由审批机构对借款人情况、还款来源、担保情况等进行审查，评估贷款风险，对贷款投向、金额、期限、担保方式等贷款要素和条件进行决策。

(3) 合同签订

借款申请经审查批准后，商业银行应与借款人及其他相关当事人签订书面借款合同、担保合同等相关合同。合同中应详细规定各方当事人的权利、义务及违约责任，避免对重要事项未约定、约定不明或约定无效。在合同中，商业银行应与借款人约定具体的借款种类、币种、用途、数额、利率、期限、还款方式、还贷保障及风险处置等要素和有关细节。如采用抵质押担保方式，应办妥相关交接手续和登记手续。

(4) 贷款发放

商业银行应设立独立的责任部门或岗位，负责贷款发放审核。商业银行在发放贷款前应确认借款人满足合同约定的提款条件，并按照合同约定的方式对贷款资金的支付实施管理与控制，监督贷款资金按约定用途使用。商业银行应设立独立的责任部门或岗位，负责贷款支付审核和支付操作。采用商业银行受托支付方式的，商业银行应审核交易资料是否符合合同约定条件。在审核通过后，将贷款资金通过借款人账户支付给借款人交易对象。采用借款人自主支付的，商业银行应要求借款人定期汇总报告贷款资金支付情况，并通过账户分析、凭证查验、现场调查等方式核查贷款支付是否符合约定用途。

(5) 贷后管理

商业银行应加强贷款资金发放后的管理，针对借款人所属行业及经营特点，通过定期与不定期现场检查与非现场监测，分析借款人经营、财务、信用、支付、担保及融资数量和渠道变化等状况，掌握各种影响借款人偿债能力的风险因素。出现可能影响贷款安全的不利情形时，商业银行应对贷款风险进行重新评价并采取针对性措施。贷款到期前，商业银行应提前提示借款人到期还本付息，对贷款需要展期的，商业银行应审慎评估展期的合理性和可行性，科学确定展期期限，加强展期后管理。对于确因借款人暂时经营困难不能按期还款的，商业银行可与借款人协商贷款重组。

对于借款人贷款全部形成不良贷款的，商业银行应由专门的部门负责不良贷款管理，通过科学合理的管理方法与流程，积极创新不良贷款的处置手段，对不良贷款实行全面、精细化管理。对于不良贷款，商业银行要按照原中国银保监会办公厅《关于开展第二批不良贷款转让试点工作的通知》以及财政部《金融企业贷款减免管理办法》《金融企业呆账核销管理办法》等规定，予以保全处置或核销。

2.2.4　证券投资业务

证券投资是指商业银行用其资金在金融市场上购买有价证券的业务活动，是银行仅次于贷款的一项重要的资产业务。

商业银行投资的对象主要是风险小、流动性强的政府及其所属机构发行的债券。此外，如果是一些财务实力雄厚及信誉较高的企业发行的公司债，商业银行也会进行购买。

我国商业银行的证券投资主要是债券投资。由中国人民银行公布的《存款类金融机构人民币信贷收支表》可知，2024 年 6 月末，我国存款类金融机构债券投资余额为 68.64 万亿元，占全部资金运用的 19%；股权及其他投资余额为 18.46 万亿元，占全部资金运用的 5.11%。

《中华人民共和国商业银行法》在 1995 年 5 月颁布，并于 2003 年 12 月和 2015 年 8 月先后两次修订。该法规定，商业银行在中国境内“不得从事信托投资和证券经营业务”“不得向非自用不动产投资”“不得向非银行金融机构和企业投资”。这说明中国商业银行业务与信托、证券等投资银行业务必须实行分业经营。

商业银行证券投资有如下 4 个目的。

(1)获得收益

从证券投资中获取收益是商业银行投资业务的首要目标。商业银行证券投资的收益包括利息收益和资本收益。其中利息收益是指银行购买一定量的有价证券后，依证券发行时确定的利率从发行者那里取得的利益；资本收益是指银行购入证券后，在出售或偿还时收到的本金高于购进价格的余额。

(2)分散风险

银行证券投资在分散风险方面有特殊的功效和作用：证券投资为银行资产分散提供了一种选择；证券投资风险比贷款风险小，更有利于资金运用，如选择面广、灵活分散、不受地域限制；证券投资比较灵活，可以根据需要随时买进卖出。

(3)保持流动性

在现金作为第一准备使用后，银行仍然需要有二级准备，即银行的短期证券投资，作为补充。此外，银行购入的中长期证券也可在一定程度上满足流动性要求，只是相对短期证券其流动性要差一些。

(4)合理避税

商业银行投资的证券大多为国债和地方政府债券，而政府债券往往具有税收优惠，故银行可以利用证券组合达到避税的目的，使收益进一步提高。

2.3 商业银行其他业务

2.3.1 其他业务概述

商业银行不反映在资产负债表内的其他业务，即通常所指的表外业务，也是银行业务的重要组成部分。表外业务是指商业银行从事的，按照会计准则不计入资产负债表内，不形成现实资产负债，但有可能引起损益变动的业务。

2.3.1.1 表外业务类型

表外业务可以分为狭义的表外业务和广义的表外业务两种。

(1)狭义的表外业务

狭义的表外业务是指那些不列入资产负债表，不涉及资产负债表内金额的变动，但与资产项目和负债项目密切相关，并在一定条件下可能会转为表内资产业务和负债业务的经营活动，也称为或有资产和或有负债业务。

(2) 广义的表外业务

广义的表外业务泛指那些能给商业银行带来收益，但又不在商业银行资产负债表内反映的业务，包括狭义的表外业务和中间业务。中间业务是指商业银行所从事的按会计准则不列入资产负债表，不影响资产负债表内的资产与负债的总额，但能带来收益，使损益发生变动的经营活动。

中间业务与表外业务的区别：商业银行一般以中介人的身份开展中间业务，所以中间业务下，商业银行不承担风险。但是，商业银行开展表外业务，要承担一定的风险。

2.3.1.2 表外业务的特征

与传统业务相比，表外业务具有以下特点：

(1) 不运用或不直接运用商业银行自有资金

商业银行办理表外业务时，不以资金买卖为手段，只利用自身的银行信用、金融信息、服务网络、管理技术等方面的优势，通过付出一定的人力、物力和承担一定的经济责任，为客户提供金融服务。

(2) 接受客户委托办理业务

表外业务主要当事人由委托人、代理行、受益人三部分组成，委托人和代理行必须具备一定条件后，委托人、代理行、受益人三者才能签订具有法律效力的合同。大多数情况下，表外业务都属于委托业务，而非自营业务。

(3) 不承担或不直接承担经营风险

商业银行办理表外业务时如果不运用或不直接运用自有资金，通常不直接承担经营风险，但这并不意味着银行不承担其他风险。

(4) 绝大部分表外业务以收取手续费的方式获得收益

办理客户委托的表外业务，要消耗一定的人力、物力和财力，还承担一定的风险，商业银行一般通过收取手续费的方式获得收益。

(5) 种类多，范围广

随着社会经济生活的变化和金融创新的不断发展，商业银行表外业务类型将越来越多、规模将越来越大，占整个商业银行业务的比重将日益上升。

2.3.2 支付结算业务

支付结算是指商业银行为客户办理因债权债务关系引起的与货币支付、资金划拨有关的收费业务，属于商业银行的传统业务。银行是支付结算的中介机构。未经中国人民银行批准的非银行金融机构和其他单位不得作为中介机构经营支付结算业务。

商业银行支付结算主要包括国内支付结算业务和国际支付结算业务。本文主要介绍国内支付结算业务。

2.3.2.1 国内支付结算业务的类型

按照非现金支付工具种类来划分，非现金支付工具分为票据、银行卡、贷记转账、直接借记等。票据又可以细分为支票、银行本票、银行汇票和商业汇票等，并可以继续细分为现金支票、转账支票、商业承兑汇票、银行承兑汇票等；银行卡则可以按卡的种类分为借记卡、准贷记卡和贷记卡等。本章仅就如下几类主要非现金支付工具进行介绍。

(1)汇票、银行本票、银行支票

①汇票。汇票是指出票人签发，委托付款人在见票时或者在指定日期无条件支付确定的金额给收款人或者持票人的票据(图2-4)。

根据我国票据法规定，汇票必须记载下列事项：a. 标明“汇票”的字样；b. 无条件支付的委托；c. 确定的金额；d. 贷款人名称；e. 收款人名称；f. 出票日期；g. 出票人签章。汇票上未记载规定事项之一的，汇票无效。

按照出票人的不同，汇票可以分为银行汇票及商业汇票；按承兑人的不同，商业汇票又可以进一步分为银行承兑汇票和商业承兑汇票。

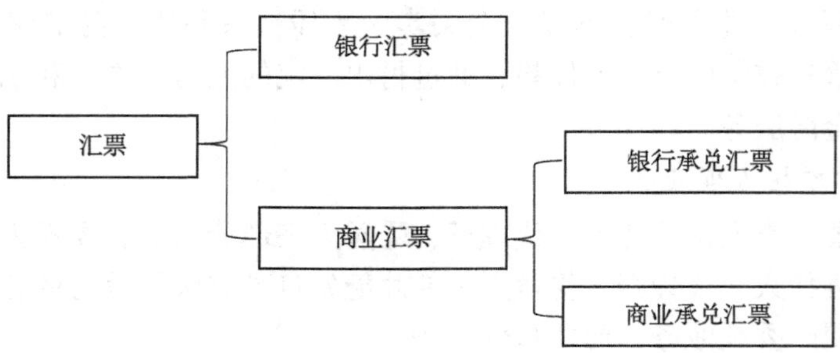

图2-4　汇票分类

银行汇票和商业汇票具体内容见表2-3所列。

表2-3　银行汇票与商业汇票的比较

汇票种类	定义	特点
银行汇票	是指由银行签发的，由其在见票时按照实际结算金额无条件支付给收款人或持票人的票据	银行汇票的出票人和付款人均为银行；见票即付、无需提示承兑；可以背书转让；方便、灵活，具有较强的流动性；可以用于转账，填明“现金”字样的银行汇票，可以用于支取现金
商业汇票	是指出票人签发的，委托付款人在指定付款日期无条件支付确定金额给收款人或持票人的票据。 商业承兑汇票是指由银行以外的付款人承兑的汇票。 银行承兑汇票是指由银行承兑的汇票	商业汇票的付款期限最长不超过6个月，提示付款期限自汇票到期日起10日

②银行本票。银行本票是申请人将款项交存银行，由银行签发的承诺自己在见票时无条件支付确定的金额给收款人或者持票人的票据。

签发银行本票必须记载下列事项：a. 标明“银行本票”的字样；b. 无条件支付的承诺；c. 确定的金额；d. 收款人名称；e. 出票日期；f. 出票人签章。欠缺上列记载事项之一的，银行本票无效。

银行本票具有以下特点：

a. 银行本票可以用于转账，填明“现金”字样的银行本票，也可以用于支取现金，现金银行本票的申请人和收款人均为个人；

b. 银行本票可以背书转让，填明“现金”字样的银行本票不能背书转让；

c. 银行本票的提示付款期限自出票日起 2 个月；

d. 在银行开立存款账户的持票人向开户银行提示付款时，未在银行开立存款账户的个人持票人，持注明“现金”字样的银行本票向出票银行支取现金时，应在银行本票背面签章，记载本人身份证件名称、号码及发证机关；

e. 银行本票丧失，失票人可以凭人民法院出具的享有票据权利的证明，向出票银行请求付款或退款。

③支票。支票是由出票人签发的，委托办理支票存款业务的银行或者其他金融机构在见票时无条件支付确定金额给收款人或者持票人的票据。支票记载事项内容见表 2-4、表 2-5 所列。

表 2-4　支票的记载事项

记载事项	具体内容
绝对记载事项	①标明“支票”字样；②无条件支付委托；③确定的金额；④付款人名称；⑤出票日期；⑥出票人签章。票据法规定必填的记载事项如欠缺某一项记载事项则该票据无效
相对记载事项	①付款地（如果支票上未记载付款地的，则付款地为付款人的营业场所）；②出票地（支票上未记载出票地的，则出票人的营业场所、住所、经常居住地为出票地）；③票据法规定应当记载而没有记载，如未记载可以通过法律规定进行推定而不会导致票据无效
非法定记载事项	①支票的用途；②合同编号；③约定的违约金；④管辖法院等。非法定记载事项并不发生支票上的效力

支票的特点：使用方便，手续简便、灵活；支票的提示付款期限自出票日起 10 天；支票不受起点金额限制；支票可以背书转让，但用于支取现金的支票不得背书转让。

表 2-5　支票的种类

支票的种类	定义	支票的种类	定义
现金支票	只能用于支取现金的支票	普通支票	既能用于转账的支票又能用于支取现金的支票
转账支票	只能用于转账的支票		

（2）银行卡

根据全国人大的立法解释和中国人民银行《银行卡业务管理办法》，银行卡是指商业银行向社会发行的具有消费信用、转账结算、存取现金等全部或部分功能的信用支付工具，包括信用卡和借记卡。

2015 年 12 月，中国人民银行发布了《非银行支付机构网络支付业务管理办法》，要求支付账户也必须落实账户实名制要求，确立了支付机构提供账户服务和支付账户的法律地位，开启了我国个人支付账户分类管理时代。据此，个人银行账户分为Ⅰ类银行账户、Ⅱ类银行账户和Ⅲ类银行账户。

Ⅰ类户是“钱箱”，个人的工资收入等主要资金来源都存放在该账户中，安全性要求较高，主要用于现金存取、大额转账、大额消费、购买投资理财产品、公用事业缴费等；Ⅱ类户是“钱夹”，个人日常刷卡消费、网络购物、网络缴费通过该账户办理，还可以购买银行的投资理财产品；Ⅲ类户是“零钱包”，主要用于金额较小、频次较高的交易，尤其是目前银行基于主机的卡模拟（HCE）、手机安全单元（SE）、支付标记化（Tokenization）等创新技术开展的移动支付业务，包括小额免密免签交易业务等。

银行在为个人开立Ⅰ类户时，应当在尊重个人意愿的前提下，积极主动引导个人同时开立Ⅱ类、Ⅲ类户。银行不得通过Ⅱ类户和Ⅲ类户为存款人提供存取现金服务，不得为Ⅲ类户发放实体介质。

（3）贷记转账

贷记转账是指付款人向收款人主动发起的贷记银行业金融机构收款人账户的付款业务。包括定期贷记业务和普通贷记业务。

①定期贷记。定期贷记是指付款人根据其与开户银行的约定，向开户银行定期、批量发出付款指令，委托其直接从付款人账户中支付确定的金额给指定收款人的结算方式。其中不包括贷记退回业务，包括集团企业二级子账户。

②普通贷记。普通贷记指除定期贷记业务以外的贷记业务。其中不包括同一客户在同一营业网点之间的转账；不包括贷记退回业务；不包括集团企业二级子账户；不包括非金融机构系统内账户转账交易；不包括银行卡转账、支票。

（4）直接借记

①定期借记。定期借记指收款人委托银行向付款人开户银行定期、批量发出收款指令，付款人开户银行根据付款人授权，直接借记付款人账户确定的金额并将款项划转给收款人的结算方式。其中不包括贷记退回业务、集团企业二级子账户。

②普通借记。普通借记指除定期借记以外的借记业务。其中不包括同一客户在同一营业网点之间的转账、未收到成功回执的借记业务、集团企业二级子账户、非金融机构系统内账户转账交易。

（5）托收承付

托收承付是根据购销合同由收款人发货后委托银行向异地付款人收取款项，由付款人向银行承认付款的结算方式。

（6）国内信用证

国内信用证是指为满足国内贸易资金结算的需要，由开证行依照申请人的申请开出的，凭符合信用证条款的单据支付的付款承诺。

2.3.2.2 国内支付结算业务的主要风险点

（1）银行汇票、商业汇票

银行汇票和商业汇票主要有以下风险点：①受理银行汇票申请书不合规；②银行汇票

无效；③持票人交来的银行汇票、解讫通知不合规；④办理商业汇票承兑业务时，承兑手续上不合规，先承兑、后申请等逆程序操作；⑤商业汇票承兑无真实贸易背景；⑥银行承兑汇票以新抵旧，循环承兑；⑦银行内部员工与外部不法分子勾结，运用伪造、变造商业汇票进行贴现承兑。

(2)银行支票

银行支票主要有以下风险点：①支票不真实，提示付款期限已过；②收款人未在支票背面"收款人签章"处签章，其签章与收款人名称不一致；③出票人签章不符合规定，与预留银行的签章不相符，使用支付密码的，其密码不正确；④支票记载的事项不齐全，出票额、出票日期、收款人名称有更改，其他记载事项的更改没有原记载人签章证明；⑤现金支票给予背书转让，转账支票背书不连续，第一个使用粘单的背书人未在粘接处加盖骑缝章；⑥持票人委托开户行收款的，在支票背面作委托收款背书，背书签章与预留印鉴不相符。商业银行在票据交换时，未做到"收妥入账、不予垫款"。

(3)银行卡

银行卡及个人账户结算主要有以下风险点：①冒用他人身份信息开立假名银行账户；②买卖银行账户和支付账户；③通过开立的账户实施电信诈骗、非法集资、逃税骗税、贪污受贿、洗钱等案件频发的违法犯罪活动。

2.3.3　信用卡

信用卡是由银行或信用卡公司向资信良好的个人和机构签发的一种信用凭证，持卡人可在指定的特约商户购物或获得服务。银行信用卡实质上是一种消费信贷，它提供一个明确信用额度的循环信贷账户，借款人可使用部分或者全部额度。一旦已使用余额得到偿还，该信用额度又重新恢复使用。根据《商业银行信用卡业务监督管理办法》规定，信用卡业务是指商业银行利用具有授信额度和透支功能的银行卡提供的银行服务，主要包括发卡业务和收单业务。

商业银行发行的信用卡按照发行对象不同，分为个人卡和单位卡；按照发行机构不同，目前世界上主要的信用卡包括维萨卡(VISA)、万事达卡(MasterCard)、大莱卡(Diners Club)、JCB卡(Japan Credit Bureau)、运通卡(American Express)和中国银联卡。

2.3.4　担保类业务

担保类业务是指商业银行接受客户的委托对第三方承担责任的业务，包括担保(保函)、备用信用证、跟单信用证、承兑等。本节主要介绍银行保函和备用信用证两类。

(1)银行保函

保函是银行应申请人的要求，向受益人做出的书面付款保证承诺，银行将凭受益人提交的与保函条款相符的书面索赔履行担保支付或赔偿责任。

(2)备用信用证

备用信用证是信用证的一个业务品种，是开证行应借款人要求，以放款人作为信用证的受益人而开具的一种特殊信用证，以保证在借款人破产或不能及时履行义务的情况下，由开证行向受益人及时支付本利，即开证行在开证申请人未能履行其应履行的义务时，受益人按备用信用证规定向开证行开具汇票(或不开汇票)，提交开证申请人未履行义务的声明或证明文件，即可获得开证行的偿付。备用信用证通常涉及3个主要当事人，即开证申请人(借款人)、开证行和受益人(放款人或其他投资者)。

2.3.5 贷款承诺业务

贷款承诺业务是指应客户申请，银行对项目进行评估论证，在项目符合银行信贷投向和贷款条件的前提下，对客户承诺在一定的有效期内，提供一定额度和期限的贷款，用于指定项目建设或企业经营周转。

按照目前国内银行的普遍做法，贷款承诺可分为：项目贷款承诺、开立信贷证明、客户授信额度和票据发行便利4类。

2.3.6 理财业务

理财业务是指商业银行接受投资者委托，按照与投资者事先约定的投资策略、风险承担和收益分配方式，对受托的投资者财产进行投资和管理的金融服务。

理财业务与传统银行业务相比，具有以下特征：

①理财业务是代理业务，不是银行的自营业务，理财业务运用的不是银行自有资金，而是客户委托资金，资金最终所有者是客户。资产不在银行资产负债表内反映，不反映为银行账户资产和负债。

②理财业务的盈利方式是收取投资管理费或业绩报酬，理财业务主要靠收取约定的投资管理费来获取收益，有时也收取一定的业绩报酬分成。

③客户是理财业务风险的主要承担者，银行在尽责履行合约义务的前提下不对客户资产价值减损承担责任，其主要风险如信用风险、市场风险等均由委托投资人承担。

④理财业务是“轻资本”业务，除保本型理财产品以外，理财业务不占用或者很少占用银行资本。理财业务的这一特点对于资本约束日渐增强的商业银行来说具有重要意义。

⑤理财业务是一项知识技术密集型业务，资产管理业务依赖专业风险管理技术为客户创造风险收益，通过将来自利率、汇率、信用、商品、股票及其他市场的风险因素进行组合、搭配、转移并合理定价，从而设计出不同的理财产品。

2.3.7 代理业务

商业银行利用其良好的信誉、资金实力等，可以广泛地为不同社会经济实体提供债务清偿、资信保证、买卖、保管、咨询、财务管理、资金融通和会计服务等业务。在此类业务中，商业银行只是按客户要求，执行客户指令并完成相关业务，一般不参与决策，故其可以在不承担业务决策风险的情况下取得佣金和手续费收入。代理业务主要有以下几种类型：

(1)代收代付业务

代收代付业务是商业银行利用自身的结算便利，接受客户委托代为办理指定款项收付事宜的业务。代收代付业务主要包括代理各项公用事业收费、代理行政事业性收费和财政性收费、代发工资、代扣住房按揭贷款等。目前主要是委托收款和托收承付两类。

(2)代理银行业务

①代理政策性银行业务。代理政策性银行业务是指商业银行受政策性银行的委托，对其自主发放的贷款代理结算，并对其账户资金进行监管的一种中间业务。主要解决政策性银行因服务网点设置的限制而无法办理业务的问题。目前主要代理中国进出口银行和国家开发银行业务。

②代理中央银行业务。代理中央银行业务是指根据政策、法规应由中央银行承担，但由于机构设置、专业优势等方面的原因，由中央银行指定或委托商业银行承担的业务。

③代理商业银行业务。代理商业银行业务是商业银行之间相互代理的业务。主要包括：代理结算业务、代理外币现钞业务等。其中主要是代理结算业务，具体包括代理银行汇票业务和汇兑、委托收款、托收承付业务等其他结算业务。代理银行汇票业务最具典型性，其又可分为代理签发银行汇票和代理兑付银行汇票业务。

(3)代理证券业务

代理证券资金清算业务是指商业银行利用其电子汇兑系统、营业机构以及人力资源为证券公司总部及其下属营业部代理证券资金的清算、汇划等结算业务。

代理证券资金清算业务主要包括：一级清算业务，即各证券公司总部以法人为单位与证券登记结算公司之间发生的资金往来业务；二级清算业务，即法人证券公司与下属证券营业部之间的证券资金汇划业务。

(4)代理保险业务

商业银行代理保险业务是指商业银行接受保险公司委托，在保险公司授权的范围内，代理保险公司销售保险产品及提供相关服务，并依法向保险公司收取佣金的经营活动。

(5)其他代理业务

①委托贷款业务。委托贷款是指委托人提供资金，由商业银行(受托人)根据委托人确定的借款人、用途、金额、币种、期限、利率等代为发放、协助监督使用、协助收回的贷款，不包括现金管理项下委托贷款和住房公积金项下委托贷款。

②代销开放式基金。开放式基金代销业务是指银行利用其网点柜台或电话银行、网上银行等销售渠道代理销售开放式基金产品的经营活动。银行向基金公司收取基金代销费用。投资者可以通过银行及时对开放式基金进行认购、申购及赎回。

③代理国债买卖。银行客户可以通过银行营业网点购买、兑付、查询凭证式国债、储蓄国债(电子式)以及柜台记账式国债。

本章思考题

(1)简述商业银行负债业务的管理原则。

(2)简述商业银行业务的构成情况。

(3)简述我国商业银行是否可以经营信托、证券等投资银行业务。

(4)简述目前我国商业银行的中间业务发展现状。

案例分析 2：

全国林权抵押贷款余额超 1300 亿元，盘活森林资源资产将迎组合拳

中共中央办公厅、国务院办公厅近日印发的《深化集体林权制度改革方案》强调要加大金融支持力度，提出了一系列措施。2023 年 10 月 12 日，国家林业和草原局副局长唐芳林在国务院新闻办公室举行的新闻发布会上表示，当前森林资源逐步盘活，已经建立了林权抵押贷款制度，全国林权抵押贷款余额 1300 多亿元，成为支持林业生态建设和产业发展的重要资金来源。

国家林草局林业和草原改革发展司司长王俊中指出，集体林权制度改革以来，国家建立了林权抵押贷款制度，不断拓宽抵押物范围，创新贷款模式，完善配套政策。各地探索推出了许多符合林业特点的金融产品，如公益林补偿收益权质押贷款、林下经济收益权质押贷款、“油茶贷”“林农快贷”“网商林贷”等，助力林业生态建设和产业发展。

江西省林业局负责人刘宾介绍，需以金融赋能林业提质增效。江西省先后推出公益林(天然商品林)补偿收益权质押贷款、油茶长周期贷款、林下经济收益权贷款、湿地生态修复贷款、“林农快贷”等金融产品。启动实施油茶、森林药材等特色保险，极大降低了经营林业的风险。

福建省三明市委常委、副市长杨兴忠介绍，福建省创新了林业投融资机制，成立了林权收储机构，设立了风险防范和快速处置机制，推出一系列普惠型林业金融产品，设立了林权交易中心，为林业注入金融“活水”。三明市全市累计发放林业信贷总额达到 250 亿元。改革增活力，创新出效益。2022 年，三明全市林业产业总产值达到 1258 亿元，农民人均涉林收入达 7107 元，占可支配收入的 30.6%。

讨论：

(1) 商业银行贷款要素有哪些？请分析本案例涉及的贷款要素内容。

(2) 案例中涉及商业银行贷款业务的哪些知识点？

第 3 章　银行管理

学习目标

(1)了解商业银行组织架构内涵、作用和形式。

(2)理解我国商业银行组织架构类型。

(3)熟悉和掌握商业银行管理基本指标。

(4)熟悉和掌握商业银行资产负债管理工具和策略。

(5)熟悉和掌握我国商业银行资本类型、作用和监管要求。

3.1　银行管理基础

3.1.1　商业银行组织架构

3.1.1.1　商业银行组织架构的内涵

商业银行组织架构是商业银行业务运行和管理实施的组织方式，其主要内容包括总部部门的设置及其功能和权限、部门之间的相互关系，分支机构的功能、权限和部门设置，全行业务运作的组织架构模式，总行对分支机构实施管理的模式等。

3.1.1.2　商业银行组织架构的作用

①从组织上划分和确定银行的管理层次、管理部门、管理职位及体系结构，以便为各种要素安排一个最佳的空间位置。

②明确各层次、各部门、各职位的职责、任务、权利、利益及其相互关系，从而在各种要素之间建立起合理的关系网络。

③按一定的规则或模式协调、平衡、规范各层次、各部门、各职位的行为方式和相互关系，使各种要素都能最好地发挥功能与潜能，保证组织目标有计划、有节奏、按程序实现。

④合理地配置银行的各类资源，充分发挥每种资源的作用并使其整合而成的整体功能最大化，以利于银行实行全面比例管理、全面质量管理、全面创新管理、全面风险管理。

⑤对环境变化、市场动态和顾客需求做出积极反应，正确处理银行组织与环境、市场、顾客的各种关系，特别是“银行与银行”“银行与顾客”“银行与市场”的关系。

3.1.1.3　商业银行组织架构的形式

现代商业银行的组织架构类型有多种。具体来看：

从企业法人角度划分，商业银行的组织架构可划分为统一法人制组织架构和多法人制组织架构；从内部管理模式划分，可划分为以区域管理为主的总分行型组织架构、以业务线管理为主的事业部制组织架构和矩阵型组织架构；从管理会计角度划分，可将银行机构分为成本中心和利润中心两类，其中成本中心涵盖管理部门、运作中心、培训机构等，利润中心包括独立核算的分支机构、产品线和子公司等。

商业银行组织架构的选择，需要综合考虑商业银行自身发展战略、经营规模、外部经济政治环境以及相关监管法律等内外部多重因素，银行要持续经营、稳健发展，就必须根据内外部环境的变化和要求不断优化组织架构。

3.1.1.4 我国商业银行组织架构

随着中国金融体制改革的不断深化，中国商业银行的组织架构也在不断调整。一方面，从企业法人角度来看，我国商业银行组织架构的主流形式是统一法人组织架构。总行作为一级法人对全国各级行统一领导，负责制订全行的基本政策、战略导向和经营目标，负责对全行的资产进行管理，负责对全行进行资源优化配置。其他各级行在总行的领导下，在授权范围内开展经营。

另一方面，从内部管理角度来看，我国商业银行组织架构的主流形式是采用以区域管理为主的总分行型组织架构。根据监管部门要求，国内银行可分为总行、分行和支行 3 个层级。但在实际管理中，特别是大型商业银行多根据行政区划将分支机构划分为一级分行、二级分行、县支行、网点(二级支行)等相应层级。

3.1.2 银行管理基本指标

3.1.2.1 规模指标

银行业是一个具有较强规模效益的行业，这种规模效益体现在资产规模、市场份额、存贷款规模、客户规模以及收入等方面。

(1) 资产规模

在银行经营管理中，资产规模大、市场覆盖率广以及拥有庞大客户群的大型银行不仅在存、贷业务上有优势，而且有更多的非利息收入来源，从而获取范围经济的效益。

(2) 市值

总市值等于发行总股数乘以股票市价，它是衡量银行规模的综合性指标，反映了一家银行在资本市场上的影响力水平，同时也决定着该银行在资本市场上的权重，从而成为投资者资金配置的重要参考。

对于中国一些同时在 A 股和 H 股上市的银行而言，分别涉及以 A 股和以 H 股为基准的市值，计算公式如下：

以 A 股为基准的市值(美元)=(A 股股价×A 股股数+H 股股价×H 股股数/港元对人民币汇率)/人民币对美元汇率

以 H 股为基准的市值(美元)=(A 股股价×A 股股数/人民币对港元汇率+H 股股价×H 股股数)/港元对美元汇率

3.1.2.2 结构指标

(1) 资产结构

资产结构主要指的是银行各类生息资产占总资产的比重。在利率差异不大的环境下，不同的生息资产结构将导致资产平均收益水平的差异。

商业银行的生息资产是指贷款及投资资产、存放中央银行款项、存放及拆放同业款项等指标的总称。通过计算生息资产的占比可以帮助我们了解银行的资金运用效率。

$$生息资产占比=\frac{生息资产平均余额}{资产总额}\times 100\% \tag{3-1}$$

(2) 贷款结构

贷款是商业银行生息资产中最重要的组成部分，因而贷款结构通常是分析银行资产结构性时最重要的一个指标。在分析贷款结构时，应重点关注以下指标：

①零售贷款占比。一般认为，以消费为主的零售业务具有更大的发展空间，其中经营性贷款利率较高，可以获取更高的收益。因此，银行贷款过程中，在控制好风险的同时，应扩大零售贷款的份额。

②大型企业和中小型企业的贷款占比。大量中小企业由于融资条件差，形成了卖方市场。如果银行能有效地控制风险，进入中小企业贷款领域，便可获得更多的收益和提高市场占有率。

③行业或地区贷款情况。按行业分类的贷款结构反映了银行在经济周期中对行业风险的识别和判断，按地区分类则反映了银行经营的区域化战略。因此，考察贷款在各行业、各地区的分布，可以对银行贷款按照不同的风险和盈利水平进行分类，以评价银行的信贷政策。

(3) 负债结构

分析负债结构可以反映银行的资金来源情况，并在一定程度上反映了银行的业务发展水平和市场地位。一般来说，能够吸收到较多稳定存款作为资金来源的银行比较依赖同业资金市场融资的银行，所处的市场地位更好。

由于定期存款的资金成本高于活期存款，所以，如果银行的定期存款占比较高，则说明该银行的资金成本也较高。一般常使用定活比来对存款资金成本进行分析，此外，定活比的结构对分析利率周期中银行的净息差变化也有重要参考意义。具体的计算公式为：

$$定活比=\frac{定期存款}{活期存款}\times 100\% \tag{3-2}$$

(4) 收入结构

收入结构主要表现为净利息收入与非利息收入的构成情况。非利息收入主要包括收费收入、投资业务收入和其他中间业务收入等，它对资本消耗低，风险也易于控制。发达国家银行业的非利息收入占其营业收入比重一般为 40% 以上，而在我国，这个比例仅有 15%～20%。主要的原因是我国的银行业目前依然实施分业经营，各银行不能经营其他非银行类金融业务，如证券、保险等。而从事综合经营的国外银行，这些业务在其非利息收入中的占比往往都很高。非利息收入占比计算公式为：

$$非利息收入占比=\frac{非利息收入}{营业收入}\times 100\% \tag{3-3}$$

(5) 客户结构

客户结构是指不同类型的客户在银行总客户中的构成情况，在公司客户中，分为大客户与中小客户；在零售客户中，分为高净值客户与普通客户。根据“二八定律”，占比仅为20%左右的高端客户，其对银行盈利的贡献度达到80%左右。

3.1.2.3 效率指标

银行效率是银行业务投入与产出或成本与收益之间的对比关系，反映了银行将多种资源转化为各种金融服务的能力。在资金投入环节，提高效率的重点是降低资金成本，即在负债结构中加大零售存款和活期存款的比重，将存贷比提高到合理水平。这些都涉及银行的结构问题。

(1)成本收入比

成本收入比是营业支出及费用与营业收入的投入产出关系。营业收入减去营业支出和费用即为营业净收入，而成本收入比所表示的则是每获取一个单位的营业净收入所消耗的成本和费用。具体的计算公式为：

$$成本收入比=\frac{营业费用(含营业税)}{营业净收入}\times100\% \tag{3-4}$$

(2)人均净利润

人均净利润也是衡量银行效率的重要指标之一，该指标是从员工创造性和人力资源管理的角度去衡量商业银行的效率水平。人均净利润是银行创造的净利润总额和在职员工人数的对比。人均净利润数值越大，则人均创造的净利润额就会越多，那么银行的效率值也就越高。具体的计算公式为：

$$人均净利润=\frac{净利润}{员工数量}\times100\% \tag{3-5}$$

3.1.2.4 市场指标

对于已上市的银行来说，有两个指标不容忽视，一个是市盈率，另一个是市净率。市盈率指在一个考察期(通常为 12 个月)内，股票价格和每股收益的比例，市净率是指股票价格与每股净资产的比例。同一行业的上市公司的股票，市场可能赋予不同的估值水平，这一现象可能就隐含了不同企业在盈利能力、产品竞争力、产品定价能力、企业治理等反映企业可持续核心竞争力方面的差异，同时也隐含了市场预期上的差异。

(1)市盈率

市盈率也被称为股价收益比率，定义为股票市场价格与其每股收益的比值，它是股票市场中常用的衡量股票投资价值的重要指标。在计算市盈率时，股价通常取最新的收盘价；若每股收益取的是已公布的上年度数据，则计算结果为静态市盈率，若取的是对今年及未来每股收益的预测值，则得到动态市盈率。

市盈率一方面反映了股票的风险高低程度，在股价一定时，每股收益水平越高，市盈率水平越低，则股票风险就越小；反之则风险越高。在每股收益水平一定时，股价越高，市盈率水平越高，则股票风险就越大；反之则风险越低。另一方面，市盈率水平也体现了市场对该公司的重视程度，市盈率水平越高，说明市场越看好该公司前景，其股票受到市场的追捧。

(2) 市净率

市净率指的是每股股价与每股净资产的比率。银行净资产的多少是由上市银行经营状况决定的，上市银行的经营业绩越好，其资产增值越快，股票净值就越高，因此股东所拥有的权益也越多。一般来说，市净率较低的股票，投资价值较高；相反，投资价值较低。但在判断投资价值时，还要考虑当时的市场环境以及公司经营情况、盈利能力等因素。

3.1.2.5　安全性指标

银行是经营风险的企业，风险控制是银行经营过程中需要特别关注的一个问题。衡量银行风险的指标一般有不良贷款率、不良贷款拨备覆盖率、拨贷比和资本充足率等。

(1) 不良贷款率

按照贷款风险分类，一般把银行贷款分为正常、关注、次级、可疑和损失 5 类，其中后 3 类合称为不良贷款。不良贷款率是指银行不良贷款占总贷款余额的比重。不良贷款率是评价银行信贷资产安全状况的重要指标。不良贷款率越高，说明收回贷款可能性越小，风险越大，反之说明风险小。具体的计算公式为：

$$不良贷款率=\frac{不良贷款余额}{总贷款余额}\times 100\% \tag{3-6}$$

(2) 不良贷款拨备覆盖率

不良贷款拨备覆盖率是衡量银行对不良贷款进行账务处理时，所持审慎性高低的重要指标。该指标有利于观察银行的拨备政策。

银行管理者对风险程度的判断决定了银行准备金政策的实施，从而影响银行的拨备覆盖率。由于拨备是最直接的风险抵补手段。因此，当银行的盈利总体较好时，可以增提拨备，应对未来可能面对的风险，这一举措直接反映为当期拨备覆盖率的上升。具体的计算公式为：

$$拨备覆盖率=\frac{不良贷款损失准备}{不良贷款余额}\times 100\% \tag{3-7}$$

(3) 拨贷比

拨贷比是商业银行不良贷款损失准备与总贷款余额的比值。具体的计算公式为：

$$拨贷比=\frac{不良贷款损失准备}{总贷款余额}\times 100\% \tag{3-8}$$

$$拨贷比=拨备覆盖率\times 不良贷款率 \tag{3-9}$$

(4) 资本充足率

资本充足率是商业银行资本总额与风险加权资产的比值，该指标反映一家银行的整体资本稳健水平。具体的计算公式为：

$$资本充足率=\frac{资本总额}{风险加权资产}\times 100\% \tag{3-10}$$

3.1.2.6　流动性指标

商业银行提供现金满足客户提取存款的要求和支付到期债务本息，这部分现金称为基本流动性，基本流动性加上为贷款需求提供的现金称为充足流动性。银保监会根据《商业银行流动性风险管理办法》，结合我国银行流动性管理现状及《巴塞尔协议》的要求，提出了流动性覆盖率、净稳定资金比例、流动性比例、流动性匹配率和优质流动资产充足率等5个流动性风险监管指标。

根据相关规定，资产规模不小于2000亿元人民币的商业银行应当持续达到流动性覆盖率、净稳定资金比例、流动性比例和流动性匹配率的最低监管标准；资产规模小于2000亿元人民币的商业银行应当持续达到优质流动性资产充足率、流动性比例和流动性匹配率的最低监管标准。

(1)流动性覆盖率

流动性覆盖率监管指标旨在确保商业银行具有充足的合格优质流动性资产，能够在规定的流动性压力情景下，通过变现这些资产满足未来至少30天的流动性需求。流动性覆盖率的最低监管标准为不低于100%。具体的计算公式为：

$$流动性覆盖率=合格优质流动性资产\div未来30天现金净流出量 \tag{3-11}$$

(2)净稳定资金比例

净稳定资金比例监管指标旨在确保商业银行具有充足的稳定资金来源，以满足各类资产和表外风险敞口对稳定资金的需求。净稳定资金比例的最低监管标准为不低于100%。具体的计算公式为：

$$净稳定资金比例=可用的稳定资金\div所需的稳定资金 \tag{3-12}$$

(3)流动性比例

流动性比例的最低监管标准为不低于25%。具体的计算公式为：

$$流动性比例=流动性资产余额\div流动性负债余额 \tag{3-13}$$

(4)流动性匹配率

流动性匹配率监管指标衡量商业银行主要资产与负债的期限配置结构，旨在引导商业银行合理配置长期稳定负债、高流动性或短期资产，避免过度依赖短期资金支持长期业务发展，提高流动性风险抵御能力。流动性匹配率的最低监管标准为不低于100%。具体的计算公式为：

$$流动性匹配率=加权资金来源\div加权资金运用 \tag{3-14}$$

(5)优质流动性资产充足率

优质流动性资产充足率监管指标旨在确保商业银行保持充足的、无变现障碍的优质流动性资产，在压力情况下，银行可通过变现这些资产来满足未来30天内的流动性需求。优质流动性资产充足率的最低监管标准为不低于100%。具体计算公式为：

$$优质流动性资产充足率=优质流动性资产\div短期现金净流出 \tag{3-15}$$

3.1.2.7 集中度指标

(1)单一最大客户贷款比率

单一最大客户贷款比率是衡量银行经营安全性的重要指标之一。为了保障稳健经营，银行通常把该比率控制在一定限度以内，防范因“垒大户”而引发经营风险。具体的计算公式为：

$$单一最大客户贷款比率=\frac{对同一借款客户贷款总额}{资本净额}\times 100\% \tag{3-16}$$

(2) 最大十家客户贷款比率

最大十家客户贷款比率是衡量银行资产负债比例管理的指标之一。这也是银行安全运营的重要指标之一，银行对该比率也有一定限制，防止发生大户风险。具体的计算公式为：

$$最大十家客户贷款比率=\frac{对最大十家借款客户贷款总额}{资本净额}\times 100\% \tag{3-17}$$

(3) 单一集团客户授信集中度

单一集团客户授信集中度又称单一客户授信集中度，为最大一家集团客户授信总额与资本净额之比，不应高于 15%。具体的计算公式为：

$$单一集团客户授信集中度=\frac{最大一家集团客户授信总额}{资本净额}\times 100\% \tag{3-18}$$

(4) 大额风险暴露集中度

风险暴露是指商业银行对单一客户或一组关联客户的信用风险暴露，包括银行账簿和交易账簿内各类信用风险暴露。大额风险暴露是指商业银行对单一客户或一组关联客户超过其一级资本净额 2.5%的风险暴露。

3.1.2.8　盈利性指标

盈利性是商业银行经营目标的要求，占有核心地位，是指银行在经营活动中力争取得最大限度的利润，也就是以最小的成本费用换取最大的经营成果。

(1) 拨备前利润

拨备是指银行对经营中可能已经构成的风险和损失做出准备，定期提取的贷款和资产准备金，它反映了银行承担的风险和成本，以便更真实地反映银行管理者的经营水平和信贷资产的质量。拨备前利润即指尚未扣除当期提取拨备的利润，它等于当期营业利润与当期提取的拨备之和。具体的计算公式为：

$$拨备前利润=当期营业利润+当期提取拨备$$

银行计提拨备的政策是影响拨备前利润的重要因素。银行管理者如何评估目前的资产质量，如何界定目前的潜在风险，都会反映在银行当期损益表的本期计提拨备中，从而影响到银行当期营业利润。

(2) 平均总资产回报率

平均总资产回报率指标反映了银行总资产获取收益的能力。银行总资产主要资金来源包括两部分：一部分是银行自有资金，即所有者权益；另一部分是来源于银行借入的资金。借入资金对银行而言是负债，需要支付一定的利息。

$$平均总资产回报率=\frac{净利润}{总资产平均余额}\times 100\% \tag{3-19}$$

(3) 平均净资产回报率

平均总资产回报率不能够完全反映出银行自有资金获取收益的能力。由此产生了平均净资产回报率这一指标。该指标弥补了资产回报率的不足，反映了银行自有资金获取收益的能力，更能体现出银行管理者的经营管理水平，是计划所有比例分析的出发点。但是，使用该指标衡量企业的盈利情况时，还必须考虑银行的资本充足程度。资本不足的银行可能平均净资产回报率很高，因此必要时平均净资产回报率和平均总资产回报率要一起考察。具体的计算公式为：

$$平均净资产回报率=\frac{净利润}{净资产平均余额}\times100\% \tag{3-20}$$

(4) 每股收益

每股收益即 EPS，又称每股税后利润、每股盈余，指税后利润与股本总数的比率，用于测定银行股票投资价值，是综合反映银行获利能力的重要指标。具体的计算公式为：

$$每股收益=\frac{本期净利润}{期末总股本}\times100\% \tag{3-21}$$

(5) 净息差

净息差等于生息资产平均收益率减去付息负债平均付息率，是银行所处利率环境和定价能力的综合反映，对于主要依靠利息收入作为来源的银行尤其如此。具体的计算公式为：

$$净息差=生息资产平均收益率-付息负债平均付息率 \tag{3-22}$$

(6) 净利息收益率

净利息收益率是指净利息收入占生息资产的比率，它反映了银行生息资产创造净利息收入的能力，有年均和日均两种计算口径。具体的计算公式为：

年均概念：

$$净利息收益率=\frac{净利息收入}{期初期末平均生息资产}\times100\% \tag{3-23}$$

日均概念：

$$净利息收益率=\frac{净利息收入}{日均生息资产}\times100\% \tag{3-24}$$

(7) 风险调整后资本回报率

风险调整后资本回报率在银行盈利能力分析中的应用日益广泛，它考虑了预期损失和非预期损失，能够更真实地反映收益水平，在银行的实际收益与所承担的风险之间建立起了直接联系，是银行进行价值管理的核心指标。具体的计算公式为：

$$风险调整后资本回报率=\frac{总收入-资金成本-经营成本-风险成本-税项}{经济资本}\times100\% \tag{3-25}$$

3.2 资产负债管理

3.2.1 资产负债管理概述

从商业银行管理经验看，狭义的资产负债管理是指银行为应对市场利率变化的冲击而对资产负债进行的协调性管理，是以利率风险为管理对象的资产负债匹配管理。广义的资产负债管理是指通过对银行表内外资产负债的品种、数量、期限和风险进行选择和控制，从总量和结构两个方面实施动态的最优化管理，实现盈利目标的最大化。

3.2.1.1　资产负债管理的目标

商业银行资产负债管理的整体目标是在承受合理的缺口与流动性风险的前提下，追求银行价值的最大化。按照时间期限来看，资产负债管理目标可以分为短期目标和长期目标。

（1）短期目标

商业银行的短期管理目标以净利息收益率为核心，从收入和成本匹配的角度强调了对银行资本的有效利用。但是，净利息收益率越高，结构风险可能也相应较高。因此，结合管理内涵和职能，商业银行资产负债管理的短期目标可概括为：顺应当前经济形势、市场变革和监管要求的变化，坚持稳健审慎经营，以提升净利息收益率和净资产收益率水平为核心，统筹表内外资产负债管理，做好规模、风险、收益的平衡协调发展。

（2）长期目标

从长期看，商业银行经营管理应充分考虑资金的时间价值与风险和收益之间的关系，要在有效控制风险的基础上，将实现银行价值最大化作为根本目标。经济资本回报率将未来可预计的风险损失量化为当期成本，衡量了经过风险调整后的收益率大小，并考虑为非预期损失提供资本储备，衡量了资本的使用效率，使银行收益与承担的风险挂钩。目前商业银行普遍使用该指标作为价值创造能力的考察指标。

因此，结合管理内涵和职能，商业银行资产负债管理的长期目标可概括为：从银行整体战略出发，建立符合现代商业银行要求的资产负债管理体系，强化资本约束，提高风险控制水平，加强业务经营引导和调控能力，统筹把握资产负债总量和结构，促进流动性、安全性和盈利性的协调统一，实现经济资本回报率最大化，进而持续为股东提升价值回报。

3.2.1.2　资产负债管理的原则

为确保管理目标的实现，商业银行在资产负债管理的过程中，应该遵守以下原则：

（1）战略导向原则

资产负债管理要重宏观、谋全局，以银行发展战略为导向，在管理政策的制定与实施过程中衔接好战略规划，加强业务经营的引导和调控能力，确保银行战略目标的顺利实现。

（2）资本约束原则

资本是商业银行资产增长最主要的制约因素。资产负债管理需要依据资本总量，确定资产增长速度与结构，促进银行增长模式由规模扩张型向资本约束型转变，保障银行健康可持续发展。

（3）综合平衡原则

资产负债管理要坚持“量、本、利”平衡和“短期、中期、长期”兼顾的原则，统筹平衡资本约束与业务发展、风险控制与业绩回报、短期目标与长期战略、当期收益与长远价值之间的关系，确保规模与速度、质量与效益等的协调统一。

(4) 价值回报原则

资产负债管理要以实现银行价值最大化为目标，建立以经济资本回报率为核心的价值管理体系，统筹兼顾安全性、流动性和盈利性，持续提升银行的价值创造能力。

3.2.1.3 资产负债管理的内容

(1) 资本管理

资本是对商业银行经营和发展具有特殊用途的经济资源，资本的稀缺性和经营的杠杆性决定了银行资本管理较一般企业更为重要和复杂。

(2) 资产负债组合管理

资产负债组合管理是对银行资产负债表进行积极的管理，即在满足风险性、流动性、盈利性协调平衡的基础上，通过优化资产负债表的组合结构，谋求收益水平的持续提高。资产负债组合管理包括资产组合管理、负债组合管理和资产负债匹配管理 3 个部分。

(3) 资产负债计划管理

资产负债计划是资产负债管理的重要手段，主要包括资产负债总量计划和结构计划。通常，商业银行主要根据全行资本总量和资本充足率水平来确定资产负债总量计划。资产负债结构计划主要包括资本计划、信贷计划、投资计划、同业及金融机构往来融资计划、存款计划及资产负债期限控制计划等。

(4) 定价管理

定价管理是商业银行经营管理的一个核心内容，直接影响银行的经营利润。定价管理可分为外部产品定价和内部资金转移定价管理。商业银行以促进业务发展和盈利增长为目标，加强资产、负债产品的外部定价管理，提升定价水平和经营效益，并通过内部资金转移定价完善内部价格管理，优化银行内部经营机制和全系统资源配置，增强市场竞争力。

(5) 银行账户利率风险管理

银行账户利率风险是指因利率水平、期限结构等要素发生不利变动，导致银行账户整体收益和经济价值遭受损失的风险。商业银行通常根据高管层风险管理委员会审议，有权审批人批准的银行账户利率风险管理限额，制定银行账户利率风险管理的政策和程序，定期评估银行账户利率风险水平及管理状况，确定管理政策、方法技术、监测控制、信息系统、信息披露等管理内容。

(6) 资金管理

资金管理是对商业银行全部资金来源与运用的统一管理，是优化资金配置，引导资金合理流动，促进资金营运安全性、流动性和盈利性协调统一的重要手段。

(7) 流动风险管理

流动性状况反映商业银行从宏观到微观所有层面的运营状况及市场声誉，良好的流动性状况是商业银行安全稳健运营的基础。

(8) 投融资业务管理

投融资和票据转贴现业务是商业银行一项重要的资产业务，不仅具有盈利功能，还具有资金蓄水池和信贷规模调节器的作用。投融资和票据转贴现业务管理要坚持科学规划、统一管理、集约经营、综合发展的原则，构建符合现代商业银行要求的投融资和票据转贴现业务管理体制和经营机制，实现对银行投融资和票据转贴现业务的制度规范、流程合规、价格引导、授权管理、计划管理和实时监督控制。

(9)汇率风险管理

商业银行面临的汇率风险主要是指由于汇率波动造成以基准计价的资产遭受价值损失和财务损失的可能性。商业银行需要密切关注汇率变化及其对外币资产负债的影响，需要及时对银行账户外币资产、负债和表外项目的汇率风险敞口进行监测、分析和防范。

3.2.2　资产负债管理的工具和策略

3.2.2.1　资产负债管理的工具

(1)缺口管理

缺口管理又称为利率敏感性缺口管理法，是利率风险管理的重要工具。具体是指根据对未来利率变动趋势和收益率曲线形状的预期，改变资产和负债的缺口。即当预期利率会上升时，增加缺口；反之亦然。这里所指的缺口是指浮动利率资产和负债之间的差额，当上述资产和负债中的某一项的利率为固定利率的时候，同样也需要进行缺口管理。

(2)久期管理

久期指某项金融资产(或负债)在未来时间内产生的收益现金流的加权平均时间，权数为各期收益现金流的现值在资产市场价值中所占的权重。久期是用于衡量资产负债价值对于利率水平变化的敏感度的一项指标，可表示为利率变动1%时，导致资产负债净值变动的百分比。

久期管理是商业银行资产负债管理的重要工具，具体指以银行资产久期和负债久期分析为基础，通过对利率敏感性资产和负债的结构进行积极调整，从而实现在利率变动时，银行收益的稳定或增长。

(3)内部资金转移定价

内部资金转移定价是指商业银行内部资金中心与业务经营单位按照一定规则全额有偿转移资金，达到核算业务资金成本或收益等目的的一种内部经营管理模式。内部资金转移定价作为商业银行资产负债管理的重要工具，其作用主要在于公平绩效考核和剥离利率风险两个方面。

(4)经济资本

在资产负债管理中，经济资本主要用于绩效考核和风险定价。经济资本应用的总体目标是通过建立有效的经济资本应用体系，将以经济资本为基础的风险收益匹配的理念贯彻落实到各项经营管理活动中，通过对风险总量和结构进行调控，促进全行资源的优化配置，提高经济资本回报。

(5)收益率曲线

收益率曲线是分析利率走势和进行市场定价的基本工具，是商业银行资产负债管理的重要工具。具体而言，收益率曲线主要具有以下5个方面的用途：用于设定所有债务市场工具的收益率；用于反映远期收益率水平的指标；用于计算和比较各种期限安排的收益；用于计算相似期限不同债券的相对价值；用于利率衍生工具的定价。

(6)资产证券化

证券化是指银行发现资产负债表中资产的额外价值并将其从资产负债表中全部移除，以便为信贷业务腾挪空间的过程。证券化是商业银行主动资产负债管理的重要工具，具有通过出售资产节约或减低资本费用和给银行带来额外收入等优点。

3.2.2.2 资产负债管理的策略

(1)表内资产负债匹配

表内资产负债匹配是资产负债综合管理的核心策略。即通过资产和负债的共同调整，协调表内资产和负债项目在期限、利率、风险和流动性等方面的搭配，尽可能使资产与负债达到规模对称、结构对称、期限对称，从而实现安全性、流动性和盈利性的统一。

(2)表外工具规避表内风险

商业银行利用衍生金融工具为主的表外工具来规避表内风险，是对表内资产负债综合管理的重要补充。对于发达国家的国际大型商业银行，利用表外工具规避风险已成为其风险管理的重要组成部分，一方面，利用利率、汇率衍生工具来对冲市场风险；另一方面，利用信用违约互换等信用衍生工具来对冲信用风险。

(3)利用证券化剥离表内风险

资产证券化是协调表内与表外、优化资源跨期配置的资产负债管理工具。从风险管理的角度看，在资产证券化过程中，商业银行将相关信贷资产从表内剥离的同时，也实现了对相应信用风险的剥离；从流量经营的角度看，资产证券化盘活了存量信贷资产，从表内和表外两个方向扩大了信用投放的覆盖面，进而提高了表内外资产的周转率和收益率。

3.3 资本管理

3.3.1 资本管理概述

商业银行具有高负债经营、资本所占比重较低的特点，因此，资本所肩负的责任和发挥的作用更为重要。

3.3.1.1 资本的定义与分类

从财务会计、银行监管和内部管理等角度来看，银行常用的资本概念主要包括账面资本、监管资本和经济资本。

(1)账面资本

账面资本又称会计资本，是指商业银行持股人的永久性资本投入，即出资人在商业银行资产中享有的经济利益，其金额等于资产减去负债后的余额，包括实收资本或普通股、资本公积、盈余公积、未分配利润等。账面资本反映了银行实际拥有的资本水平，是银行资本金的静态反映。

(2)监管资本

监管资本涉及两个层次的概念：一是银行实际持有的符合监管规定的“合格资本”；二

是银行按照监管要求应当持有的最低资本量或最低资本要求。“合格资本”是指按照监管规定，银行根据自身情况计算得出的资本数量；最低资本要求则是监管规定的，用以覆盖银行面临主要风险损失所必须持有的资本数量。

(3)经济资本

经济资本是指在一定的置信度水平下，为了应对未来一定期限内资产的非预期损失，商业银行应该持有或需要的资本金。经济资本是根据银行资产的风险程度计算出来的虚拟资本，即银行所“需要”的资本，或“应该持有”的资本，而不是银行实际拥有的资本。经济资本本质上是一个风险概念，因而又被称为“风险资本”。

3.3.1.2 资本的作用

①为银行提供融资。资本既是银行维持日常运营的资金来源，也为银行发放贷款和其他投资提供资金，它和商业银行负债一样肩负着为资产提供融资的使命。

②吸收和消化损失。资本金承担着吸收损失的第一资金来源的责任。当商业银行破产时，首先消耗的是银行的资本金。因此，资本金也是保护债权人免遭损失的“缓冲器”。

③限制业务过度扩张。银行要满足最低资本要求，资本充足率要达到监管要求，就要做到风险与资本之间的平衡，要想扩大业务规模就必须有充足的资本，这使资本具有了约束银行盲目扩张、过度承担风险的重要功能。

④维持市场信心。资本充足的银行有助于树立和增强公众对银行的信心，消除债权人对银行损失吸收能力的疑虑，从而能够在市场上赢得公众的青睐，获取更多的发展机会。

3.3.1.3 三种资本之间的关系

账面资本、监管资本和经济资本三者之间既有区别又有联系。账面资本反映的是所有者权益，而监管资本、经济资本则是从覆盖风险与吸收损失的角度提出的资本概念。

在资本功能方面，账面资本与监管资本具有交叉，可以用于吸收损失。从数量角度而言，账面资本经过一定的调整，可以得到符合监管要求的“合格资本”，其数额应大于最低监管资本要求；银行要稳健、审慎经营，持有的账面资本还应大于经济资本。从银行管理角度来看，相对于监管资本，经济资本更好地反映了银行的风险状况和资本需求，对银行风险变动具有更高的敏感性，目前已经成为先进银行广泛应用的管理工具。

3.3.2 我国商业银行的资本监管

中国银监会坚持国际标准与中国国情相结合、《巴塞尔协议Ⅱ》和《巴塞尔协议Ⅲ》统筹推进的思路，研究建立了我国银行资本监管体系。2012年6月，中国银监会发布了《商业银行资本管理办法(试行)》，标志着我国资本监管制度在更高层次上实现了与国际标准接轨。2023年10月，国家金融监督管理总局公布了《商业银行资本管理办法》，自2024年1月1日起施行。

3.3.2.1 资本充足率的计算公式

资本充足率是指商业银行持有的、符合监管规定的资本净额与风险加权资产之间的比率。具体的计算公式为：

$$资本充足率=\frac{总资本-对应资本扣减项}{风险加权资产}\times100\% \tag{3-26}$$

$$一级资本充足率=\frac{一级资本-对应资本扣减项}{风险加权资产}\times100\% \tag{3-27}$$

$$核心一级资本充足率=\frac{核心一级资本-对应资本扣减项}{风险加权资产}\times100\% \tag{3-28}$$

其中，商业银行总资本包括一级资本和二级资本。一级资本又包括核心一级资本和其他一级资本。商业银行风险加权资产包括信用风险加权资产、市场风险加权资产和操作风险加权资产。

3.3.2.2 资本充足率监管要求

资本充足率监管要求包括最低资本要求、储备资本和逆周期资本要求、系统重要性银行附加资本要求以及第二支柱资本要求 4 个方面。

(1)最低资本要求方面

商业银行各级资本充足率不得低于如下最低要求：一是核心一级资本充足率不得低于5%；二是一级资本充足率不得低于 6%；三是资本充足率不得低于 8%。需要说明的是，我国对核心一级资本充足率的要求高于《巴塞尔协议Ⅲ》的规定(为 4.5%)。

(2)储备资本和逆周期资本方面

储备资本要求为 2.5%，由核心一级资本来满足。国家金融监督管理总局有权根据宏观经济金融形势、银行业整体风险状况以及单家银行经营管理和风险水平等情况，对储备资本要求进行调整。

商业银行应在最低资本要求和储备资本要求之上计提逆周期资本。逆周期资本的计提与运用规则由中国人民银行会同国家金融监督管理总局另行规定。

(3)系统重要性银行附加资本方面

国内系统重要性银行的认定标准及其附加资本要求由中国人民银行会同国家金融监督管理总局另行规定。若商业银行同时被认定为国内系统重要性银行和全球系统重要性银行，附加资本要求不叠加，采用二者孰高原则确定。

(4)第二支柱资本要求方面

在第二支柱框架下提出更审慎的资本要求，确保资本充分覆盖风险，包括：

①根据风险判断，针对部分资产组合提出的特定资本要求。

②根据监督检查结果，针对单家银行提出的特定资本要求。

3.3.2.3 资本定义

(1)核心一级资本

核心一级资本是银行资本中最核心的部分，承担风险和吸收损失的能力也最强。核心一级资本主要包括实收资本或普通股、资本公积、盈余公积、一般风险准备、未分配利润、累计其他综合收益、少数股东资本可计入部分。

(2)其他一级资本

其他一级资本与核心一级资本相比，承担风险和吸收损失的能力相对差一些，主要包括其他一级资本工具及其溢价，少数股东资本可计入部分。在银行实践中，其他一级资本工具主要包括符合条件的优先股、永续债等。

(3)二级资本

一级资本工具的目标是在持续经营前提下吸收损失，而二级资本目标是在破产清算情况下吸收损失，承担风险与吸收损失的能力相对更差，主要包括二级资本工具及其溢价、超额贷款损失准备、少数股东资本可计入部分。在银行实践中，二级资本工具主要包括符合条件的次级债、可转债及符合条件的超额贷款损失准备金等。

(4)资本扣除项

计算资本充足率时，商业银行应当从核心一级资本中全额扣除一些不具备损失吸收能力的项目，主要包括商誉、其他无形资产(土地使用权除外)，由经营亏损引起的净递延税资产、贷款损失准备缺口、资产证券化销售利得、确定受益类的养老金资产净额、直接或间接持有本银行的股票等。

3.3.3 商业银行的资本管理

银行进行资本管理的目标是持有充足资本，既要确保资本充分覆盖风险，满足监管机构设定的最低资本要求，又要确保资本能满足风险偏好，支持银行的战略目标实现。

3.3.3.1 内部资本评估程序

内部资本评估是银行对资本充足情况进行自我评估的一整套程序和方法，银行要对面临的实质性风险状况和管理情况进行评估，测算需要持有的资本，并找出自身差距与不足，在此基础上确定未来资本充足率管理的方向和措施。应至少每年实施一次，在经营情况、风险状况和外部环境发生重大变化时，应及时进行调整和更新。

商业银行内部资本评估程序应实现以下目标：一是确保主要风险得到识别、计量或评估、监测和报告。二是确保资本水平与风险偏好及风险管理水平相适应。三是确保资本规划与银行经营状况、风险变化趋势及长期发展战略相匹配。

3.3.3.2 资本规划

资本规划是银行根据内外部约束量身定做的一套兼顾当期及未来资本充足率要求、发展目标和管理需要的，关于整体资本需求和补充的计划。从商业银行自身角度看，基于当前及未来的资本需求和资本可获得性制订资本规划，有助于确保资本水平长期稳定及经营发展的稳健性。资本规划应兼顾银行的短期和长期资本要求，综合考虑风险评估结果、未来资本需求、资本监管要求和资本可获得性等因素，确保目标资本水平与业务发展战略、风险偏好、风险管理水平和外部经营环境相适应。

3.3.3.3 资本充足率管理策略

根据资本充足率的计算公式，商业银行要提高资本充足率，主要可从增加资本和减少风险加权资产出发，前者称为分子策略，后者称为分母策略。

(1)分子策略

商业银行提高资本充足率，可以通过增加银行资本(分子)，包括增加一级资本和二级资本来实现。

一级资本的来源最常用的方式是发行普通股和提高留存利润。普通股是银行核心一级资本，但发行普通股成本通常较高，且银行不能经常采用；留存利润则是银行增加一级资本最便捷的方式，相对于发行股票来说，其成本相对要低得多，一般情况下，银行均会规定一定比例的净利润用于补充资本。不过，留存利润的多少取决于市场环境、银行的盈利能力，在多数情况下不可能在短期内起到立竿见影的效果。除上述方式外，银行还可以采取发行优先股来补充一级资本，但应符合监管规定的合格一级资本工具标准。

二级资本主要来源于超额贷款损失准备、次级债券、可转换债券等。商业银行可以通过多计提拨备的方式增加二级资本，但只有超过监管规定最低要求的部分才能计入二级资本，而且拨备计提过多会影响银行的利润水平，从而会影响利润留存。如果通过发行债券的方式补充二级资本，则必须满足监管规定的合格二级资本工具标准。

(2)分母策略

商业银行提高资本充足率，可以通过降低风险加权资产的总量(分母)来实现，包括分别降低信用风险、市场风险和操作风险的资本要求。具体看，要缩小整体的风险加权资产，主要可采用降低规模和调整结构两种措施。

①降低规模。降低规模就是需要银行缩小总体的资产规模，这种方法在提高资本充足率方面能够起到立竿见影的效果。但对一家正常经营的商业银行来说，需要保持适度的规模增长来保持市场份额、提高盈利能力，因此很少有采取直接减少信贷投放，或处置资产等降低规模的方法。但是，对资本补充能力不足、资本充足压力较大、陷入危机的银行来说，出于持续经营、维护市场信心的需要，就必须采取处置资产瘦身的措施。

②调整结构。要降低商业银行整体风险加权资产，主要是通过第二种措施即调整资产结构实现。调整资产结构，是指银行减少风险权重较高的资产，增加风险权重较低的资产。一般来说，对银行不同的风险暴露，其风险权重差异较大，如对住房按揭、个人贷款、信用卡等业务，平均的风险权重较低，资本节约幅度大，因此银行可以多发放零售贷款；对公司类贷款，应主动减少评级低、风险高等资本消耗型资产的投放，在发放贷款时，要求客户尽量提供合格的抵质押品，且要保证抵押、质押品足值等。

本章思考题

(1)简述银行资产负债管理的原则。

(2)简述银行账面资本、监管资本和经济资本之间的关系。

(3)简述我国资本充足率监管要求包括的4个方面内容。

(4)简述资本充足率管理策略。

案例分析3：

企业中长期贷款需求增加，对银行资产负债管理提出更高要求

央行发布的2020年9月金融数据显示，新增信贷、社会融资继续保持强劲走势。9月，人民币贷款增加1.9万亿元，同比多增2047亿元，超过此前市场预期。

信贷结构进一步长期化。受访专家普遍认为，9月，金融数据进一步展现出强劲 健

康的状态。新增企业中长期贷款以更大幅度强于往年同期，而企业短期贷款开始弱于去年同期。

“信贷结构的长期化给银行资产负债管理提出了更高的要求。”原晓惠表示，当前利率改革仍在逐步推进，信贷结构长期化特征将加大银行资产负债管理要求，包括提高资产与负债期限匹配度，加大对中长期贷款的利率波动应对，及时满足相应的流动性和资本金要求等。

在加大信贷投放力度的同时，银行机构普遍面临着较大的资本补充压力。今年以来，银行“补血”动作频频，国有大行主要聚焦于外源性资本补充，而中小银行的资本补充渠道亟待拓宽。

贷款投放高增的背后，是资本补充的压力。上半年，建行风险加权资产增速高于资本增速5.63个百分点，导致资本充足率有所下降。9月22日，刚刚在当月成功发行650亿元二级资本债的建设银行又发布公告称，拟发行不超过1600亿元人民币等值的减记型合格二级资本工具，用于补充该行二级资本。

监管部门多次表示，鼓励银行增加利润留存，做实资本积累，支持银行发行普通股、优先股、永续债、二级资本债等资本工具；对少数难以通过市场化渠道进行资本补充的机构，积极推动依法依规筹措政府性资金支持。

今年以来，银行资本补充工具日渐丰富，永续债、二级资本债发行增长迅猛。据不完全统计，银行发行二级资本债已达43只，发行规模达4486.80亿元。9月，上市银行共发行二级资本债2400亿元，超过前8个月2380亿元的发行规模总和。永续债方面，截至目前，银行已发行23只永续债，而2019年全年发行数量为16只。

讨论：

(1)银行总资本分为一级资本和二级资本，一级资本又可以进一步分为核心一级资本和其他一级资本。请问，核心一级资本主要包括哪些内容？

(2)在银行实践中，主要通过哪些方式补充其他一级资本和二级资本，请结合案例材料进行分析。

(3)我国《商业银行资本管理办法》规定的最低资本要求是什么？

第 4 章　银行风险管理

学习目标

(1)了解商业银行面临的风险类型及内涵。

(2)了解商业银行风险管理常用方法。

(3)掌握流动性风险的内涵、分类、监管指标要求。

(4)掌握信用风险内涵、管理的要求和管控方法。

(5)理解市场风险类型和管控手段。

(6)了解引起操作风险的因素、管理方法。

(7)掌握声誉风险管理基本原则、管理方式。

4.1　银行风险概述

4.1.1　商业银行面临的风险

商业银行是通过承担风险获取相应回报的特殊经营主体。银行承担风险既可能获得收益，也可能遭受损失，因此，可以把风险简单定义为银行在经营过程中，由于一系列不确定因素的影响，导致资产和收益损失的可能性。

从不同的角度出发，可以将商业银行面临的风险划分为多种类型，根据巴塞尔委员会的划分方法，主要将商业银行面临的风险划分为流动性风险、信用风险、操作风险、市场风险、法律风险、声誉风险、战略风险及国家风险 8 种类型，这也是业界较为通用的分类方法。

本部分主要介绍法律风险、战略风险及国家风险相关内容。基于流动性风险、信用风险、市场风险、操作风险和声誉风险是商业银行面临的主要风险，所以这几种风险将在后文进行详细介绍。

(1)法律风险

法律风险是指商业银行的日常经营活动或各类交易应当遵守相关的商业准则和法律原则。在这个过程中，因为无法满足或违反法律要求，导致商业银行不能履行合同发生争议/诉讼或其他法律纠纷，而可能给商业银行造成经济损失的风险，即为法律风险。

按照《巴塞尔新资本协议》的规定，法律风险是一种特殊类型的操作风险，它包括但不限于因监管措施和解决民商事争议而支付的罚款、罚金或者惩罚性赔偿所导致的风险敞口。

商业银行在日常的经营过程中，应该严格遵守法律法规，避免或降低因违规给自身带来的损失风险。

(2) 战略风险

战略风险是指商业银行在追求短期商业目的和长期目标的过程中，因不适当的发展规划和战略决策给商业银行带来的损失或不利影响的风险。

主要表现为：①战略目标缺乏整体性；②制定的经营战略存在缺陷；③缺乏实现目标的资源；④战略质量得不到保证。

(3) 国家风险

国家风险是指在与非本国国民进行国际经贸与金融往来中，由于他国(或地区)经济、政治、社会变化及事件而遭受损失的可能性。国家风险通常是由债务人所在国家(或地区)的行为引起的，超出了债权人控制范围。

国家风险有两个特点：一是国家风险发生在国际经济金融活动中，在同一个国家范围内的经济金融活动不存在国家风险；二是在国际经济金融活动中，无论是政府、银行、企业还是个人，都可能遭受国家风险所带来的损失。

4.1.2　商业银行风险管理方法

4.1.2.1　分散风险

根据马柯维茨(Harry Markowitz)的现代投资组合理论，只要两种资产收益率的相关系数不为 1，即不完全正相关，分散投资于两种资产就具有降低风险的作用。而对于由相互独立的多种资产组成的投资组合，只要组合中的资产个数足够多，该投资组合的非系统性风险就可以通过这种分散策略完全消除。

因此，商业银行可以实施风险分散策略，采取多种投资方式来分散和降低风险。这对商业银行风险管理具有重要意义。具体来看，根据多样化投资分散风险的原理，商业银行的信贷业务应是全面的，而不应集中于同一业务、同一性质甚至同一个借款人。商业银行可以通过资产组合管理或与其他商业银行组成银团贷款的方式，使自己的授信对象多样化，从而分散和降低风险。

4.1.2.2　风险转移法

风险转移主要是指商业银行可以通过购买某种金融产品或采取其他合法的经济措施，将风险转移给其他经济主体的方法。

风险转移可以分为保险转移和非保险转移。

(1) 保险转移

保险转移是指商业银行购买保险，以缴纳保险费为代价，将风险转移给承保人。当商业银行发生风险损失时，承保人按照保险合同的约定，就商业银行的损失给予一定的经济补偿。

(2) 非保险转移

非保险转移是指商业银行通过担保、信用证等方式将信用风险转移给第三方。如商业银行在提供贷款时，会要求借款人提供第三方信用担保，当借款人不能如期偿还贷款本息时，由第三方担保人替借款人偿还到期本息。

4.1.2.3 风险对冲

风险对冲是指商业银行通过购买或投资与标的资产收益波动负相关的某种资产或是衍生工具，来对冲标的资产潜在损失的一种方法。

在管理市场风险时，商业银行选择风险对冲方式很有效，可以分为自我对冲和市场对冲。

①自我对冲。自我对冲是指商业银行利用资产负债表或某些具有收益负相关的业务组合本身所具有的对冲特性进行风险对冲。

②市场对冲。市场对冲是指商业银行通过衍生工具进行风险对冲的方式。

4.1.2.4 风险规避

风险规避是指商业银行拒绝或退出某一业务或市场，以避免承担该业务或市场风险的规避风险方式。

风险是不确定性，既有正波动也有负波动。收益和风险并存，不做业务，不用承担风险，但同时也意味着会失去该业务对应的收益。风险规避是一种消极的风险管理策略，不宜成为商业银行风险管理的主导策略。

4.1.2.5 风险补偿

风险补偿是指商业银行在所从事的业务活动出现实质性的损失之前，对所承担的风险进行价格补偿的方式。

对于那些无法通过风险分散、风险对冲、风险转移或风险规避进行有效管理的风险，商业银行可以采取在交易价格上附加更高的风险溢价，即通过提高风险回报的方式，获得承担风险的价格补偿。商业银行可以预先在金融资产定价中充分考虑各种风险因素，通过价格调整来获得合理的风险回报。例如，商业银行在贷款定价中，对于那些信用等级较高，而且与商业银行保持长期合作关系的优质客户，可以给予适当的优惠利率；而对于那些信用等级较低的客户，可以在基准利率的基础上调高利率。

4.2 流动性风险管理

4.2.1 流动性风险概述

流动性风险是指商业银行没有足够的现金来弥补客户取款需要和未能满足客户合理的贷款需求或其他即时的现金需求而引起的风险。流动性是整个银行的生命线，流动性风险仍然是银行的主要风险之一。

4.2.1.1 流动性风险的分类

银行的流动性风险主要体现在市场流动性风险和融资流动性风险两个方面。

(1) 市场流动性风险

市场流动性风险是指由于市场深度不足或市场动荡，商业银行无法以合理的市场价格出售资产以获得资金的风险，反映了商业银行在无损失或微小损失情况下迅速变现的能力。资产变现能力越强，银行流动性状况越佳，其流动性风险也越低。因此，商业银行应当估算所持有的可迅速变现的资产量，将其与预期的流动性需求进行比较，以确定流动性适宜度。

(2) 融资流动性风险

融资流动性风险是指商业银行在不影响日常经营或财务状况的情况下，无法及时有效满足资金需求的风险，反映了商业银行在合理的时间、成本条件下迅速获取资金的能力。如果商业银行获取资金的能力较弱，则容易导致银行的流动性状况欠佳，其流动性风险也相应较高。

4.2.1.2　流动性风险监管指标和要求

流动性风险监管指标包括流动性覆盖率、净稳定资金比例、流动性比例、流动性匹配率和优质流动性资产充足率。

根据我国《商业银行流动性风险管理办法》的规定，资产规模不小于 2000 亿元人民币的商业银行应当持续达到流动性覆盖率、净稳定资金比例、流动性比例和流动性匹配率的最低监管标准；资产规模小于 2000 亿元人民币的商业银行应当持续达到优质流动性资产充足率、流动性比例和流动性匹配率的最低监管标准。

以上涉及的相关指标内涵和计算公式，均已在第三章“银行管理基本指标”处介绍，此处不再赘述。中国流动性风险监管指标及最低监管要求见表 4-1 所列。

表 4-1　中国流动性风险监管指标及最低监管要求

指标	最低监管要求	指标	最低监管要求
流动性覆盖率	不低于 100%	流动性匹配率	不低于 100%
净稳定资金比例	不低于 100%	优质流动性资产充足率	不低于 100%
流动性比例	不低于 25%		

4.2.2　流动性风险管理

4.2.2.1　流动性风险管理体系

商业银行应当在法人和集团层面建立与其业务规模、性质和复杂程度相适应的流动性风险管理体系。

流动性风险管理体系应当包括以下基本要素：

①有效的流动性风险管理治理结构；

②完善的流动性风险管理策略、政策和程序；

③有效地流动性风险识别、计量、监测和控制；

④完备的管理信息系统。

4.2.2.2　流动性风险管理策略

商业银行的流动性风险管理策略应当明确流动性风险管理的总体目标、管理模式以及主要政策和程序。

流动性风险管理政策和程序主要包括：

①流动性风险识别、计量和监测，包括现金流测算和分析；

②流动性风险限额管理；

③融资管理；

④日间流动性风险管理；

⑤压力测试；

⑥应急计划；

⑦优质流动性资产管理；

⑧跨机构、跨境以及重要币种的流动性风险管理；

⑨对影响流动性风险的各类潜在因素（包括其他类别风险可能引发的流动性风险）进行持续监测和分析。

4.3 信用风险管理

4.3.1 信用风险概述

商业银行面临信用风险是指借款人或交易对手不能按照事先达成的协议履行义务的可能性。这些风险不仅存在于银行的贷款业务中，也存在于其他表内和表外业务中，如担保、承兑和证券投资等。现代意义上的信用风险不仅包括违约风险，而且包括当债务人或交易对手的信用状况和履约能力不足即信用质量下降时，市场上相关资产价格会随之降低的风险。

4.3.2 信用风险管理

信用风险管理是指通过制定信息政策，指导和协调各机构业务活动，对从客户资信调查、付款方式的选择、信用限额的确定到款项回收等环节实行的全面监督和控制，以保障应收款项的安全及时回收。

4.3.2.1 信用风险管理要求

商业银行信用风险管理应该做到：

①全面管理。信用风险管理制度渗透到各项业务中，覆盖所有部门，应由全体人员执行。

②调整及时。商业银行应该根据内外部经济环境的变化、自身的经营战略及时调整经营业务，以控制信用风险。

③成本与收益匹配。信用风险管理措施要寻求在风险管控成本与收益之间的合理平衡。

此外商业银行应该：审贷分离；做到贷前调查、贷中审查和贷后检查；实行严格的信贷审批。

4.3.2.2 信用风险管理的管控方式

(1)信贷准入与退出

①信贷准入是指商业银行通过制定信贷政策，明确商业银行意愿对客户开办某项信贷业务或产品的最低要求。

②信贷退出是指商业银行在对存量信贷资产进行风险收益评估的基础上，收回超出风险容忍度的贷款，以达到降低信贷风险的目的。

(2)限额管理

限额是指商业银行根据自身风险偏好、风险承受能力以及风险管理方式，对商业银行承担的风险设定上限，防止银行过度承担风险。

(3)风险缓释

信用风险缓释是指商业银行运用合格的抵押品、质押品、净额结算、保证、信用衍生工具等方式转移或降低信用风险，信用风险的缓释功能可以体现为违约概率、违约损失率和违约风险暴露的下降。

信用风险缓释应当遵守的原则包括以下几类：

①合法性原则。它是指商业银行选用的信用风险缓释工具要符合国家法律法规的规定。

②有效性原则。它是指商业银行选用的信用缓释工具应该手续完备，确实有代为偿付的能力并易于实现。

③一致性原则。它是指商业银行的信用风险缓释折扣系数应该保持一致性。

④独立性原则。信用缓释工具与债务人风险之间不应该具有实质的正相关关系。

⑤审慎性原则。它是指商业银行应该考虑使用信用风险缓释工具可能带来的风险因素，保守地估计信用风险缓释作用。

(4)风险定价

银行承担风险就应获取相应的回报。信用风险也是银行面临的一种成本，银行需要通过风险定价加以覆盖，并计提相应的风险准备金，以便在实际遭受损失时进行抵补。

4.4　市场风险管理

4.4.1　市场风险概述

市场风险是指因利率、汇率、股票价格和商品价格的不利变动而使银行表内和表外业务发生损失的风险。

由于目前我国商业银行从事股票和商品交易业务有限，因此市场风险主要表现为利率风险和汇率风险。随着我国利率、汇率市场化改革的逐步推进，银行业面临的市场风险呈增大趋势。因此，商业银行应加强对市场风险的管理，将市场风险的识别、计量、监测和控制与全行的战略规划、业务决策和财务预算等经营管理活动进行有机结合，将市场风险控制在商业银行可以承受的合理范围内，实现收益率最大化。

根据定义可知，商业银行市场风险主要包括以下 4 种。

(1)利率风险

利率风险是指市场利率变动的不确定对银行造成损失的风险。利率风险是银行面临的主要市场风险。利率风险按照来源的不同，可以分为重新定价风险、收益率曲线风险、基准风险和期权性风险。

(2)汇率风险

汇率风险是指由于汇率的不利变动导致银行业务发生损失的风险。根据产生的原因，汇率风险可以分为两类：①外汇交易风险，主要来自两个方面即为客户提供外汇交易服务时未能立即进行对冲的外汇敞口头寸；银行对外币走势有某种预期而持有的外汇敞口头寸。②外汇结构性风险，是因为银行结构性资产与负债之间币种的不匹配而产生的。黄金被纳入汇率风险考虑，其原因在于，黄金曾长时间在国际结算体系中发挥国际货币职能，从而充当外汇资产的作用。

(3)股票价格风险

股票价格风险是指由于商业银行持有的股票价格发生不利变动而给商业银行带来损失的风险。目前，我国商业银行不能从事证券经营业务，因而我国商业银行很少直接面临股票价格风险；但是股票价格的波动会通过多种方式和渠道间接影响商业银行的资产质量。

(4)商品价格风险

商品价格风险是指商业银行所持有的各类商品的价格发生不利变动而给商业银行带来损失的风险。

4.4.2 市场风险的管控手段

商业银行实施市场风险管理的主要目的是，确保将所承担的市场风险规模控制在可以承受的合理范围内，使所承担的市场风险水平与其风险管理能力和资本实力相匹配。

4.4.2.1 限额管理

常用的市场风险限额包括交易限额、风险限额和止损限额。

(1)交易限额

交易限额是指对总交易头寸或净交易头寸设定的限额。总头寸限额对特定交易工具的多头头寸或空头头寸分别加以限制；净头寸对多头头寸和空头头寸相抵后的净额加以限制。在实践中，商业银行通常将这两种交易限额结合使用。

(2)风险限额

风险限额是指对采用一定的计量方法获得的市场风险规模设置限额，例如，对采用内部模型法计量得出的风险价值设定的风险价值限额，对期权性头寸设定的期权性头寸限额等。

(3)止损限额

止损限额是指所允许的最大损失额。通常，当某项头寸的累计损失达到或接近损失额时，就必须对该头寸进行对冲交易或立即变现。止损限额具有追溯力，适用于一日、一周或一个月内等一段时间内的累计损失。

4.4.2.2 风险对冲

市场风险对冲是指通过投资或购买与管理基础资产收益波动负相关的某种资产或金融衍生产品来冲销风险的一种风险管理策略。当原风险敞口出现亏损时，新风险敞口能够盈利，并且使盈利能够尽量全部抵补亏损。特别需要重视的是，金融衍生产品自身就潜藏着巨大的市场风险，商业银行必须正确认识和理解各种衍生产品的风险特征、多种金融产品组合在一起的复杂性以及利用其对冲市场风险所须具备的强大知识和信息技术支持。

4.5　操作风险管理

4.5.1　操作风险概述

操作风险是指由于信息系统或内部控制缺陷导致意外损失的风险。引起操作风险的原因包括：人为错误、电脑系统故障、工作程序和内部控制不当等(表 4-2)。

巴塞尔委员会对操作风险的定义：操作风险是指由于不完善或有问题的内部操作过程、人员、系统或外部事件而导致的直接或间接损失的风险。

表 4-2　引发操作风险的因素

因素	定义
内部操作过程	是指由于商业银行内部流程缺失、设计不合理或者没有被严格执行而造成的风险
人员	是指商业银行内部的员工发生失职违规、内部欺诈，以及因职工缺乏必要的知识技能等而带来不良影响的风险
系统	是指由于商业银行内部系统不完善、系统软硬件失灵或瘫痪、存在系统漏洞等导致银行不能正常开展业务活动的风险
外部事件	是指由于商业银行面临的外部环境的变化给银行带来损失的风险，例如，自然灾害、外部欺诈和政治风险等

4.5.2　操作风险管理战略

4.5.2.1　业务目标

操作风险管理战略应该着重于帮助机构实现其业务目标，在制定操作风险管理战略时应该充分考虑到银行的业务目标，使二者尽可能地相互支持和配合。

4.5.2.2　风险偏好

风险偏好是指商业银行的风险承受水平，它是风险战略中的核心内容，决定了风险管理的基本方针政策。将商业银行的业务目标和风险管理水平结合在一起，加上银行的价值导向就可以得到银行的风险偏好。

4.5.2.3　治理制度

建立操作风险治理制度，在银行风险管理委员会下设立一个操作风险管理部门，任命一位首席风险官。在各个业务和职能部门设置一名操作风险经理，这些经理统一向首席风险官报告。

4.5.2.4　风险政策

风险政策更具有指导性和操作性，可以切实地运用到日常的经营和管理过程中。主要包括：风险政策要实现操作风险管理的目标；风险政策涉及公司治理模型及其相应的作用和责任；风险政策描绘出工具和报告运用的预期效果。

4.5.3 操作风险管理手段

商业银行在进行操作风险管理时可以采用的工具包括以下几种：

4.5.3.1 操作风险评估

操作风险评估是指商业银行根据一定的标准对操作风险的发生频率及影响的程度进行判断，并确定风险等级的过程。

4.5.3.2 控制评估

控制评估是指商业银行根据一定标准对现有控制活动的质量和执行程度进行评价，确实能够控制效果等级，并对控制活动进行优化的过程。

4.5.3.3 数据库

损失数据库是指商业银行在标准化操作风险事件分类的基础上，对银行已发生的风险事件进行确认和记录，并采用结构化的方式进行存储。

4.6 声誉风险管理

4.6.1 声誉风险概述

声誉风险是指由商业银行行为、从业人员行为或外部事件等，导致利益相关方、社会公众、媒体等对商业银行形成负面评价，从而损害其品牌价值，不利其正常经营，甚至影响到市场稳定和社会稳定的风险。加强声誉风险管理，避免和控制声誉风险事件，是商业银行全面风险管理的重要内容。

4.6.2 声誉风险管理基本原则

4.6.2.1 前瞻性原则

前瞻性原则是指商业银行应坚持预防为主的声誉风险管理理念，加强研究，防控源头，定期对声誉风险管理情况及潜在风险进行审视，提升声誉风险管理预见性。

4.6.2.2 匹配性原则

匹配性原则是指商业银行应进行多层次、差异化的声誉风险管理，与自身规模、经营状况、风险状况及系统重要性相匹配，并结合外部环境和内部管理变化适时调整。

4.6.2.3 全覆盖原则

全覆盖原则是指商业银行应以公司治理为着力点，将声誉风险管理纳入全面风险管理体系，覆盖各业务条线、所有分支机构和子公司，覆盖各部门、岗位、人员和产品，覆盖决策、执行和监督全部管理环节，同时应防范第三方合作机构可能引发的对本机构不利的声誉风险，充分考量其他内外部风险的相关性和传染性。

4.6.2.4 有效性原则

有效性原则是指商业银行应以防控风险、有效处置、修复形象为声誉风险管理最终标准，建立科学合理、及时高效的风险防范及应对处置机制，确保能够快速响应、协同应对、高效处置声誉事件，及时修复机构受损声誉和社会形象。

4.6.3　声誉风险管理流程

商业银行应建立清晰的声誉风险管理流程，用来一致、持久地识别、评估、监测和处置可能影响声誉的风险事件。

4.6.3.1　风险评估

建立声誉风险事前评估机制，在进行重大战略调整、参与重大项目、实施重大金融创新及展业、重大营销活动及媒体推广、披露重要信息、涉及重大法律诉讼或行政处罚、面临群体性事件、遇到行业规则或外部环境发生重大变化等容易产生声誉风险的情形时，应进行声誉风险评估，根据评估结果制订应对预案。

4.6.3.2　风险监测

建立声誉风险监测机制，充分考虑与信用风险、市场风险、流动性风险、操作风险以及其他风险的关联性，及时发现和识别声誉风险。

4.6.3.3　风险分级

建立声誉事件分级机制，结合本机构实际，对声誉事件的性质、严重程度、传播速度、影响范围和发展趋势等进行研判评估，科学分类，分级应对。

4.6.3.4　风险处置

加强声誉风险应对处置，按照声誉事件的不同级别，灵活采取如：核查引发声誉事件的基本事实、主客观原因，分析机构的责任范围；检视其他经营区域及业务、宣传策略等与声誉事件的关联性，防止声誉事件升级或出现次生风险等相应措施。

4.6.3.5　风险报告

建立声誉事件报告机制，明确报告要求、路径和时限。对于符合突发事件信息报告有关规定的，按要求向监管部门报告。

4.6.3.6　考核问责

强化考核问责，将声誉事件的防范处置情况纳入考核范围，对引发声誉事件或预防及处置不当造成重大损失或严重不良影响的相关人员和声誉风险管理部门、其他职能部门、分支机构等应依法依规进行问责追责。

本章思考题

(1) 简述根据巴塞尔委员会的划分方法，商业银行可能面临的风险。
(2) 简述商业银行进行风险管理的方法。
(3) 简述商业银行的各类风险之间是相互独立，互不影响的关系及其原因。
(4) 简述商业银行应该如何控制声誉风险。

案例分析 4：

“全美最佳银行”硅谷银行破产

2023 年 3 月 8~12 日，在短短几日内，有三家美国金融机构相继“爆雷”，其中包括美国硅谷银行。

这次引发硅谷银行关闭的主要原因在于，在流动性宽松时期，该银行将吸收的存款大量配置在长期限的债券资产上，使得潜在的利率风险大幅上升，在美联储持续加息的情况下进而导致利率风险暴露。

美联储开启40年以来最快加息周期是外因。2023年3月12日，美国财政部部长珍妮特·耶伦表示，美国硅谷银行和签名银行的相继破产关闭，其核心问题在于美联储持续上调利率。从2022年3月开始，美联储已连续8次加息，联邦基金利率目标区间由0%附近急促上升到4.5%~4.75%。2020年新冠疫情之后，美联储用货币政策抗疫，家庭储蓄存款一度达到约1万亿美元，广义货币M2增长超25%，但随着2022年急转弯迈入加息周期，一些风险开始暴露。

银行经营模式单一、忽视资产负债期限错配潜在风险是内因。硅谷银行被关闭的事件背后，其自身方面的原因更多。硅谷银行对于硅谷有较强依赖性，客户群体单一集中，资产负债与其他银行存在显著不同。从负债端看，硅谷银行储户多为风投参股的初创公司，疫情期间风投市场膨胀，风投储户存款激增，但多为短期资金。从资产端看，由于贷款需求不足，硅谷银行将短期资金大量配置于以美国国债为主的长期债券，其证券投资占总资产的57%，贷存比仅为43%，而美国其他74家主要银行中，证券投资占比最高为42%。随着联储的超预期加息，硅谷银行的账面亏损上升。从流动性方面看，由于科技公司景气下行，风投资金减少，客户大量提取存款，导致银行被迫出售长期债券资产，账面亏损转为实际亏损。

讨论：

(1)硅谷银行遭受了哪些风险及风险内涵。

(2)结合案例资料分析硅谷银行面临这些风险的原因。

证券篇

第 5 章　证券市场基本法律法规

学习目标

(1)掌握证券发行和交易的“三公”原则。

(2)掌握证券发行、交易活动禁止行为的规定。

(3)掌握信息披露制度、定期报告、临时报告及相关法律责任。

(4)掌握期货交易和衍生品交易的一般规定。

(5)掌握期货交易者适当性管理制度、对交易者的保护措施。

(6)熟悉操纵证券市场行为的类型及法律责任。

(7)熟悉违反交易规定的法律责任、非法设立、经营期货公司的法律责任。

5.1　证券市场的法律法规体系

5.1.1　法的概念与特征

5.1.1.1　法的概念

法是由国家制定或认可并由国家强制力保证实施的，反映特定物质生活条件所决定的统治阶级意志，以权利和义务为内容，以确认、保护和发展对统治阶级有利的社会关系和社会秩序为目的的规范系统。

5.1.1.2　法的特征

①法具有规范性，是调整人们行为或社会关系的规范，具有明确的指引、评介、预测等作用。调整人们行为或社会关系的规范，具有明确的指引、评价、预测等作用。具有普遍约束力。

②法具有国家意志性，是由国家制定或认可的社会规范，体现了国家的意志。国家通过特定的立法程序，将统治阶级的意志上升为法律，表现为特定的法律文件形式才能成立。

③法具有国家强制性，依靠国家强制力来保障实施。相较于社会规范，法律通过国家强制力的保障贯穿社会生活的方方面面，任何违法行为都将受到法律的制裁，以维护法律的权威和社会公平正义。这也是区别于其他社会规范的重要标志。

④法以权利和义务为内容，法明确规定了人们在社会生活中的权利和义务。权利赋予人们一定的利益和自由，义务则要求人们履行相应的责任。

5.1.2　证券市场法律法规体系的主要层级

现有的中国证券市场法律法规体系分为以下 5 个层次，法律、行政法规、部门规章、规范性文件、行业自律规则，其法律效力依次递减。

5.1.2.1　法律

法律是由全国人民代表大会及全国人民代表大会常务委员会制定的规范性文件，是证券市场法律法规体系的最高层级，具有最高的法律效力。

证券市场的法律主要包括《公司法》《证券法》《中华人民共和国刑法》《中华人民共和国证券投资基金法》（后文简称《刑法》《证券投资基金法》）《中华人民共和国期货和衍生品法》等。

5.1.2.2　行政法规

行政法规由国务院制定和发布。

证券市场的行政法规主要包括《证券公司监督管理条例》《证券公司风险处置条例》《私募投资基金监督管理条例》《证券、期货投资咨询管理暂行办法》等。

5.1.2.3　部门规章

部门规章是由国务院所属的各部委制定。如中国证监会发布的《上市公司信息披露管理办法》等，针对证券市场的特定领域和环节制订详细的规则。

证券市场的部门规章主要包括《证券公司和证券投资基金管理公司合规管理办法》《证券期货投资者适当性管理办法》《公开募集证券投资基金管理人监督管理办法》《私募投资基金监督管理暂行办法》《证券公司风险控制指标管理办法》《证券基金经营机构董事、监事、高级管理人员及从业人员监督管理办法》等。

5.1.2.4　规范性文件

规范性文件通常由证券监管部门制定，如交易所的相关规则。

证券市场的规范性文件主要包括《证券公司治理准则》《证券公司内部控制指引》《证券公司开立账户规范》等。

5.1.2.5　自律性规则

自律性规则是由证券交易所、行业协会等自律组织制定。例如，上海证券交易所中国证券业协会等制定的自律性规则。证券市场的自律性规则主要包括《上海证券交易所交易规则》《深圳证券交易所交易规则》《证券账户管理规则》《中国证券登记结算有限责任公司证券账户业务指南》等。

5.2　证券法

5.2.1　证券法的适用范围

根据《证券法》的规定，为了规范证券发行和交易行为，保护投资者合法权益，维护社会经济秩序和社会公共利益，促进社会主义市场经济的发展，制定法律。在中华人民共和国境内，股票、公司债券、存托凭证和国务院依法认定的其他证券发行和交易，适用本法；本法未规定的，适用《公司法》和其他法律、行政法规的规定。政府债券、证券投资基金份额的上市交易，适用本法；其他法律、行政法规有规定的，适用其规定。资产支持证券、资产管理产品发行、交易的管理办法，由国务院按照本法的原则规定。在中华人民共和国境外的证券发行和交易活动，扰乱中华人民共和国境内市场秩序，损害境内投资者合法权益的，依照本法有关规定处理并追究法律责任。

5.2.2 证券发行和交易的“三公”原则

证券法的基本原则是其立法精神的体现，是证券发行、证券交易和证券管理活动必须遵循的最基本准则，它贯穿证券立法、执法和司法活动的始终。证券的发行、交易活动，必须遵循公开、公平、公正的原则。

①公开原则。公开原则是证券法的核心和精髓所在。

②公平原则。公平原则是指在证券发行和证券交易中双方当事人的法律地位平等、法律待遇平等、法律保护平等，以及所有市场参与者的机会平等。

③公正原则。公正原则是指在证券发行和交易中，应制定和遵守公正的规则，证券监管机关和司法机关应公正地适用法律法规，对当事人应公正平等地对待，不偏袒任何一方。

5.2.3 发行交易当事人的行为准则

证券发行、交易活动的当事人具有平等的法律地位，应当遵守自愿、有偿、诚实信用的原则。

5.2.3.1 证券发行人

《证券法》规定了证券发行人不能提供虚假信息的义务，发行人报送的证券发行申请文件，应当充分披露投资者做出价值判断和投资决策所必需的信息，内容应当真实、准确、完整。为证券发行出具有关文件的证券服务机构和人员，必须严格履行法定职责，保证所出具文件的真实性、准确性和完整性。

5.2.3.2 证券公司

设立证券公司，应当具备下列条件，并经国务院证券监督管理机构批准：有符合法律行政法规规定的公司章程；主要股东及公司的实际控制人具有良好的财务状况和诚信记录，最近3年无重大违法违规记录；有符合证券法规定的公司注册资本；董事、监事、高级管理人员、从业人员符合证券法规定的条件；有完善的风险管理与内部控制制度；有合格的经营场所、业务设施和信息技术系统；法律、行政法规和经国务院批准的国务院证券监督管理机构规定的其他条件。未经国务院证券监督管理机构批准，任何单位和个人不得以证券公司名义开展证券业务活动。

国务院证券监督管理机构应当自受理证券公司设立申请之日起6个月内，依照法定条件和法定程序并根据审慎监管原则进行审查，作出批准或者不予批准的决定，并通知申请人；不予批准的，应当说明理由。证券公司设立申请获得批准的，申请人应当在规定的期限内向公司登记机关申请设立登记，领取营业执照。证券公司应当自领取营业执照之日起15日内，向国务院证券监督管理机构申请经营证券业务许可证。未取得经营证券业务许可证，证券公司不得经营证券业务。

经国务院证券监督管理机构核准，取得经营证券业务许可证，证券公司可以经营下列部分或者全部证券业务：

①证券经纪。

②证券投资咨询。

③与证券交易、证券投资活动有关的财务顾问。

④证券承销与保荐。

⑤证券融资融券。

⑥证券做市交易。

⑦证券自营。

⑧其他证券业务。

证券公司经营上述第①项至第③项业务的，注册资本最低限额为人民币 5000 万元；经营第④项至第⑧项业务之一的，注册资本最低限额为人民币 1 亿元；经营第④项至第⑧项业务中两项以上的，注册资本最低限额为人民币 5 亿元。证券公司的注册资本应当是实缴资本。国务院证券监督管理机构根据审慎监管原则和各项业务的风险程度，可以调整注册资本最低限额，但不得少于前述规定的限额。

国务院证券监督管理机构应当自受理上述规定事项申请之日起 3 个月内，依照法定条件和程序进行审查，做出核准或者不予核准的决定，并通知申请人；不予核准的，应当说明理由。证券公司经营证券资产管理业务的，应当符合《证券投资基金法》等法律、行政法规的规定。除证券公司外，任何单位和个人不得从事证券承销、证券保荐、证券经纪和证券融资融券业务。证券公司从事证券融资融券业务，应当采取措施，严格防范和控制风险，不得违反规定向客户出借资金或者证券。

证券公司变更证券业务范围，变更主要股东或者公司的实际控制人，合并、分立、停业、解散、破产，应当经国务院证券监督管理机构核准。

5.2.4　证券发行交易活动禁止行为的规定

证券的发行、交易活动，必须遵守法律、行政法规；禁止欺诈、内幕交易和操纵证券市场的行为。

5.2.4.1　禁止内幕交易

禁止证券交易内幕信息的知情人和非法获取内幕信息的人利用内幕信息从事证券交易活动。证券交易内幕信息的知情人包括：

①发行人及其董事、监事、高级管理人员。

②持有公司 5%以上股份的股东及其董事、监事、高级管理人员，公司的实际控制人及其董事、监事、高级管理人员。

③发行人控股或者实际控制的公司及其董事、监事、高级管理人员。

④由于所任公司职务或者因与公司业务往来可以获取公司有关内幕信息的人员。

⑤上市公司收购人或者重大资产交易方及其控股股东、实际控制人、董事、监事和高级管理人员。

⑥因职务、工作可以获取内幕信息的证券交易场所、证券公司、证券登记结算机构、证券服务机构的有关人员。

⑦因职责、工作可以获取内幕信息的证券监督管理机构工作人员。

⑧因法定职责对证券的发行、交易或者对上市公司及其收购、重大资产交易进行管理可以获取内幕信息的有关主管部门、监管机构的工作人员。

⑨国务院证券监督管理机构规定的可以获取内幕信息的其他人员。

证券交易活动中，涉及发行人的经营、财务或者对该发行人证券的市场价格有重大影响的尚未公开的信息，为内幕信息。《证券法》第八十条第二款、第八十一条第二款所列重大事件属于内幕信息。证券交易内幕信息的知情人和非法获取内幕信息的人，在内幕信息公开前，不得买卖该公司的证券，或者泄露该信息，或者建议他人买卖该证券。持有或者通过协议、其他安排与他人共同持有公司5%以上股份的自然人、法人、非法人组织收购上市公司的股份，证券法另有规定的，适用其规定。内幕交易行为给投资者造成损失的，应当依法承担赔偿责任。

5.2.4.2 禁止操纵证券交易价格

禁止任何人以《证券法》第五十五条规定的手段操纵证券市场。操纵证券市场行为给投资者造成损失的，应当依法承担赔偿责任。

5.2.4.3 禁止传播虚假信息

①禁止任何单位和个人编造、传播虚假信息或者误导性信息，扰乱证券市场。

②禁止证券交易场所、证券公司、证券登记结算机构、证券服务机构及其从业人员，证券业协会、证券监督管理机构及其工作人员，在证券交易活动中做出虚假陈述或者信息误导。

③各种传播媒介传播证券市场信息必须真实、客观，禁止误导。传播媒介及其从事证券市场信息报道的工作人员不得从事与其工作职责发生利益冲突的证券买卖。

④编造、传播虚假信息或者误导性信息，扰乱证券市场，给投资者造成损失的，应当依法承担赔偿责任。

5.2.4.4 禁止证券欺诈

禁止证券公司及其从业人员从事损害客户利益的欺诈行为。欺诈客户行为给客户造成损失的，应当依法承担赔偿责任。

5.2.4.5 其他禁止行为

①任何单位和个人不得违反规定，出借自己的证券账户或者借用他人的证券账户从事证券交易。

②依法拓宽资金入市渠道，禁止资金违规流入股市。

③禁止投资者违规利用财政资金、银行信贷资金买卖证券。

④国有独资企业、国有独资公司、国有资本控股公司买卖上市交易的股票，必须遵守国家有关规定。证券交易场所、证券公司、证券登记结算机构、证券服务机构及其从业人员对证券交易中发现的禁止的交易行为，应当及时向证券监督管理机构报告。

5.2.5　公开发行证券的有关规定

5.2.5.1　证券的发行

证券发行是指经过批准符合发行条件的证券发行人，以筹集资金为目的，按照一定的程序将股票、公司债券以及其他证券销售给投资者的一系列行为的总称。公开发行证券，必须符合法律、行政法规规定的条件，并依法报经国务院证券监督管理机构或者国务院授权的部门注册。未经依法注册，任何单位和个人不得公开发行证券。发行注册制的具体范围、实施步骤，由国务院规定。

有下列情形之一的，为公开发行：

①向不特定对象发行证券。

②向特定对象发行证券累计超过 200 人，但依法实施员工持股计划的员工人数不计算在内。

③法律、行政法规规定的其他发行行为。

非公开发行证券，不得采用广告、公开劝诱和变相公开方式，发行人申请公开发行股票、可转换为股票的公司债券，依法采取承销方式的，或者公开发行法律、行政法规规定实行保荐制度的其他证券的，应当聘请证券公司担任保荐人。保荐人应当遵守业务规则和行业规范，诚实守信，勤勉尽责，对发行人的申请文件和信息披露资料进行审慎核查，督导发行人规范运作。保荐人的管理办法由国务院证券监督管理机构规定。

证券发行申请经注册后，发行人应当依照法律、行政法规的规定，在证券公开发行前公告公开发行募集文件，并将该文件置备于指定场所供公众查阅。发行证券的信息依法公开前，任何知情人不得公开或者泄露该信息。发行人不得在公告公开发行募集文件前发行证券。

5.2.5.2　股票的发行

(1)股票公开发行的条件

设立股份有限公司公开发行股票，应当符合《公司法》规定的条件和经国务院批准的国务院证券监督管理机构规定的其他条件，向国务院证券监督管理机构报送募股申请和下列文件：公司章程；发起人协议；发起人姓名或者名称，发起人认购的股份数量、出资种类及验资证明；招股说明书；代收股款银行的名称及地址；承销机构名称及有关的协议。

依照《证券法》规定聘请保荐人的，还应当报送保荐人出具的发行保荐书。法律、行政法规规定设立公司必须报经批准的，还应当提交相应的批准文件。

(2)新股发行的条件

公司本次公开发行新股，应当符合下列条件：

①具备健全且运行良好的组织机构。

②具有持续经营能力。

③最近 3 年财务会计报告被出具无保留意见审计报告。

④发行人及其控股股东、实际控制人最近 3 年不存在贪污、贿赂、侵占财产、挪用资产或者破坏社会主义市场经济秩序的刑事犯罪。

⑤经国务院批准的国务院证券监督管理机构规定的其他条件。

上市公司发行新股，应当符合经国务院批准的国务院证券监督管理机构规定的条件。

具体管理办法由国务院证券监督管理机构规定。公司公开发行新股，应当报送募股申请和下列文件：公司营业执照；公司章程；股东大会决议及招股说明书或者其他公开发行募集文件；财务会计报告；代收股款银行的名称和地址。依照证券法规定聘请保荐人的，还应当报送保荐人出具的发行保荐书。依照证法规定实行承销的，还应当报送承销机构名称及有关的协议。

首次公开发行股票申请文件一经受理，未经中国证监会同意，不得增加、撤回或变更发行人与拟公开发售股份的公司股东应当就本次发行承销费用的分摊原则进行约定，并在招股说明书等文件中披露相关信息。

(3)增发股票的条件

《上市公司证券发行管理办法》规定，向不特定对象公开募集股份(简称“增发”)，除符合公开发行证券的一般条件外，还应当符合下列规定：

①最近3个会计年度加权平均净资产收益率平均不低于6%。扣除非经常性损益后的净利润与扣除前的净利润相比，以低者作为加权平均净资产收益率的计算依据。

②除金融类企业外，最近一期末不存在持有金额较大的交易性金融资产和可供出售的金融资产、借予他人款项、委托理财等财务性投资的情形。

③发行价格应不低于公告招股意向书前20个交易日公司股票均价或前一个交易日的均价。

(4)募集资金的用途

公司对公开发行股票所募集资金，必须按照招股说明书或者其他公开发行募集文件所列资金用途使用。改变资金用途，必须经股东大会作出决议。擅自改变用途，未做纠正的，或者未经股东大会认可的，不得公开发行新股。

股票依法发行后，发行人经营与收益的变化，由发行人自行负责；由此变化引致的投资风险，由投资者自行负责。

上市公司、股票在国务院批准的其他全国性证券交易场所交易的公司持有5%以上股份的股东、董事，监事、高级管理人员将其持有的该公司的股票或者其他具有股权性质的证券在买入后6个月内卖出，或者在卖出后6个月内又买入，由此所得收益归该公司所有，公司董事会应当收回其所得收益。但是，证券公司因购入销售后剩余股票而持有5%以上股份，以及由国务院证券监督管理机构规定的其他情形的除外。公司董事会不按照前述规定执行的，股东有权要求董事会在30日内执行。公司董事会未在上述期限内执行的，股东有权为了公司的利益以自己的名义直接向人民法院提起诉讼。

5.2.5.3 债券的发行

(1)公司债券发行的条件

公开发行公司债券，应当符合下列条件：

①具备健全且运行良好的组织机构。

②最近3年平均可分配利润足以支付公司债券1年的利息。

③国务院规定的其他条件。

上市公司发行可转换为股票的公司债券，除符合上述规定的条件外，还应当遵守证券法关于公开发行股票的规定。但是，按照公司债券募集办法，上市公司通过收购本公司股份的方式进行公司债券转换的除外。

公开发行可转换公司债券，应当提供担保，但最近一期末经审计的净资产不低于人民币 15 亿元的公司除外。提供担保的，应当为全额担保，担保范围包括债券的本金及利息、违约金、损害赔偿金和实现债权的费用。以保证方式提供担保的，应当为连带责任担保，且保证人最近一期经审计的净资产额应不低于其累计对外担保的金额。证券公司或上市公司不得作为发行可转债的担保人，但上市商业银行除外。设定抵押或质押的，抵押或质押财产的估值应不低于担保金额。估值应经有资格的资产评估机构评估。

可转换公司债券自发行结束之日起 6 个月后方可转换为公司股票，转股期限由公司根据可转换公司债券的存续期限及公司财务状况确定。债券持有人对转换股票或者不转换股票有选择权，并于转股的次日成为发行公司的股东。转股价格不低于募集说明书公告日前 20 个交易日该公司股票交易均价和前一交易日的均价。

有下列情形之一的，不得再次公开发行公司债券：

①对已公开发行的公司债券或者其他债务有违约或者延迟支付本息的事实，仍处于继续状态。

②违反证券法规定，改变公开发行公司债券所募资金的用途。

(2)公司债券发行须提交的文件

申请公开发行公司债券，应当向国务院授权的部门或者国务院证券监督管理机构报送下列文件：公司营业执照；公司章程及公司债券募集办法；国务院授权的部门或者国务院证券监督管理机构规定的其他文件。依照《证券法》规定聘请保荐人的还应当报送保荐人出具的发行保荐书。

(3)筹集资金的用途

公开发行公司债券筹集的资金，必须按照公司债券募集办法所列资金用途使用；改变资金用途，必须经债券持有人会议做出决议。公开发行公司债券募集的资金，不得用于弥补亏损和非生产性支出。

(4)公司债券的信用评级

资信评级机构为公开发行公司债券进行信用评级的，应当符合以下规定或约定：将评级信息告知发行人，并及时向市场公布首次评级报告、定期跟踪评级报告；公司债券的期限为一年以上的，在债券有效存续期间，应当每年至少向市场公布一次定期跟踪评级报告；应充分关注可能影响评级对象信用等级的所有重大因素，及时向市场公布信用等级调整及其他与评级相关的信息变动情况，并向证券交易场所报告。

(5)公司债券持有人的权益保护

存在下列情形的，债券受托管理人应当按规定或约定召集债券持有人会议：拟变更债券募集说明书的约定；拟修改债券持有人会议规则；拟变更债券受托管理人或受托管理协议的主要内容；发行人不能按期支付本息；发行人减资、合并等可能导致偿债能力发生重大不利变化，需要决定或者授权采取相应措施；发行人分立、被托管、解散、申请破产或者依法进入破产程序；保证人、担保物或者其他偿债保障措施发生重大变化；发行人、单独或合计持有本期债券总额10%以上的债券持有人书面提议召开；发行人管理层不能正常履行职责，导致发行人债务清偿能力面临严重不确定性；发行人提出债务重组方案的；发生其他对债券持有人权益有重大影响的事项。在债券受托管理人应当召集而未召集债券持有人会议时，单独或合计持有本期债券总额10%以上的债券持有人有权自行召集债券持有人会议。

5.2.6 证券承销业务的种类及承销协议的主要内容

5.2.6.1 证券承销业务的种类

证券承销业务采取代销或者包销方式。

①证券代销是指证券公司代发行人发售证券，在承销期结束时，将未售出的证券全部退还给发行人的承销方式。

②证券包销是指证券公司将发行人的证券按照协议全部购入或者在承销期结束时将售后剩余证券全部自行购入的承销方式。包销又分为全额包销和余额包销两种方式。全额包销是指证券公司作为承销商先全额买断发行人发行的证券，再向投资者发售，由证券公司承担全部风险的承销方式。余额包销是指证券公司作为承销商按照约定的发行额和发行条件在约定的期限内向投资者发售证券，到销售截止日，如投资者实际认购总额超于预定发行总额，未售出的证券由证券公司负责认购，并按约定的时间向发行人支付全部发行价款的承销方式。

5.2.6.2 承销协议的主要内容

发行人向不特定对象发行的证券，法律、行政法规规定应当由证券公司承销的，发行人应当同证券公司签订承销协议。公开发行证券的发行人有权依法自主选择承销的证券公司。证券公司承销证券，应当同发行人签订代销或者包销协议，载明下列事项：

①当事人的名称、住所及法定代表人姓名。协议是特定当事人之间的约定，能在当事人之间产生特定的债权债务关系。名称、住所和法定代表人表明合同主体的身份，这是任何一个合同须载明的事项，否则无法明确特定当事人的权利和义务。

②代销、包销证券的种类、数量、金额及发行价格。这是承销协议的主体内容，是明确双方当事人之间具体权利和义务的关键部分，缺乏这些基本问题的约定则承销无效。

③代销、包销的期限及起止日期。

④代销、包销的付款方式及日期。付款方式及日期不同，会影响到双方当事人的权利、诉讼时效、诉讼地点及仲裁事项。如果没有载明付款日期，证券公司可于产生纠纷后随时要求发行人偿付；如果没有载明付款方式与地点，发行人应在证券公司所在地以公平合理的方式结算。

⑤代销、包销的费用和结算办法。这是合同的基本内容之一，是承销商的业务收入和取得收入的方式，没有此项规定，则会导致合同无效。

⑥违约责任。一个完整的协议应包括违约责任部分。如果协议没有违约责任条款，并

不影响协议的成立，违约责任将按照双方当事人的过错程度，由各自按法定方式承担。

⑦国务院证券监督管理机构规定的其他事项。

5.2.7　证券的销售期限

销售证券是一种从社会直接融资的活动，而直接融资对资金市场有可能发生较大的影响，包括负面影响，为了减少出现负面影响的机会，有必要对证券的销售期限做出合理的规定，从而达到维护证券市场秩序基本稳定的目的。《证券法》规定证券的代销、包销期限最长不得超过 90 日。

5.2.8　证券上市的条件和终止上市交易的情形

申请证券上市交易，应当向证券交易所提出申请，由证券交易所依法审核同意，并由双方签订上市协议。证券交易所根据国务院授权部门的决定安排政府债券上市交易。

申请证券上市交易，应当符合证券交易所上市规则规定的上市条件。证券交易所上市规则规定的上市条件，应当对发行人的经营年限、财务状况、最低公开发行比例和公司治理、诚信记录等提出要求。

上市交易的证券，有证券交易所规定的终止上市情形的，由证券交易所按照业务规则终止其上市交易。证券交易所决定终止证券上市交易的，应当及时公告，并报国务院证券监督管理机构备案。

对证券交易所做出的不予上市交易、终止上市交易决定不服的，可以向证券交易所设立的复核机构申请复核。

5.2.9　禁止内幕交易的相关规定

内幕交易是指利用内幕信息进行证券交易活动。内幕交易包括下列行为：

①知情人员买入或者卖出所持有的该公司的证券。

②非法获取内幕信息的其他人员买入或者卖出所持有的该公司的证券。非法获取内幕信息的其他人员是指通过非法手段知悉了证券交易内幕信息的人员。他们如同知情人员一样，可以利用该内幕信息在成为公开信息之前进行证券交易，从该公司证券上涨或者下跌的差价中获得巨额利润，或者避免使自己受到损失。

③知情人员或者非法获取内幕信息的其他人员泄露该信息的行为。知情人员或者非法获取内幕信息的其他人员不仅自己买入或者卖出所持有的该公司的证券是内幕交易，而且他们将其知道的有关某一公司的内幕信息泄露给他人，也属于法律所禁止的内幕交易活动。因为有关某一公司的内幕信息泄露以后，获得该信息的人员可以利用该信息去买卖该公司的证券，牟取暴利。

④知情人员或者非法获取内幕信息的其他人员建议他人买卖证券的行为。知情人员或者非法获取内幕信息的其他人员建议他人买入或者卖出该公司的证券，虽然他人并不知该信息，但由于建议是在知悉内幕信息的基础上做出的，获得建议的人员据此会牟利，因此也属于内幕交易行为。

5.2.10 操纵证券市场行为的类型及法律责任

《证券法》规定，禁止任何人以下列手段操纵证券市场，影响或者意图影响证券交易价格或者证券交易量：

①单独或者通过合谋，集中资金优势、持股优势或者利用信息优势联合或者连续买卖。

②与他人串通，以事先约定的时间、价格和方式相互进行证券交易。

③在自己实际控制的账户之间进行证券交易。

④不以成交为目的，频繁或者大量申报并撤销申报。

⑤利用虚假或者不确定的重大信息，诱导投资者进行证券交易。

⑥对证券、发行人公开做出评价、预测或者投资建议，并进行反向证券交易。

⑦利用在其他相关市场的活动操纵证券市场。

⑧操纵证券市场的其他手段。操纵证券市场行为给投资者造成损失的，应当依法承担赔偿责任。

5.2.11 禁止行为的相关规定

5.2.11.1 虚假陈述和信息误导行为

虚假陈述和信息误导是指行为人对证券发行、交易及其相关活动的事实、性质、前景、法律等事项做出不实、严重误导或者有重大遗漏的陈述或者诱导，致使投资者在不了解事实真相的情况下做出证券投资决定的欺诈行为。虚假陈述和信息误导的行为人主要包括：国家工作人员、新闻传播媒介从业人员和有关人员；证券交易所、证券公司、证券登记结算机构、证券交易服务机构、社会中介机构及其从业人员；证券业协会、证券监督管理机构及其工作人员。

虚假陈述行为包括：

①发行人、证券经营机构在招募说明书、上市公告书、公司报告及其他文件中做出虚假陈述。

②律师事务所、会计师事务所、资产评估机构等专业性证券服务机构在其出具的法律意见书、审计报告、资产评估报告及参与制作的其他文件中做出虚假陈述。

③证券交易场所、证券业协会或者其他证券业自律性组织做出对证券市场产生影响的虚假陈述。

④发行人、证券经营机构、专业性证券服务机构、证券业自律性组织在向证券监管部门提交的各种文件、报告和说明中做出虚假陈述。

⑤在证券发行、交易相关活动中的其他虚假陈述。证券服务机构为证券的发行、上市、交易等证券业务活动制作、出具审计报告及其他鉴证报告、资产评估报告、财务顾问报告、资信评级报告或者法律意见书等文件，应当勤勉尽责，对所依据的文件资料内容的真实性、准确性、完整性进行核查和验证。其制作、出具的文件有虚假记载、误导性陈述或者重大遗漏，给他人造成损失的，应当与委托人承担连带赔偿责任，但是能够证明自己

没有过错的除外。

5.2.11.2　损害客户利益行为

在证券交易中，禁止证券公司及其从业人员从事下列损害客户利益的行为：

①违背客户的委托为其买卖证券。

②不在规定时间内向客户提供交易的确认文件。

③未经客户的委托，擅自为客户买卖证券，或者假借客户的名义买卖证券。

④为牟取佣金收入，诱使客户进行不必要的证券买卖。

⑤其他违背客户真实意思表示，损害客户利益的行为。

违反上述规定给客户造成损失的，应当依法承担赔偿责任。

发行人因欺诈发行、虚假陈述或者其他重大违法行为给投资者造成损失的，发行人的控股股东、实际控制人、相关的证券公司可以委托投资者保护机构，就赔偿事宜与受到损失的投资者达成协议，予以先行赔付。先行赔付后，可以依法向发行人以及其他连带责任人追偿。

5.2.12　信息披露制度：定期报告、临时报告与法律责任

5.2.12.1　信息披露制度

信息公开也称信息披露，主要是指为发行人在发行市场、交易市场依法向证券监督管理机构以及投资者报告自身经营、财产以及财务等状况而设置的一种制度。发行人及法律、行政法规和国务院证券监督管理机构规定的其他信息披露义务人，应当及时依法履行信息披露义务。信息披露义务人披露的信息，应当真实、准确、完整，简明清晰，通俗易懂，不得有虚假记载、误导性陈述或者重大遗漏。证券同时在境内境外公开发行、交易的，其信息披露义务人在境外披露的信息，应当在境内同时披露。

5.2.12.2　定期报告和临时报告

(1)年度报告和中期报告

上市公司、公司债券上市交易的公司、股票在国务院批准的其他全国性证券交易场所交易的公司，应当按照国务院证券监督管理机构和证券交易场所规定的内容和格式编制定期报告，并按照以下规定报送和公告：

①在每一会计年度结束之日起 4 个月内，报送并公告年度报告，其中的年度财务会计报告应当经符合证券法规定的会计师事务所审计。

②在每一会计年度的上半年结束之日起 2 个月内，报送并公告中期报告。

(2)临时报告

临时报告是反映公司重大事件的法律文件。重大事件是上市公司发生的可能对股票交易价格产生较大影响，而投资者尚未得知的事件。

发生可能对上市公司、股票在国务院批准的其他全国性证券交易场所交易的公司的股票交易价格产生较大影响的重大事件，投资者尚未得知时，公司应当立即将有关该重大事件的情况向国务院证券监督管理机构和证券交易场所报送临时报告，并予公告，说明事件的起因、目前的状态和可能产生的法律后果。前述所称重大事件包括：公司的经营方针和

经营范围的重大变化；公司的重大投资行为，公司在一年内购买、出售重大资产超过公司资产总额的30%，或者公司营业用主要资产的抵押、质押、出售或者报废一次超过该资产的30%；公司订立重要合同、提供重大担保或者从事关联交易，可能对公司的资产、负债、权益和经营成果产生重要影响；公司发生重大债务和未能清偿到期重大债务的违约情况；公司发生重大亏损或者重大损失；公司生产经营的外部条件发生的重大变化；公司的董事、1/3以上监事或者经理发生变动，董事长或者经理无法履行职责；持有公司5%以上股份的股东或者实际控制人持有股份或者控制公司的情况发生较大变化，公司的实际控制人及其控制的其他企业从事与公司相同或者相似业务的情况发生较大变化；公司分配股利、增资的计划，公司股权结构的重要变化，公司减资、合并、分立、解散及申请破产的决定，或者依法进入破产程序、被责令关闭；涉及公司的重大诉讼、仲裁，股东大会、董事会决议被依法撤销或者宣告无效；公司涉嫌犯罪被依法立案调查，公司的控股股东、实际控制人、董事、监事、高级管理人员涉嫌犯罪被依法采取强制措施；国务院证券监督管理机构规定的其他事项。公司的控股股东或者实际控制人对重大事件的发生、进展产生较大影响的，应当及时将其知悉的有关情况书面告知公司，并配合公司履行信息披露义务。

5.2.12.3 信息披露相关法律责任

信息披露义务人披露的信息应当同时向所有投资者披露，不得提前向任何单位和个人泄露。但是，法律、行政法规另有规定的除外。任何单位和个人不得非法要求信息披露义务人提供依法需要披露但尚未披露的信息。任何单位和个人提前获知的前述信息，在依法披露前应当保密。

除依法需要披露的信息之外，信息披露义务人可以自愿披露与投资者做出价值判断和投资决策有关的信息，但不得与依法披露的信息相冲突，不得误导投资者。发行人及其控股股东、实际控制人、董事、监事、高级管理人员等做出公开承诺的，应当披露。不履行承诺给投资者造成损失的，应当依法承担赔偿责任。

(1)公告的文件不得有虚假记载、误导性陈述或者重大遗漏

信息披露义务人未按照规定披露信息，或者公告的证券发行文件、定期报告、临时报告及其他信息披露资料存在虚假记载、误导性陈述或者重大遗漏，致使投资者在证券交易中遭受损失的，信息披露义务人应当承担赔偿责任；发行人的控股股东、实际控制人、董事、监事、高级管理人员和其他直接责任人员以及保荐人、承销的证券公司及其直接责任人员，应当与发行人承担连带赔偿责任，但是能够证明自己没有过错的除外。

(2)信息的发布和置备

依法披露的信息，应当在证券交易场所的网站和符合国务院证券监督管理机构规定条件的媒体发布，同时将其置备于公司住所、证券交易场所，供社会公众查阅。

(3)对持续信息公开的监督

国务院证券监督管理机构对信息披露义务人的信息披露行为进行监督管理。证券交易所应当对其组织交易的证券的信息披露义务人的信息披露行为进行监督，督促其依法及时、准确地披露信息。

5.3　期货和衍生品法

5.3.1　适用范围、调整对象及相关定义

5.3.1.1　适用范围及调整对象

《中华人民共和国期货和衍生品法》适用于在中华人民共和国境内的期货交易和衍生品交易及相关活动。

在中华人民共和国境外的期货交易和衍生品交易及其相关活动，威胁中华人民共和国境内市场环境，依照本法追究相关责任。

5.3.1.2　相关定义

①期货交易。它是指以期货合约或者是以标准化期权合约为交易标的的交易活动。

②衍生品交易。它包括互换、远期、期货合约和期权合约等衍生合约交易以及资产支持证券、资产管理产品等具有远期、互换、期权等特征的金融产品交易。

③期货合约。它是指期货交易场所统一制定的、规定在将来某一特定的时间和地点交割一定数量标的物的标准化合约。

④期权合约。它是指规定买方有权在将来某一时间以特定价格买入或者卖出约定标的物(包括期货合约)的标准化或非标准化合约。

⑤互换合约。它是指交易双方约定在未来某一时期相互交换标的物的金融合约。

⑥远期合约。它是指期货合约以外的，买卖双方约定在未来的某一确定时间，按照确定的价格买卖一定数量的标的物的金融合约。

5.3.2　期货交易和衍生品交易的一般规定

①期货交易应当在依法设立的期货交易所或者国务院期货监督管理机构依法批准组织开展期货交易的其他期货交易场所(以下统称期货交易场所)，采用公开的集中交易方式或者国务院期货监督管理机构批准的其他方式进行。禁止在期货交易场所之外进行期货交易。衍生品交易，可以采用协议交易或者国务院规定的其他交易方式进行。

②任何单位和个人不得操纵期货市场或者衍生品市场。

③期货交易和衍生品交易的内幕信息知情人和非法获取内幕信息的人，在内幕信息公开前不得从事相关期货交易或者衍生品交易，明示、暗示他人从事与内幕信息有关的期货交易或者衍生品交易，或者泄露内幕信息。内幕信息是指可能对期货交易或者衍生品交易的交易价格产生重大影响的尚未公开的信息。

④禁止任何单位和个人编造、传播虚假信息或者误导性信息，扰乱期货市场和衍生品市场。禁止任何单位和个人操纵期货市场或者衍生品市场，以维护市场的公平和公正。

5.3.3　期货交易

5.3.3.1　期货合约的上市注册

期货合约品种和标准化期权合约品种的上市应当符合国务院期货监督管理机构的规

定，由期货交易场所依法报经国务院期货监督管理机构注册。

期货合约品种和标准化期权合约品种的中止上市、恢复上市、终止上市应当符合国务院期货监督管理机构的规定，由期货交易所决定并向国务院期货监督管理机构备案。期货合约品种和标准化期权合约品种应当具有经济价值，合约不易被操纵，符合社会公共利益。

5.3.3.2 期货交易的基本制度

(1)账户实名制

期货交易实行账户实名制。交易者进行期货交易的，应当持有证明身份的合法证件，以本人名义申请开立账户。任何单位和个人不得违反规定，出借自己的期货账户或者借用他人的期货账户从事期货交易。

(2)保证金制度

交易者在进行期货交易时，需要按照合约价值的一定比例向交易所缴纳保证金，作为履行期货合约的财力担保。保证金的形式包括现金，国债、股票、基金份额、标准仓单等流动性强的有价证券，以及国务院期货监督管理机构规定的其他财产。

(3)持仓限额制度

交易所规定会员或客户可以持有的、按单边计算的某一合约投机头寸的最大数额。目的是防止过度投机和操纵市场。从事套期保值等风险管理活动的，可以申请持仓限额豁免。持仓限额、套期保值的管理办法由国务院期货监督管理机构制定。

(4)报备管理制度

交易者应当按照国务院期货监督管理机构的规定向期货经营机构或者期货交易场所报备实际控制关系。

通过计算机程序自动生成或者下达交易指令进行程序化交易的，应当符合国务院期货监督管理机构的规定，并向期货交易场所报告，不得影响期货交易场所系统安全或者正常交易秩序。

5.3.3.3 期货交易的当日无负债结算制度

当日无负债管理制度，即每日交易结束后，交易所按照当日结算价对交易者的盈亏、交易保证金及手续费等进行结算；如果交易者的保证金不足，需要及时追加保证金，否则可能会被强制平仓。结算结果应在当日及时通知给结算参与人员和交易者。

5.3.3.4 期货保证金的存款要求

期货公司应当在存管银行开立保证金账户，专用于保证金的存放，与自有资金分开，禁止违规挪用。期货结算机构依照其业务规则收取和提取的保证金、权利金、结算担保金、风险准备金等资产，应当优先用于结算和交割，不得被查封、冻结、扣押或者强制执行。

5.3.3.5 期货合约的结算与交割

交易者在结算过程中违约的，其委托的结算参与人按照合同约定动用该交易者的保证金以及结算参与人的风险准备金和自有资金完成结算；结算参与人以其风险准备金和自有资金完成结算的，可以依法对该交易者进行追偿。

期货合约到期时，交易者应当通过实物交割或者现金交割，了结到期未平仓合约。在标准化期权合约规定的时间，合约的买方有权以约定的价格买入或者卖出标的物，或者按照约定进行现金差价结算，合约的卖方应当按照约定履行相应的义务。标准化期权合约的行权，由期货结算机构组织进行。

5.3.3.6 期货交易者适当性管理制度

期货交易者适当性管理制度是指期货经营机构在销售产品或者提供服务的过程中，根据投资者的财务状况、投资知识、投资经验、投资目标、风险偏好等因素，对投资者进行分类管理，并为其提供适当的产品或服务的制度。确保投资者的风险承受能力与所投资的期货产品或服务的风险等级相匹配，如果投资者想要购买风险等级高于其自身风险承受能力的产品，期货经营机构需要进行特别的风险提示和投资者教育，并要求投资者签署相关风险揭示书等文件。

期货经营机构有义务向投资者充分揭示期货交易的风险，提供相关的教育资料和培训，帮助投资者了解期货市场的特点和规则。定期或不定期对投资者的风险承受能力进行评估，根据投资者情况的变化及时调整其分类和相应的服务。

5.3.3.7 对交易者的保护措施

在期货交易者的适当性管理保护投资者的合法权益，确保投资者具备相应的风险承受能力和认知水平来参与期货交易，避免投资者因不了解或无法承受风险而遭受不必要的损失。

交易者有权查询其委托记录、交易记录、保证金余额、与其接受服务有关的重要信息。

期货经营机构、期货交易场所、期货结算机构、期货服务机构及其工作人员应依法为交易者的信息保密，不得非法买卖、提供或者公开交易者的信息。期货经营机构、期货交易场所、期货结算机构、期货服务机构及其工作人员不泄露所知悉的商业秘密。

5.3.4 衍生品交易

5.3.4.1 衍生品交易审批机制

依法设立的场所，经国务院授权的部门或者国务院期货监督管理机构审批，可以组织开展衍生品交易。组织开展衍生品交易的场所制定的交易规则，应当公平保护交易参与各方合法权益和防范市场风险，并报国务院授权的部门或者国务院期货监督管理机构批准。

对已批准的交易进行持续监督和评估，如有重大变化或风险超出预期，可能需要重新审批。

5.3.4.2 衍生品交易的基本制度

(1) 单一协议制度

衍生品交易采用主协议方式的，主协议、主协议项下的全部补充协议以及交易双方就各项具体交易做出的约定等，共同构成交易双方之间一个完整的单一协议，具有法律约束力。

(2) 履约保障机制

进行衍生品交易，可以依法通过质押等方式提供履约保障。

(3) 终止净额结算制度

依法采用主协议方式从事衍生品交易的，发生约定的情形时，可以依照协议约定终止交易，并按净额对协议项下的全部交易盈亏进行结算。

(4) 终止净额结算制度

国务院授权的部门、国务院期货监督管理机构应当建立衍生品交易报告库，对衍生品交易标的、规模、对手方等信息进行集中收集、保存、分析和管理，并按照规定及时向市场披露有关信息。

5.3.5 期货经营机构与期货交易所

5.3.5.1 期货经营机构的业务许可制度和许可范围

(1) 行政许可

期货公司办理下列事项，应当经国务院期货监督管理机构核准：

①合并、分立、停业、解散或者申请破产。国务院期货监督管理机构应当自受理申请之日起 60 日内做出核准或者不予核准的决定。

②变更主要股东或者公司的实际控制人。国务院期货监督管理机构应当自受理申请之日起 60 日内做出核准或者不予核准的决定。

③变更注册资本且调整股权结构。国务院期货监督管理机构应当自受理申请之日起 20 日内做出核准或者不予核准的决定。

④变更业务范围。国务院期货监督管理机构应当自受理申请之日起 60 日内做出核准或者不予核准的决定。

⑤国务院期货监督管理机构规定的其他重大事项。国务院期货监督管理机构应当自受理申请之日起 20 日内做出核准或者不予核准的决定。

(2) 业务范围

期货公司经国务院期货监督管理机构核准可以从事下列期货业务：

①期货经纪。

②期货交易咨询。

③期货做市交易。

④其他期货业务。

期货公司从事资产管理业务的，应当符合《证券投资基金法》等法律、行政法规的规定。

5.3.5.2 期货交易所的职责及内部管理制度

(1) 期货交易所职责

①提供交易的场所、设施和服务。

②设计期货合约、标准化期权合约品种，安排期货合约、标准化期权合约品种上市。

③对期货交易进行实时监控和风险监测。

⑦依照章程和业务规则对会员、交易者、期货服务机构等进行自律管理。

⑧开展交易者教育和市场培育工作。

⑨国务院期货监督管理机构规定的其他职责。

期货交易场所不得直接或者间接参与期货交易。

未经国务院批准，期货交易场所不得从事信托投资、股票投资、非自用不动产投资等与其职责无关的业务。

(2) 期货交易所内部管理制度

①交易规则的制定和修改。期货交易所依照法律、行政法规和国务院期货监督管理机构的规定，制定有关业务规则；其中交易规则的制定和修改应当报国务院期货监督管理机构批准。

②市场异常情况的处理及免责。当期货市场出现异常情况时，期货交易所可以按照其章程规定的权限和程序，决定采取下列紧急措施，并应当立即报告国务院期货监督管理机构，调整保证金；调整涨跌停板幅度；调整会员、交易者的交易限额或持仓限额标准；限制开仓；强行平仓；暂时停止交易；其他紧急措施。异常情况消失后，期货交易场所应当及时取消紧急措施。

根据《期货和衍生品法》第八十九条的规定，因突发性事件影响期货交易正常进行时，为维护期货交易正常秩序和市场公平，期货交易场所可以按照本法和业务规则规定采取必要的处置措施，并应当及时向国务院期货监督管理机构报告。

因突发性事件导致期货交易结果出现重大异常，按交易结果进行结算、交割将对期货交易正常秩序和市场公平造成重大影响的，期货交易场所可以按照业务规则采取取消交易等措施，并应当及时向国务院期货监督管理机构报告并公告。

根据《期货和衍生品法》第九十条的规定，期货交易场所对其依照第八十七条、第八十九条规定采取措施造成的损失，期货交易所不承担民事赔偿责任，但存在重大过错的除外。

5.3.5.3　违反交易规定的法律责任

(1) 操控期货市场或者衍生品市场的法律责任

操纵期货市场或者衍生品市场的，将被责令改正，没收违法所得，并处以违法所得 1 倍以上 10 倍以下的罚款；没有违法所得或者违法所得不足 100 万元的，处以 100 万元以上 1000 万元以下的罚款。单位操纵市场的，还应当对直接负责的主管人员和其他直接责任人员给予警告，并处以 50 万元以上 500 万元以下的罚款。操纵市场行为给交易者造成损失的，应当依法承担赔偿责任。

(2) 从事内幕交易的法律责任

内幕交易行为给交易者造成损失的，应当依法承担赔偿责任。内幕交易是指期货交易内幕信息的知情人或者非法获取期货交易内幕信息的人，在对期货交易价格有重大影响的信息尚未公开前，利用内幕信息从事期货交易，或者明示、暗示他人从事期货交易。根据相关法律法规，从事内幕交易的，责令依法处理非法持有的期货，没收违法所得，并处以违法所得 1 倍以上 10 倍以下的罚款；没有违法所得或者违法所得不足 50 万元的，处以 50 万元以上 500 万元以下的罚款。单位从事内幕交易的，还应当对直接负责的主管人员和其他直接责任人员给予警告，并处以 20 万元以上 200 万元以下的罚款。

(3) 编造、传播虚假信息或者误导性信息的法律责任

在期货市场交易中编造、传播虚假信息或者误导性信息的，责令改正，没收违法所得，并处以违法所得 1 倍以上 10 倍以下的罚款；没有违法所得或者违法所得不足 20 万元的，处以 20 万元以上 200 万元以下的罚款。单位有上述行为的，对直接负责的主管人员和其他直接责任人员给予警告，并处以 10 万元以上 100 万元以下的罚款。

在期货交易、衍生品交易活动中做出虚假陈述或者信息误导的，责令改正，处以 20 万元以上 200 万元以下的罚款；属于国家工作人员的，还应当依法给予处分。

传播媒介及其从事期货市场、衍生品市场信息报道的工作人员从事与其工作职责发生利益冲突的期货交易、衍生品交易的，没收违法所得，并处以违法所得 1 倍以下的罚款，没有违法所得或者违法所得不足 10 万元的，处以 10 万元以下的罚款。

从事与其工作职责发生利益冲突的期货交易、衍生品交易的，没收违法所得，并处以违法所得 1 倍以下的罚款，没有违法所得或者违法所得不足 10 万元的，处以 10 万元以下的罚款。

(4) 出借期货账户的法律责任

出借自己的期货账户或者借用他人的期货账户从事期货交易的，责令改正，给予警告，可以处 50 万元以下的罚款。

(5) 采取程序化交易影响期货市场的法律责任

采取程序化交易影响期货交易场所系统安全或者正常交易秩序的，责令改正，并处以 50 万元以上 500 万元以下的罚款。对直接负责的主管人员和其他直接责任人员给予警告，并处以 10 万元以上 100 万元以下的罚款。

(6) 未报告重大事项的法律责任

未报告有关重大事项的，责令改正，给予警告，可以处 100 万元以下的罚款。

(7) 以化名、假借他人名义参与期货交易的法律责任

法律、行政法规和国务院期货监督管理机构规定禁止参与期货交易的人员，直接或者以化名、借他人名义参与期货交易的，责令改正，给予警告，没收违法所得，并处以 5 万元以上 50 万元以下的罚款；属于国家工作人员的，还应当依法给予处分。

5.3.5.4 非法设立经营期货公司的法律责任

(1) 非法设立期货公司的法律责任

非法设立期货公司，或者未经核准从事相关期货业务的，予以取缔，没收违法所得，并处以违法所得 1 倍以上 10 倍以下的罚款；没有违法所得或者违法所得不足 100 万元的，处以 100 万元以上 1000 万元以下的罚款。对直接负责的主管人员和其他直接责任人员给予警告，并处以 20 万元以上 200 万元以下的罚款。

(2) 骗取设立许可、变更核准或者期货业务许可的法律责任

提交虚假申请文件或者采取其他欺诈手段骗取期货公司设立许可、重大事项变更核准或者期货经营机构期货业务许可的，撤销相关许可，没收违法所得，并处以违法所得 1 倍以上 10 倍以下的罚款；没有违法所得或者违法所得不足 20 万元的，处以 20 万元以上 200 万元以下的罚款。对直接负责的主管人员和其他直接责任人员给予警告，并处以 20 万元以上 200 万元以下的罚款。

本章思考题

(1)简述证券法的适用范围。

(2)简述证券的销售期限。

(3)简述期货交易和衍生品交易的一般规定。

(4)简述期货交易的基本制度。

案例分析5:

依法从严打击私募基金犯罪典型案例

被告人苏某明，系深圳某财富管理有限公司(后文简称“某财富公司”)、深圳某基金管理有限公司(后文简称“某基金公司”)实际控制人，上述两家公司在中国证券投资基金业协会(后文简称“基金业协会”)登记为私募股权、创业投资基金管理人。被告人高某，系某财富公司副总裁、销售部负责人。被告人贺某，系某基金公司副总裁、业务部负责人。

2016年7月至2018年7月，苏某明以某财富公司、某基金公司作为私募基金管理人，先后成立深圳某投资企业、深圳某贰号投资企业等有限合伙企业，以多个房地产开发项目为投资标的，隐瞒投资项目均为苏某明实际控制的公司开发或者与他人合作开发的实情，发行私募股权类基金产品5只(其中4只在基金业协会备案)。苏某明指使高某、贺某组织销售团队以口口相传，召开产品推介会，通过其他金融机构和私募基金公司、同行业从业人员帮助推销等多种方式向社会公开宣传私募基金产品，允许不合格投资者通过“拼单”“代持”等方式突破私募基金投资人数和金额的限制，由苏某明实际控制的关联公司与投资者签订回购协议，并由苏某明个人提供无限连带责任担保，约定年利率10%~11.5%的回报，变相承诺保本付息。苏某明、高某、贺某等人通过上述方式共非法公开募集资金人民币5.999亿元。上述资金进入合伙企业募集账户后划转至苏某明控制的数个账户，各私募基金产品资金混同，由苏某明统一支配使用。其中，以募新还旧方式兑付本息1.5亿余元，用于私募基金约定的投资项目1.3亿余元，用于苏某明开发的其他房地产项目1.2亿余元，用于购买建筑材料1.01亿余元，用于支付员工薪酬提成、公司运营成本及归还公司债务0.9亿余元。因资金链断裂，苏某明无法按期兑付本息。截至案发，投资人本金损失4.41亿余元。

2019年2月13日，广东省深圳市公安局某分局对苏某明非法吸收公众存款案立案侦查。2019年8月30日、2020年7月27日，深圳市公安局某分局先后以苏某明涉嫌非法吸收公众存款罪，高某、贺某涉嫌非法吸收公众存款罪向深圳市某区人民检察院移送起诉。2020年3月11日、11月24日，深圳市某区人民检察院先后以苏某明、高某、贺某构成非法吸收公众存款罪提起公诉。

2021年5月20日、9月1日，深圳市某区人民法院分别做出一审判决，认定苏某明、高某、贺某犯非法吸收公众存款罪，对苏某明判处有期徒刑5年，并处罚金人民币30万元；对高某、贺某分别判处有期徒刑3年，并处罚金人民币10万元；继续追缴违法所得。3名被告人均未提出上诉，判决已发生法律效力。公安机关、司法机关共冻结涉案银行账户存款人民币 687 万余元，依法追缴被告人苏某明对他人享有的 1600 万元债权和 35 名投资人利息、分红、佣金、返点费等，判决生效后一并发还投资人。

讨论：

(1) 私募基金管理人经登记、私募基金经备案或者部分备案，是否影响对非法集资行为“非法性”的认定？

(2) 日常生活中都有哪些以私募基金为名非法集资的手段。

(3) 区分非法吸收公众存款罪与集资诈骗罪的关键。

第6章　证券经营机构管理规范

学习目标

(一)掌握全面风险管理的定义。

(二)掌握全面风险管理体系所包括的内容和覆盖范围。

(三)掌握信用风险的定义及业务类型。

(四)掌握普通投资者享有特别保护的规定。

(五)熟悉信用风险管理组织架构的要求。

(六)了解证券经营机构执行投资者适当性的基本原则。

6.1　风险管理

6.1.1　证券公司风险控制指标

6.1.1.1　基本规定

证券公司应当依据中国证监会的有关规定，构建契合自身发展战略需求的全面风险管理体系。证券公司需将所有子公司以及比照子公司管理的各类孙公司纳入全面风险管理体系之中，强化分支机构的风险管理，达成风险管理的全覆盖。全面风险管理体系应当涵盖具有可操作性的管理制度、健全的组织架构、可靠的信息技术系统、量化的风险指标体系、专业的人才队伍以及有效的风险应对机制。证券公司应当任命一位具备风险管理相关专业背景、任职经历和履职能力的高级管理人员担任首席风险官，由其负责全面风险管理工作。

证券公司应当依据自身的资产负债状况和业务发展情形，构建动态的风险控制指标监测和资本补足机制，保证净资本等各项风险控制指标在任何时点均符合规定标准。证券公司应当于发生重大业务事项以及分配利润之前，针对风险控制指标开展压力测试，合理明确有关业务及分配利润的最大规模。证券公司应当建立完善的压力测试机制，适时依据市场变化状况及监管部门的要求，对公司的风险控制指标进行压力测试。若压力测试结果表明风险超出证券公司自身的承受能力范畴，证券公司应当采取措施控制业务规模或者降低风险。

证券公司应当选聘符合《证券法》规定的会计师事务所，对其年度风险控制指标监管报表实施审计。

6.1.1.2　净资本计算标准

证券公司净资本由核心净资本和附属净资本构成，应当按照中国证监会规定的证券公司净资本计算标准计算净资本。证券公司计算核心净资本时，应当按照规定对有关项目充分计提资产减值准备。

核心净资本=净资产-资产项目的风险调整-或有负债的风险调整-/+中国证监会认定或核准的其他调整项目

附属净资本=长期次级债×规定比例-/+中国证监会认定或核准的其他调整项目

证券公司从事相关证券业务的净资本标准：

①证券公司经营证券经纪业务的，其净资本不得低于人民币2000万元。

②证券公司经营证券承销与保荐、证券自营、证券资产管理、其他证券业务等业务之一的，其净资本不得低于人民币5000万元。

③证券公司经营证券经纪业务，同时经营证券承销与保荐、证券自营、证券资产管理、其他证券业务等业务之一的，其净资本不得低于人民币1亿元。

④证券公司经营证券承销与保荐、证券自营、证券资产管理、其他证券业务中两项及两项以上的，其净资本不得低于人民币2亿元。

6.1.1.3 风险控制指标标准

证券公司必须持续符合下列风险控制指标标准：

①风险覆盖率不得低于100%；

②资本杠杆率不得低于8%；

③流动性覆盖率不得低于100%；

④净稳定资金率不得低于100%。

计算公式如下：

$$风险覆盖率=净资本/各项风险资本准备之和\times100\% \tag{6-1}$$

$$资本杠杆率=核心净资本/表内外资产总额\times100\% \tag{6-2}$$

$$流动性覆盖率=优质流动性资产/未来30天现金净流出量\times100\% \tag{6-3}$$

$$净稳定资金率=可用稳定资金/所需稳定资金\times100\% \tag{6-4}$$

证券公司开展证券自营业务、为客户提供融资或融券服务的，应当契合中国证监会针对该项业务设定的风险控制指标标准。证券公司能够依据自身实际状况，在不低于中国证监会规定标准的前提下，确定相应的风险控制指标标准。中国证监会为各项风险控制指标设定预警标准，对于规定“不得低于”特定标准的风险控制指标，其预警标准为规定标准的120%；对于规定“不得超过”特定标准的风险控制指标，其预警标准为规定标准的80%。

6.1.1.4 证券公司编制风险控制指标监管报表相关要求

设有子公司的证券公司应当以母公司数据为基础，编制风险控制指标监管报表。中国证监会及其派出机构可以根据监管需要，要求证券公司以合并数据为基础编制风险控制指标监管报表。

证券公司的董事、高级管理人员应当对公司半年度、年度风险控制指标监管报表签署确认意见。证券公司经营管理的主要负责人、首席风险官、财务负责人应当对公司月度风险控制指标监管报表签署确认意见。在证券公司风险控制指标监管报表上签字的人员，应当保证风险控制指标监管报表真实、准确、完整，不存在虚假记载、误导性陈述和重大遗漏；对风险控制指标监管报表内容持有异议的，应当在报表上注明自己的意见和理由。

净资本指标与上月相比发生 20%以上不利变化或不符合规定标准时，证券公司应当在 5 个工作日内向公司全体董事报告，10 个工作日内向公司全体股东报告。证券公司应当在每月结束之日起 7 个工作日内，向中国证监会及其派出机构报送月度风险控制指标监管报表。

派出机构可以根据监管需要，要求辖区内单个、部分或者全部证券公司在一定阶段内按周或者按日编制并报送各项风险控制指标监管报表。

证券公司的净资本等风险控制指标与上月相比发生不利变化超过 20%的，应当在该情形发生之日起 3 个工作日内，向中国证监会及其派出机构报告，说明基本情况和变化原因。

证券公司的净资本等风险控制指标达到预警标准或者不符合规定标准的，应当分别在该情形发生之日起 3 个、1 个工作日内，向中国证监会及其派出机构报告，说明基本情况、问题成因以及解决问题的具体措施和期限。

6.1.1.5　风险控制指标相关监管措施

(1) 监管报表报送或者编制方面问题的监管措施

证券公司未按照监管部门要求报送风险控制指标监管报表，或者风险控制指标监管报表存在重大错报、漏报以及虚假报送情况，中国证监会及其派出机构可以根据情况采取出具警示函、责令改正、监管谈话、责令处分有关人员等监管措施。

(2) 风险控制指标不符合规定标准的监管措施

证券公司净资本或者其他风险控制指标不符合规定标准的，派出机构应当责令公司限期改正，在 5 个工作日制订并报送整改计划，整改期限最长不超过 20 个工作日；证券公司未按时报送整改计划的，派出机构应当立即限制其业务活动。整改期内，中国证监会及其派出机构应当区别情形，对证券公司采取下列措施：

①停止批准新业务。

②停止批准增设、收购营业性分支机构。

③限制分配红利。

④限制转让财产或在财产上设定其他权利。

证券公司整改后，经派出机构验收符合有关风险控制指标的，中国证监会及其派出机构应当自验收完毕之日起 3 个工作日内解除对其采取的有关措施。证券公司未按期完成整改的，自整改期限到期的次日起，派出机构应当区别情形，对其采取下列措施：

①限制业务活动。

②责令暂停部分业务。

③限制向董事、监事、高级管理人员支付报酬、提供福利。

④责令更换董事、监事、高级管理人员或者限制其权利。

⑤责令负有责任的股东转让股权，限制负有责任的股东行使股东权利。

⑥认定负有责任的董事、监事、高级管理人员为不适当人选。

⑦中国证监会及其派出机构认为有必要采取的其他措施。

证券公司未按期完成整改、风险控制指标情况继续恶化，严重危及该证券公司的稳健运行的，中国证监会可以撤销其有关业务许可。证券公司风险控制指标无法达标，严重危害证券市场秩序、损害投资者利益的，中国证监会可以区别情形，对其采取下列措施：

①责令停业整顿。

②指定其他机构托管、接管。

③撤销经营证券业务许可。

④撤销。

6.1.2 证券公司全面风险管理

6.1.2.1 全面风险管理的内容

①全面风险管理是指证券公司董事会、经理层以及全体员工共同参与，对公司经营中的流动性风险、市场风险、信用风险、操作风险、声誉风险等各类风险，进行准确识别、审慎评估、动态监控及时应对及全程管理。

②证券公司应当建立健全与公司自身发展战略相适应的全面风险管理体系。全面风险管理体系应当包括可操作的管理制度、健全的组织架构、可靠的信息技术系统、量化的风险指标体系、专业的人才队伍、有效的风险应对机制。证券公司应当定期评估全面风险管理体系，并根据评估结果及时改进风险管理工作。

③证券公司应将所有子公司以及比照子公司管理的各类分公司纳入全面风险管理体系，强化分支机构风险管理，实现风险管理全覆盖。

6.1.2.2 全面风险管理文化的要求

证券公司应当在全公司推行稳健的风险文化，形成与本公司相适应的风险管理理念和价值准则、职业操守，建立培训、传达和监督机制。

6.1.2.3 全面风险管理的责任主体

(1) 董事会职责

证券公司董事会承担全面风险管理的最终责任，履行以下职责：

①推进风险文化建设。

②审议批准公司全面风险管理的基本制度。

③审议批准公司的风险偏好、风险容忍度以及重大风险限额。

④审议公司定期风险评估报告。

⑤任免、考核首席风险官，确定其薪酬待遇。

⑥建立与首席风险官的直接沟通机制。

⑦公司章程规定的其他风险管理职责。

董事会可授权其下设的风险管理相关专业委员会履行其全面风险管理的部分职责。

(2) 监事会职责

证券公司监事会承担全面风险管理的监督责任，负责监督检查董事会和经理层在风险管理方面的履职尽责情况并督促整改。

(3) 经理层职责

证券公司经理层对全面风险管理承担主要责任，应当履行以下职责：

①制定风险管理制度，并适时调整。

②建立健全公司全面风险管理的经营管理架构，明确全面风险管理职能部门、业务部门以及其他部门在风险管理中的职责分工，建立部门之间有效制衡、相互协调的运行机制。

③制订风险偏好、风险容忍度以及重大风险限额等的具体执行方案，确保其有效落实。对其进行监督，及时分析原因，并根据董事会的授权进行处理。

④定期评估公司整体风险和各类重要风险管理状况，解决风险管理中存在的问题并向董事会报告。

⑤建立涵盖风险管理有效性的全员绩效考核体系。

⑥建立完备的信息技术系统和数据质量控制机制。

⑦风险管理的其他职责。

(4) 首席风险官及风险管理部门的履职保障

①证券公司应当保障首席风险官能够充分行使履行职责所必需的知情权。首席风险官有权参加或者列席与其履行职责相关的会议，调阅相关文件资料，获取必要信息。证券公司应当保障首席风险官的独立性。公司股东、董事不得违反规定的程序，直接向首席风险官下达指令或者干涉其工作。

②证券公司应当配备充足的专业人员从事风险管理工作，并提供相应的工作支持和保障。风险管理人员应当熟悉证券业务并具备相应的风险管理技能。

③证券公司风险管理部门具备 3 年以上的证券、金融、会计、信息技术等有关领域工作经历的人员占公司总部员工比例应不低于 2%。公司可在此基础上结合自身实际情况制定相应标准。风险管理部门人员工作称职的，其薪酬收入总额应当不低于公司总部业务及业务管理部门同职级人员的平均水平。

④证券公司承担管理职能的业务部门应当配备专职风险管理人员，风险管理人员不得兼任与风险管理职责相冲突的职务。

(5) 其他相关人员职责

①证券公司应将全面风险管理纳入内部审计范畴，对全面风险管理的充分性和有效性进行独立、客观地审查和评价。内部审计发现问题的，应督促相关责任人及时整改，并跟踪检查整改措施的落实情况。

②证券公司各业务部门、分支机构及子公司负责人应当全面了解并在决策中充分考虑与业务相关的各类风险，及时识别、评估、应对、报告相关风险，并承担风险管理的直接责任。

③证券公司每一名员工对风险管理有效性承担勤勉尽责、审慎防范、及时报告的责任。包括但不限于：通过学习、经验积累增强风险意识；谨慎处理工作中涉及的风险因素；发现风险隐患时主动应对并及时履行报告义务。

6.1.3　首席风险官及风险管理部门的履职保障

6.1.3.1　首席风险官的履职保障

(1) 首席风险官履职条件

首席风险官除应当具有管理学、经济学、理学、工学中与风险管理相关专业背景或通过 FRM、CFA 资格考试外，还应具备以下条件之一：

①从事证券公司风险管理相关工作 8 年(含)以上，或担任证券公司风险管理相关负责人 3 年(含)以上。

②从事证券公司业务工作 10 年(含)以上，或担任证券公司两个(含)以上业务部门负责人累计达 5 年(含)以上。

③从事银行、保险业风险管理工作 10 年(含)以上，或从事境外成熟市场投资银行风险管理工作 8 年(含)以上。

④在证券监管机构、自律组织的专业监管岗位任职 8 年(含)以上。

(2)证券公司应当保障首席风险官能够充分行使履行职责所必需的知情权

证券公司应当保障首席风险官的独立性。公司股东、董事不得违反规定的程序，直接向首席风险官下达指令或者干涉其工作。

6.1.3.2 风险管理部门的履职保障

证券公司应当保障首席风险官能够充分行使履行职责所必需的知情权。首席风险官有权参加或者列席与其履行职责相关的会议，调阅相关文件资料，获取必要信息。证券公司应当保障首席风险官的独立性。公司股东、董事不得违反规定的程序，直接向首席风险官下达指令或者干涉其工作。

证券公司应当配备充足的专业人员从事风险管理工作，并提供相应的工作支持和保障。风险管理人员应当熟悉证券业务并具备相应的风险管理技能。

证券公司风险管理部门具备 3 年以上的证券、金融、会计、信息技术等有关领域工作经历的人员占公司总部员工比例应不低于 2%。公司可在此基础上结合自身实际情况制定相应标准。风险管理部门人员工作称职的，其薪酬收入总额应当不低于公司总部业务及业务管理部门同职级人员的平均水平。

证券公司承担管理职能的业务部门应当配备专职风险管理人员，风险管理人员不得兼任与风险管理职责相冲突的职务。

6.1.4 信用风险

6.1.4.1 信用风险的定义及业务类型

信用风险管理是指证券公司以自有资金出资业务的信用风险管理。信用风险指因融资方、交易对手或发行人等违约导致损失的风险。按照业务类型分类，包括但不限于以下几类：

①股票质押式回购交易、约定购回式证券交易、融资融券等融资类业务。

②互换、场外期权、远期、信用衍生品等场外衍生品业务。

③债券投资交易(包括债券现券交易、债券回购交易、债券远期交易、债券借贷业务等债券相关交易业务)，债券包括但不限于国债、地方债、金融债、政府支持机构债、企业债、非金融企业债务融资工具、公司债、资产支持证券、同业存单。

④非标准化版权资产投资。

⑤其他涉及信用风险的自有资金出资业务。

6.1.4.2　信用风险管理应遵循的原则

①全面性原则。证券公司信用风险管理应全面覆盖证券公司各部门、分支机构、公司，包含所有表内外和境内外业务，贯穿决策、执行、监督、反馈等各个环节。

②内部制衡原则。证券公司应确保前、中、后台的职责分离，并建立相应的制约机制，防范利益冲突。

③全流程风控原则。证券公司应对信用风险管理各个环节进行严谨、审慎判断，对业务信用风险的管理应贯穿业务全流程，完善风险的识别、评估、监控、应对及全程管理确保风险可测、可控、可承受，保障可持续经营。

6.1.4.3　信用风险管理组织架构的要求

证券公司应建立有效的信用风险管理组织架构，明确董事会、监事会、经理层及首席风险官、相关部门在信用风险管理中的职责和报告路线，建立健全有效的考核及问责机制。

（1）董事会

证券公司董事会应承担信用风险管理的最终责任，负责审议批准涵盖信用风险的公司风险偏好、容忍度等风险管理重大事项，持续关注信用风险状况。

（2）监事会

证券公司监事会应承担信用风险管理的监督责任，负责监督检查董事会和经理层在信用风险管理方面的履职尽责情况并督促整改。

（3）经理层

证券公司经理层应承担信用风险管理的主要责任，负责确定信用风险管理组织架构，明确各部门职责分工；确保公司具有足够的资源，独立、有效地开展信用风险管理工作。如确保信用风险偏好和容忍度等在公司内部的有效沟通、传达和实施；建立完备的管理信息系统或采取相应手段，支持信用风险的识别、评估、监控、应对及全程管理；充分了解风险水平及其管理状况等，并向董事会报告。

（4）首席风险官

证券公司首席风险官负责全面风险管理工作，应充分了解证券公司信用风险水平及其管理状况，并及时向董事会及经理层报告。

（5）相关业务部门

证券公司相关业务部门是业务执行机构，也是信用风险管理的一线主体，负责其经营领域的信用风险管理执行工作，对业务风险进行识别、评估、监控和应对，并将业务风险控制在授权范围内。

6.1.4.4　信用风险评估要求

对涉及信用风险的业务，证券公司应根据业务特点设置合理的准入要求，且至少应该满足以下要求：

①对于融资类业务和场外衍生品业务，证券公司可根据业务开展需要、实际情况和相关监管制度，对融资方、交易对手和标的证券设置准入要求。

②对于债券投资交易，证券公司应根据业务开展需要，对作为投资标的或担保品的债

券，设置针对主体评级或债项评级的内部评级或外部评级准入要求，对逆回购、远期、借贷融出交易的交易对手建立准入管理规则。

③对于非标准化版权资产投资以及创设信用保护工具，证券公司可根据业务开展需要、实际情况和相关监管制度，对项目设置准入要求。

④对于融资类业务，证券公司应对跨部门或跨主体的同一业务制订相对一致的风险管理流程和标准，并遵循"了解你的客户"原则制订同一客户的认定标准，对同一客户的融资类业务进行汇总和监控。

证券公司应当建立健全尽职调查机制。证券公司应根据监管要求、内部实际情况及管理需要确定尽职调查覆盖的业务范围。尽职调查的基本要求如下：

①证券公司应当根据不同业务的特点明确尽职调查报告的格式、内容以及其他辅助文件资料。尽职调查报告应当如实反映相关项目的整体风险状况，不得存在虚假记载、误导性陈述或重大遗漏。

②证券公司应当以书面或电子形式记载和留存尽职调查材料或档案。

6.1.4.5 信用风险控制要求

(1)内部评级管理制度基本要求

证券公司应当建立健全内部评级管理制度，证券公司可根据内部实际情况及管理需要确定内部评级管理制度覆盖的业务范围。内部评级管理的基本要求如下。

①证券公司应建立内部评级体系，内部评级体系应能够有效识别信用风险，具备风险区分能力。

②证券公司应制订内部评级管理制度，明确内部评级操作流程，确保内部评级体系持续有效运作。

③证券公司应当建立与自身业务复杂程度和风险指标体系相适应的内部评级管理工具、方法和标准。

④证券公司应当正确收集和使用评级信息，对收集的资料信息进行评估和归档。以保证其及时性、准确性、完整性。

⑤业务存续期内，证券公司应根据风险状况的变化情况，定期或者不定期进行评级更新，持续关注相关主体信用变化。

(2)证券公司应建立授信管理机制

证券公司应通过综合评价客户资信状况、信用风险和信用需求等因素，结合证券公司自身的风险承受能力，核定客户授信要素，通过对客户授信使用情况监控管理来集中、统一控制客户信用风险暴露。

①证券公司应根据自身业务量大小、管理水平和风险程度等因素，明确授信管理的业务范围，并明确各类授信业务的授权审批机制。证券公司应建立授信的授权管理体系，明确各审批层级以及各级审批人员的权限范围。各级审批人员应在证券公司授予的权限范围内开展授信工作，认真履行职责，严禁越权从事经营活动，通过制度流程、系统等方式，进行有效管理和控制，并确保业务活动受到制衡和监督。

②证券公司应根据业务需要，通过授信限额控制信用风险暴露水平，并运用担保

品、集中度管理、净额结算、保证和信用衍生工具等方式缓释与控制信用风险。

⑤证券公司应根据自身风险承受能力，建立集中度管理机制。对于融资类业务证券公司应针对担保品设置集中度指标，并针对同一客户融资规模建立以净资本为核心的风险控制指标。

6.1.4.6　风险监测报告和预警的相关规定

证券公司应建立信用风险监控、报告及预警机制。

①证券公司应通过设置并监测各类信用风险指标，动态、持续地监控信用风险状况、管理水平及效果。

②证券公司应建立健全存续期业务后续管理和跟踪机制，并明确业务覆盖范围和管理方式。证券公司对存续期业务的管理可采用实地调查、客户访谈、查阅核对、舆情监控等多种方式，以便及时掌握业务风险情况，并根据风险程度采取必要的应对措施。

③证券公司应明确信用风险报告的种类、路线、内容、格式和频率。各报告主体应当根据报告制度规定，及时、准确、真实地提交信用风险报告。证券公司应建立重大信用风险事件报告机制，规范重大信用风险事件报告流程，当发生重大信用风险时，及时掌握重大风险信息，并启动应对处理程序。

④证券公司应根据监管部门或其派出机构等的要求报送与信用风险有关的报告。证券公司应当建立与业务复杂程度和风险指标体系相适应的信息技术系统，可实现对同一业务风险信息的集中管理。证券公司应根据内部管理建立舆情监控机制，确定舆情监控的业务范围和对象。证券公司应建立具备舆情监控功能的信息系统或其他合理有效手段，加强业务存续期间的舆情管理。

6.2　投资者适当性管理

6.2.1　证券经营机构执行投资者适当性的基本原则

向投资者销售证券期货产品或者提供证券期货服务的机构(后文简称经营机构)应当遵守法律、行政法规、《证券期货投资者适当性管理办法》及其他有关规定，在销售产品或者提供服务的过程中，勤勉尽责，审慎履职，全面了解投资者情况，深入调查分析产品或者服务信息，科学有效评估，充分揭示风险，基于投资者的不同风险承受能力以及产品或者服务的不同风险等级等因素，提出明确的适当性匹配意见，将适当的产品或者服务销售或者提供给适合的投资者，并对违法违规行为承担法律责任。

投资者应当在了解产品或者服务情况，听取经营机构适当性意见的基础上，根据自身能力审慎决策，独立承担投资风险。经营机构的适当性匹配意见不表明其对产品或者服务的风险和收益做出实质性判断或者保证。

6.2.2　应了解的投资者信息

了解你的客户是投资者适当性管理工作的核心内容之一。经营机构只有全面了解客户信息，才能根据每个客户的综合情况向其提供适当的金融产品或服务。需了解客户信息范围均包括基本信息、财务状况、投资目标、投资知识、投资经验。根据《证券期货投资者适当性管理办法》的要求，经营机构向投资者销售产品、提供服务时，应当了解投资者的下列信息。

①自然人的姓名、住址、职业、年龄、联系方式，法人或者其他组织的名称、注册地址、办公地址、性质、资质及经营范围等基本信息。

②收入来源和数额、资产、债务等财务状况。

③投资相关的学习、工作经历及投资经验。

④投资期限、品种、期望收益等投资目标。

⑤风险偏好及可承受的损失。

⑥诚信记录。

⑦实际控制投资者的自然人和交易的实际受益人。

⑧法律法规、自律规则规定的投资者准入要求相关信息。

⑨其他必要信息。

6.2.3 普通投资者享有特别保护的规定

根据《证券期货投资者适当性管理办法》的规定，投资者分为普通投资者与专业投资者。普通投资者在信息告知、风险警示、适当性匹配等方面享有特别保护。

6.2.3.1 信息告知

经营机构及其从业人员面向普通投资者销售金融产品、提供投资服务时应当确保所告知的信息真实、准确、完整，并采取通俗易懂的方式向普通投资者进行介绍，帮助普通投资者理解产品或服务的风险等级、投资标的和结构、收益以及风险特征等，以帮助普通投资者选择适当的金融产品或服务。

经营机构向普通投资者销售产品或者提供服务前，应当告知下列信息：

①可能直接导致本金亏损的事项。

②可能直接导致超过原始本金损失的事项。

③因经营机构的业务或者财产状况变化，可能导致本金或者原始本金亏损的事项。

④因经营机构的业务或者财产状况变化，影响客户判断的重要事由。

⑤限制销售对象权利行使期限或者可解除合同期限等全部限制内容。

⑥适当性匹配意见。

6.2.3.2 风险警示

经营机构对投资者进行告知、警示，内容应当真实、准确、完整，不存在虚假记载、误导性陈述或者重大遗漏，语言应当通俗易懂；告知、警示应当采用书面形式送达投资者，并由其确认已充分理解和接受。

6.2.3.3 适当性匹配

经营机构及其从业人员应当针对普通投资者及其选择的产品或服务的信息变化情况，提供明确具体适当性匹配意见，并通过书面或电子的方式进行留痕。当经营机构与普通投资者发生纠纷的，经营机构应当提供相关资料，证明其已向投资者履行相应义务。

6.2.4　专业投资者的范围

6.2.4.1　专业投资者的条件

符合下列条件之一的是专业投资者：

经有关金融监管部门批准设立的金融机构，包括证券公司、期货公司、基金管理公司及其子公司、商业银行、保险公司、信托公司、财务公司等；经行业协会备案或者登记的证券公司子公司、期货公司子公司、私募基金管理人。

上述机构面向投资者发行的理财产品，包括但不限于证券公司资产管理产品、基金管理公司及其子公司产品、期货公司资产管理产品、银行理财产品、保险产品、信托产品、经行业协会备案的私募基金。

社会保障基金、企业年金等养老基金，慈善基金等社会公益基金，合格境外机构投资者，人民币合格境外机构投资者。

同时符合下列条件的法人或者其他组织：最近 1 年年末净资产不低于人民币 2000 万元；最近 1 年年末金融资产不低于人民币 1000 万元；具有 2 年以上证券、基金、期货、黄金、外汇等投资经历。

同时符合下列条件的自然人：金融资产不低于人民币 500 万元，或者最近 3 年个人年均收入不低于人民币 50 万元；具有 2 年以上证券、基金、期货、黄金、外汇等投资经历，或者具有 2 年以上金融产品设计、投资、风险管理及相关工作经历，或者属于第①项规定的专业投资者的高级管理人员、获得职业资格认证的从事金融相关业务的注册会计师和律师。

6.2.4.2　普通投资者与专业投资者的相互转化

普通投资者和专业投资者在一定条件下可以互相转化。符合上述第④⑤项规定的专业投资者，可以书面告知经营机构选择成为普通投资者，经营机构应当对其履行相应的适当性义务。符合下列条件之一的普通投资者可以申请转化成为专业投资者，但经营机构有权自主决定是否同意其转化：

最近 1 年年末净资产不低于人民币 1000 万元，最近 1 年年末金融资产不低于人民币 500 万元，且具有 1 年以上证券、基金、期货、黄金、外汇等投资经历的除专业投资者外的法人或其他组织。

金融资产不低于人民币 300 万元或者最近 3 年个人年均收入不低于人民币 30 万元，且具有 1 年以上证券、基金、期货、黄金、外汇等投资经历或者 1 年以上金融产品设计、投资、风险管理及相关工作经历的自然人投资者。

本章思考题

(1) 简述首席风险官的履职保障。

(2) 简述信用风险的业务类型。

(3) 简述专业投资者应符合的条件。

(4) 简述普通投资者受到保护的方面。

(5) 简述普通投资者和专业投资者的区别。

案例分析 6：

证券公司投资者适当性管理欠缺被处罚

证券公司分公司投资者适当性管理存在欠缺，如未对个别投资者进行风险测评、个别风险测评结果明显与投资者风险承受能力不匹配等。证券监管部门针对上述违规问题，根据《证券期货投资者适当性管理办法》第三十七条的规定，对该证券公司分公司及其负责人采取出具警示函的行政监管措施。

讨论：

(1) 简述经营机构向普通投资者销售产品或提供服务前应告知的信息。

(2) 简述该案例对证券公司的启示。

第7章 证券公司业务规范

学习目标

(1)掌握违反证券发行与承销有关规定的法律责任。
(2)熟悉证券发行上市保荐业务的一般规定。
(3)熟悉监管部门对证券发行与承销的监管措施。
(4)掌握融资融券业务合同及风险揭示书的基本内容。
(5)熟悉融资融券业务所形成的债权担保的有关规定。
(6)掌握证券自营业务投资范围的规定。
(7)掌握证券自营业务相关风险控制指标。
(8)了解证券公司发行与承销业务的主要法律法规。
(9)了解证券公司信用业务的主要法律法规。
(10)了解证券自营业务操作的基本要求。

7.1 证券承销与保荐

7.1.1 证券公司发行与承销业务的主要法律法规

证券公司发行与承销业务的主要法律、行政法规包括《公司法》《证券法》《证券公司监督管理条例》《企业债券管理条例》等。

7.1.1.1 证券发行上市的主要部门规章、规范性文件及自律规则

证券发行上市的部门规章、规范性文件主要包括《证券发行上市保荐业务管理办法》《首次公开发行股票注册管理办法》《上市公司证券发行注册管理办法》《上海证券交易所股票上市规则》《上海证券交易所科创板股票上市规则》《深圳证券交易所股票上市规则》《深圳证券交易所创业板股票上市规则》《北京证券交易所股票上市规则(试行)》《证券公司投资银行类业务内部控制指引》《保荐人尽职调查工作准则》《证券公司保荐业务规则》《证券发行上市保荐业务工作底稿指引》等。

7.1.1.2 证券发行承销的主要部门规章、规范性文件及自律规则

证券发行承销的主要部门规章、规范性文件及业务规则主要包括《证券发行与承销管理办法》《上海证券交易所首次公开发行证券发行与承销业务实施细则》《深圳证券交易所首次公开发行证券发行与承销业务实施细则》《深圳证券交易所上市公司证券发行与承销业务实施细则》《北京证券交易所证券发行与承销管理细则》《首次公开发行证券承销业务规则》等。

7.1.1.3 债券发行与承销的主要部门规章、规范性文件及自律规则

公司债券发行与承销业务的主要部门规章、规范性文件及自律规则包括《公司债券发行与交易管理办法》《非公开发行公司债券项目承接负面清单指引》《公司债券承销业务规范》《公司债券承销业务尽职调查指引》《公司信用类债券信息披露管理办法》等。

7.1.1.4 其他主要部门规章规范性文件及自律规则

企业债券、金融债券、非金融企业债务融资工具发行与承销业务的主要部门规章及规范性文件包括《企业债券管理条例（2011 年修订）》《优质企业债券发行信息披露指引》《企业债券审核工作规则（试行）》《全国银行间债券市场金融债券发行管理办法》《全国银行间债券市场金融债券发行管理操作规程》《银行间债券市场非金融企业债务融资工具管理办法》《非金融企业债务融资工具主承销商尽职调查指引（2020 年修订）》《非金融企业债务融资工具注册发行规则》等。

7.1.2 证券发行上市保荐业务的一般规定

7.1.2.1 《证券发行上市保荐业务管理办法》

证券公司从事证券发行上市保荐业务，应依照本办法规定向中国证监会申请保荐业务资格。未经中国证监会核准，任何机构不得从事保荐业务。

保荐机构及其保荐代表人、其他从事保荐业务的人员应当遵守法律、行政法规和中国证监会、证券交易所、中国证券业协会的相关规定，恪守业务规则和行业规范，诚实守信，勤勉尽责，尽职推荐发行人证券发行上市，持续督导发行人履行规范运作、信守承诺、信息披露等义务。保荐机构及其保荐代表人、其他从事保荐业务的人员不得通过从事保荐业务谋取任何不当得利。

同时发行的证券，其发行保荐和上市保荐应当由同一保荐机构承担。保荐机构依法对发行人申请文件、证券发行募集文件进行核查，并向中国证监会、证券交易所出具保荐意见。保荐机构应当保证所出具的文件真实准确完整，证券发行规模达到一定数量的可以采用联合保荐，但参与联合保荐的保荐机构不得超过 2 家。

发行人及其控股股东、实际控制人、董事、监事、高级管理人员，为证券发行上市制作、出具有关文件的律师事务所、会计师事务所、资产评估机构等证券服务机构及其签字人员，应当依据法律、行政法规以及中国证监会、证券交易所的规定，协同保荐机构及其保荐代表人履行保荐职责，并承担相应的责任。保荐机构及其保荐代表人履行保荐职责，无法减轻或者免除发行人及其控股股东、实际控制人、董事、监事、高级管理人员、证券服务机构及其签字人员的责任。

中国证监会依法对保荐机构及其保荐代表人、其他从事保荐业务的人员实施监督管理。证券交易所、中国证券业协会对保荐机构及其保荐代表人、其他从事保荐业务的人员开展自律管理。

保荐机构应当针对发行人的具体情况，确定证券发行上市后持续督导的内容，督导发行人履行有关上市公司规范运作、信守承诺和信息披露等义务，审阅信息披露文件及向中国证监会、证券交易所提交的其他文件，并承担下列工作：

①督导发行人有效执行并完善防止控股股东、实际控制人、其他关联方违规占用发行人资源的制度。

②督导发行人有效执行并完善防止其董事、监事、高级管理人员利用职务之便损害发行人利益的内控制度。

③督导发行人有效执行并完善保障关联交易公允性和合规性的制度，并对关联交易发表意见。

④持续关注发行人募集资金的专户存储、投资项目的实施等承诺事项。

⑤持续关注发行人为他人提供担保等事项，并发表意见。

⑥中国证监会、证券交易所规定及保荐协议约定的其他工作。

7.1.2.2 《证券发行与承销管理办法》

首次公开发行股票，可以通过向网下投资者询价的方式确定股票发行价格，也可以通过发行人与主承销商自主协商直接定价等其他合法可行的方式确定发行价格。公开发行股票数量在 2000 万股(含)以下且无老股转让计划的，可以通过直接定价的方式确定发行价格。发行人和主承销商应当在招股意向书(或招股说明书，下同)和发行公告中披露本次发行股票的定价方式。上市公司发行证券的定价，应当符合中国证监会关于上市公司证券发行的有关规定。

首次公开发行股票采用直接定价方式的，全部向网上投资者发行，不进行网下询价和配售。首次公开发行股票采用询价方式的，公开发行后总股本在 4 亿股(含)以下的，网下初始发行比例不低于本次公开发行股票数量的 60%；公开发行后总股本超过 4 亿股的，网下初始发行比例不低于本次公开发行股票数量的 70%。其中，应当安排不低于本次网下发行股票数量的 40%优先向通过公开募集方式设立的证券投资基金(后文简称“公募基金”)、全国社会保障基金(后文简称“社保基金”)和基本养老保险基金(后文简称“养老金”)配售，安排一定比例的股票向根据《企业年金基金管理办法》设立的企业年金基金和符合《保险资金运用管理暂行办法》等相关规定的保险资金(后文简称“保险资金”)配售。公募基金、社保基金、养老金、企业年金基金和保险资金有效申购不足安排数量的，发行人和主承销商可以向其他符合条件的网下投资者配售剩余部分。对网下投资者进行分类配售的，同类投资者获得配售的比例应当相同。公募基金、社保金、养老金、企业年金基金和保险资金的配售比例应当不低于其他投资者。向战略投资者配售股票的，应当扣除向战略投资者配售部分后确定网下网上发行比例。网下投资者可与发行人和主承销商自主约定网下配售股票的持有期限并公开披露。

首次公开发行股票的网下发行应和网上发行同时进行，网下和网上投资者在申购时无需缴付申购资金。

7.1.2.3 首次公开发行股票承销业务规范

承销商应当保留承销过程中的相关资料并存档备查，相关资料至少保存 3 年承销过程中的相关资料包括但不限于以下资料：

①路演推介活动及询价过程中的推介或宣传材料、投资价值研究报告、路演记录、路演录音等。

②定价与配售过程中的投资者报价信息、申购信息、获配信息。获配信息包括但不限于投资者名称、获配数量、证券账户号码及身份证明文件等。

③确定网下投资者条件、发行价格或发行价格区间、配售结果等的决策文件。

④信息披露文件与申报备案文件。

⑤其他和发行与承销过程相关的文件或承销商认为有必要保留的文件。

7.1.2.4 证券发行与承销信息披露的有关规定

此标题下所称证券仅指首次公开发行股票、向不特定合格投资者公开发行股票并在北交所上市、上市公司发行新股或可转换公司债券、公开发行存托凭证等。

(1)披露信息的总体要求

发行人和主承销商在发行过程中，应当按照中国证监会规定的要求编制信息披露文件，履行信息披露义务。发行人和承销商在发行过程中披露的信息，应当真实、准确、完整、及时，不得有虚假记载、误导性陈述或者重大遗漏。

(2)信息披露时点要求

首次公开发行股票申请文件受理后至发行人发行申请经中国证监会核准、依法刊登招股意向书前，发行人及与本次发行有关的当事人不得采取任何公开方式或变相公开方式进行与股票发行相关的推介活动，也不得通过其他利益关联方或委托他人等方式进行相关活动。

首次公开发行股票招股意向书刊登后，发行人和主承销商可以向网下投资者进行推介和询价，并通过互联网等方式向公众投资者进行推介。发行人和主承销商向公众投资者进行推介时，向公众投资者提供的发行人信息的内容及完整性应与向网下投资者提供的信息保持一致。

(3)信息披露的一般要求

发行人和主承销商在推介过程中不得夸大宣传，或以虚假广告等不正当手段诱导、误导投资者，不得披露除招股意向书等公开信息以外的发行人其他信息。承销商应当保留推介、定价、配售等承销过程中的相关资料至少3年并存档备查，包括推介宣传材料、路演现场录音等，如实、全面反映询价、定价和配售过程。

发行人和主承销商在发行过程中公告的信息只需选择一家中国证监会指定的报刊披露，同时将其刊登在中国证监会指定的互联网网站，并置备于中国证监会指定的场所，供公众查阅。

发行人披露的招股意向书除含发行价格、筹资金额以外，其内容与格式应当与招股说明书一致，并与招股说明书具有同等法律效力。

(4)信息披露的具体内容

在招股意向书刊登首日，于发行公告里披露发行定价的方式、程序、参与网下询价投资者的条件、股票配售的原则、方式、有效报价的确定办法、中止发行的安排、发行时间的安排以及路演推介等相关信息；若发行人股东拟进行老股转让，还需披露预计老股转让的数量上限、老股转让股东的名称以及各自转让老股的数量，并明确新股发行与老股转让数量的调整机制。

在网上申购前公开每位网下投资者的详细报价状况，涵盖投资者名称、申购价格以及对应的拟申购数量；披露剔除最高报价的有关情况；公布剔除最高报价部分后网下投资者报价的中位数和加权平均数，还有公募基金报价的中位数和加权平均数；说明有效报价和发行价格(或发行价格区间)的确定过程；展示发行价格(或发行价格区间)及其对应的市盈率；公开网下和网上的发行方式与发行数量；明确回拨机制；阐明中止发行安排；告知申购缴款要求等。已公告老股转让方案的，还应披露老股转让和新股发行的确定数量、老股转让股东名称及各自转让老股数量，并提示投资者关注，发行人将不会获得老股转让部分的所得资金。按照发行价格计算的预计募集资金总额若低于拟以本次募集资金投资的项目金额，还应披露相关投资风险。

公告的发行价格(或发行价格区间上限)市盈率高于同行业上市公司二级市场平均市盈率，发行人和主承销商应当在披露发行价格的同时，于投资风险特别公告中明示该定价可能存在估值过高给投资者带来损失的风险，提醒投资者关注。内容至少包括：对比分析发行人与同行业上市公司的差异及该差异对估值的影响，提请投资者留意发行价格与网下投资者报价之间存在的差异；提请投资者关注投资风险，审慎研判发行定价的合理性，理性作出投资决策。

在发行结果公告中，需披露获配机构投资者的名称、个人投资者的个人信息，还有每个获配投资者的报价、申购数量以及获配数量等，并清晰说明自主配售的结果是否与事先公布的配售原则相符；对于那些提供了有效报价但未参与申购，或者实际申购数量显著少于报价时拟申购量的投资者，应当列表予以公示，并重点加以说明；在缴款后的发行结果公告里，需要披露网上、网下投资者获配但未缴款的金额以及主承销商的包销比例，同时列表公示获得配售但未足额缴款的网下投资者；发行完成后，还应当披露保荐费用、承销费用、其他中介费用等发行费用的相关信息。

向战略投资者配售股票的，应当在网下配售结果公告中披露战略投资者的名称和认购数量及持有期限等情况。

上述信息中，网上申购前每位网下投资者的详细报价情况及发行结果公告中，网下投资者的情况只需刊登在中国证监会指定的互联网网站。

(5)信息披露的其他规定

发行人和主承销商在披露发行市盈率时，必须同时披露其计算方式。在开展行业市盈率的比较分析时，应当依照中国证监会有关上市公司行业分类指引中所制定的行业分类标准来确定发行人的行业归属，并对行业归属的依据加以分析说明。当存在多个市盈率口径时，应当全面罗列可供选择的比较基准，并且要依据审慎、充分提示风险的原则来选取和披露行业平均市盈率。发行人还能够同时披露市净率等能够反映发行人所在行业特点的估值指标。

7.1.3　监管部门对证券发行与承销的监管措施

保荐机构、保荐业务负责人、内核负责人或者保荐业务部门负责人在一个自然年度内被采取上述监管措施累计 5 次以上，中国证监会可以暂停保荐机构的保荐业务 3 个月，依法责令保荐机构更换保荐业务负责人、内核负责人或者保荐业务部门负责人。

保荐代表人在2个自然年度内被采取上述监管措施累计2次以上，中国证监会可以依法对相关保荐代表人采取认定为不适当人选6个月的监管措施。

发行人及其控股股东和实际控制人、证券公司、证券服务机构、投资者及其直接负责的主管人员和其他直接责任人员有失诚信，存在其他违反法律、行政法规或相关规定的行为的，中国证监会可以视情节轻重采取责令改正、监管谈话、出具警示函、责令公开说明等监管措施；情节严重的，可以对有关责任人员采取证券市场禁入措施；依法应予行政处罚的，依照有关规定进行处罚；涉嫌犯罪的，依法移送司法机关，追究其刑事责任。

7.1.4 违反证券发行与承销有关规定的法律责任

保荐人出具有虚假记载、误导性陈述或者重大遗漏的保荐书，或者不履行其他法定职责的，证监会可依法对其进行责令改正，给予警告，没收业务收入，并处以业务收入1倍以上10倍以下的罚款；无收入或不足100万元的，处以100万元以上1000万元以下的罚款；情节严重的，并处暂停或者撤销保荐业务许可。可对直接负责的主管人员以及其他直接负责人，予以警告，并处以50万元以上500万元以下的罚款。

信息披露义务人未按照相关法规规定报送有关报告或者履行信息披露义务的，责令改正，给予警告，并处以50万元以上500万元以下的罚款；对直接负责的主管人员和其他直接责任人员给予警告，并处以20万元以上200万元以下的罚款。发行人的控股股东、实际控制人组织、指使从事上述违法行为，或者隐瞒相关事项导致发生上述情形的，处以50万元以上500万元以下的罚款；对直接负责的主管人员和其他直接责任人员，处以20万元以上200万元以下的罚款。

违反相关法律法规，擅自公开或者变相公开发行证券的，责令停止发行，退还所募资金并加算银行同期存款利息，处以非法所募资金金额5%以上50%以下的罚款；对擅自公开或者变相公开发行证券设立的公司，由依法履行监督管理职责的机构或者部门会同县级以上地方人民政府予以取缔。对直接负责的主管人员和其他直接责任人员给予警告，并处以50万元以上500万元以下的罚款。

7.2 证券公司融资融券及其他信用业务

7.2.1 证券公司信用业务的主要法律法规

证券公司信用业务的主要法律法规包括：一是法律、行政法规，如《证券法》明确经国务院证券监督管理机构批准，证券公司可以为客户买卖证券提供融资融券服务，证券公司监督管理条例对证券公司融资融券业务做出一般性规定。二是部门规章及规范性文件，如《证券公司融资融券业务管理办法》《上海证券交易所融资融券交易实施细则》，《深圳证券交易所融资融券交易实施细则》《证券公司融资融券业务内部控制指引》《转融通业务监督管理试行办法》《上海证券交易所转融通证券出借交易实施办法(试行)》《深圳证券交易所转融通证券出借交易实施办法(试行)》《中国证券登记结算有限责任公司证券出借及转融通登记结算业务规则(试行)》《股票质押式回购交易及登记结算业务办法》《约定购回式证券交易及登记结算业务办法》《质押式报价回购交易及登记结算业务办法》等。

7.2.2　融资融券业务

7.2.2.1　基本原则

(1)合法合规原则

证券公司开展融资融券业务，必须经中国证监会批准，未经中国证监会批准，任何证券公司不得向客户融资、融券，也不得为客户与客户、客户与他人之间的融资融券活动提供任何便利和服务。应当遵守法律、行政法规和《证券公司融资融券业务管理办法》的规定，加强内部控制，严格防范和控制风险，切实维护客户合法权益。

证券公司向客户融资，应当使用自有资金或者依法筹集的资金；向客户融券，应当使用自有证券或者依法取得处分权的证券。

(2)集中管理原则

证券公司应当对融资融券业务实行集中统一管理。融资融券业务的决策和主要管理职责应当由证券公司总部承担。

证券公司应当建立融资融券业务的决策与授权体系。融资融券业务的决策与授权体系原则上按照“董事会—业务决策机构—业务执行部门—分支机构”的架构设立和运行。董事会负责制定融资融券业务的基本管理制度，决定与融资融券业务有关的部门设置及各部门职责，确定融资融券业务的总规模。

证券公司应当加强对分支机构融资融券业务活动的控制，禁止分支机构未经总部批准向客户融资、融券，禁止分支机构自行决定签约、开户、授信、收取保证金等应当由总部决定的事项。

(3)独立运行原则

证券公司应当健全业务隔离制度，确保融资融券业务与证券资产管理、证券自营、投资银行等业务在机构、人员、信息、账户等方面相互分离。

(4)岗位分离原则

证券公司融资融券业务的前、中、后台应当相互分离、相互制约，各主要环节应当分别由不同的部门和岗位负责，负责风险监控和业务稽核的部门和岗位应当独立于其他部门和岗位。分管融资融券业务的高级管理人员不得兼管风险监控部门和业务稽核部门。

7.2.2.2　证券公司融资融券业务资格应具备的条件

《证券公司融资融券业务管理办法》规定，证券公司申请融资融券业务资格，应当具备下列条件：

①具有证券经纪业务资格。

②公司治理健全，内部控制有效，能有效识别、控制和防范业务经营风险和内部管理风险。

③公司最近2年内不存在因涉嫌违法违规正被中国证监会立案调查或者正处于整改期间的情形。

④财务状况良好，最近2年各项风险控制指标持续符合规定，注册资本和净资本符合增加融资融券业务后的规定。

⑤客户资产安全、完整，客户交易结算资金第三方存管有效实施，客户资料完整真实。

⑥已建立完善的客户投诉处理机制，能够及时、妥善处理与客户之间的纠纷。

⑦已建立符合监管规定和自律要求的客户适当性制度，实现客户与产品的适当性匹配管理。

⑧信息系统安全稳定运行，最近1年未发生因公司管理问题导致的重大事件，融资融券业务技术系统已通过证券交易所、证券登记结算机构组织的测试。

⑨有拟负责融资融券业务的高级管理人员和适当数量的专业人员。

⑩中国证监会规定的其他条件。

7.2.2.3 证券融资业务的账户体系

(1)证券公司信用账户体系

证券公司经营融资融券业务，应当以自己的名义，在证券登记结算机构分别开立融券专用证券账户、客户信用交易担保证券账户、信用交易证券交收账户和信用交易资金交收账户。

融券专用证券账户，用于记录证券公司持有的拟向客户融出的证券和客户归还的证券，该账户不得用于证券买卖。

客户信用交易担保证券账户，用于记录客户委托证券公司持有、担保证券公司因向客户融资融券所产生的债券。

信用交易证券交收账户，用于客户融资融券交易的证券结算。

信用交易资金交收账户，用于客户融资融券交易的资金结算。

(2)证券公司在商业银行开设的信用账户

证券公司经营融资融券业务，应当以自己的名义，在商业银行分别开立融资专用资金账户和客户信用交易担保资金账户。

①融资专用资金账户。用于存放证券公司拟向客户融出的资金及客户归还的资金。

②客户信用交易担保资金账户。用于存放客户交存的、担保证券公司因向客户融资融券所发生债权的资金。

根据沪、深证券交易所《融资融券交易实施细则》，证券公司按照相关规定开立融券专用证券账户、客户信用交易担保证券账户、融资专用资金账户及客户信用交易担保资金账户后，应在开户后3个交易日内报交易所备案。

(3)客户信用账户

证券公司与客户签订融资融券合同后，应当根据客户的申请，按照证券登记结算机构的规定，为其开立实名信用证券账户。客户信用证券账户与其普通证券账户的开户人姓名或者名称应当一致。客户信用证券账户是证券公司客户信用交易证券账户的二级账户，用于记载客户委托证券公司持有的担保证券的明细数据。证券公司应当委托证券登记结算机构根据清算、交收结果等，对客户信用证券账户内的数据进行变更。客户用于 1 家证券交易所上市证券交易的信用证券账户只能有 1 个。

证券公司应当参照客户交易结算资金第三方存管的方式，与其客户及商业银行签订客户信用资金存管协议。证券公司在与客户签订融资融券合同后，应当通知商业银行根据客户的申请，为其开立实名信用资金账户。客户信用资金账户是证券公司客户信用交易担保资金账户的二级账户，用于记载客户交存的担保资金的明细数据。商业银行根据证券公司提供的清算、交收结果等，对客户信用资金账户内的数据进行变更。

客户在证券公司完成信用证券账户和信用资金账户的开户后，应向证券公司提交不低于交易所和证券公司规定比例的融资融券保证金。保证金应为现金或上市证券，上市证券的品种和折算率应符合交易所和证券公司的规定。

（4）风险揭示书

①提示客户注意融资融券交易具有普通证券交易所具有的政策风险、市场风险、违约风险、系统风险等各种风险，以及其特有的投资风险放大等风险。

②提示客户在开户从事融资融券交易前，必须了解所在的证券公司是否具有开展融资融券业务的资格。

③提示客户在从事融资融券交易期间，如果不能按照约定的期限清偿债务，或上市证券价格波动导致担保物价值与其融资融券债务之间的比例低于维持担保比例，且不能按照约定的时间、数量追加担保物时，将面临担保物被证券公司强制平仓的风险。

④提示客户在从事融资融券交易期间，如果其信用资质状况降低，证券公司会相应降低对其的授信额度，或者证券公司提高相关警戒指标、平仓指标所产生的风险，可能会给客户造成经济损失。

⑤提示客户在从事融资融券交易期间，如果中国人民银行规定的同期金融机构贷款基准利率调高，证券公司将相应调高融资利率或融券费率，客户将面临融资融券成本增加的风险。

⑥提示客户在从事融资融券交易期间，如果因自身原因导致其资产被司法机关采取财产保全或强制执行措施，或者出现丧失民事行为能力、破产、解散等情况时，客户将面临被证券公司提前了结融资融券交易的风险，可能会给客户造成经济损失。

⑦提示客户在从事融资融券交易期间，如果发生融资融券标的证券范围调整、标的证券暂停交易或终止上市等情况，客户将可能面临被证券公司提前了结融资融券交易的风险，可能会给客户造成经济损失。

⑧提示客户在从事融资融券交易期间，证券公司将以《融资融券合同》约定的通知与送达方式及通讯地址，向客户发送通知。通知发出并经过约定的时间后，将视作证券公司已履行对客户的通知义务。客户无论因何种原因没有及时收到有关通知，都会面临担保物被证券公司强制平仓的风险，可能会给客户造成经济损失。

⑨提示客户应妥善保管信用账户卡、身份证件和交易密码等资料，如客户将信用账户、身份证件、交易密码等出借给他人使用，由此造成的后果由客户承担。

⑩除上述9项风险提示外，各证券公司还可以根据具体情况在其制定的《融资融券交易风险揭示书》中对融资融券交易存在的风险进一步列举。

7.2.2.4 融资融券业务所涉债权担保的基本规定

证券公司向客户融资、融券时，应当向客户收取一定比例的保证金。保证金除了现金形式外，还能够用证券来充抵。证券公司需要将收取的保证金以及客户融资买入的全部证券和融券卖出所得的全部价款，分别存放在客户信用交易担保证券账户和客户信用交易担保资金账户之中，以此作为针对该客户融资融券所产生债权的担保物。

证券公司应当在满足证券交易所规定的基础上，依照客户的信用状况、担保物质量等情形，与客户约定最低的维持担保比例、补足担保物的期限以及违约处置的方式等。

证券公司应当每天计算客户交存的担保物价值与其所欠债务的比例。当这一比例低于约定的维持担保比例时，应当通知客户在约定的期限内补交担保物，客户经过证券公司认可后，可以提交除可充抵保证金证券之外的其他证券、不动产、股权等资产。

如果客户未能按照规定按期交足担保物或者到期未偿还债务，证券公司能够依照约定处置其担保物。保证金比例和可充抵保证金的证券的种类、折算率，最低维持担保比例以及客户补交担保物的期限，由证券交易所予以规定，并且证券交易所应当针对可充抵保证金的各类证券制定不同的折算率要求。

7.2.2.5 标的证券的管理规定

《上海证券交易所融资融券交易实施细则》明确，在本所上市交易的下述证券，得到本所认可后，能够作为融资买入或融券卖出的标的证券：股票、证券投资基金、债券、其他证券。

(1)标的证券为股票的

应当符合下列条件：

①在本所上市交易超过3个月。科创板与实施注册制的创业板股票上市首日即可成为标的证券。

②融资买入标的股票的流通股本不少于1亿股或流通市值不低于5亿元人民币，融券卖出标的股票的流通股本不少于2亿股或流通市值不低于8亿元人民币。

③股东人数不少于4000人。

④在最近3个月内没有出现下列情形之一：日均换手率低于基准指数日均换手率的15%，且日均成交金额小于5000万元人民币；日均涨跌幅平均值与基准指数涨跌幅平均值的偏离值超过4%；波动幅度达到基准指数波动幅度的5倍以上。

⑤股票发行公司已完成股权分置改革。

⑥股票交易未被本所实施风险警示。

⑦本所规定的其他条件。

(2)标的证券为交易型开放式指数基金的

应当符合下列条件：①上市交易超过5个交易日；②最近5个交易日内的日平均资产

规模不低于 5 亿元人民币；③基金持有户数不少于 2000 户；④本所规定的其他条件。

(3) 标的证券为上市开放式基金的

应当符合下列条件：①上市交易超过 5 个交易日；②最近 5 个交易日内的日平均资产规模不低于 5 亿元人民币；③基金持有户数不少于 2000 户；④基金份额不存在分拆、合并等分级转换情形；⑤本所规定的其他条件。

(4) 标的证券为债券的

应当符合下列条件：①债券托管面值在 1 亿元以上；②债券剩余期限在一年以上；③债券信用评级达到 AA 级(含)以上；④本所规定的其他条件。

交易所按照从严到宽、从少到多、逐步扩大的原则，从满足上述规定的证券范围内选取和确定标的证券的名单，并向市场公布。

标的股票交易被实施风险警示的，交易所自该股票被实施风险警示当日起将其调整出标的证券范围。证券被调整出标的证券范围的，在调整实施前未了结的融资融券合约仍然有效。证券公司与其客户可以根据双方约定提前了结相关融资融券合约。

7.2.2.6　保证金和担保物的管理规定

(1) 可充抵保证金的证券的折算率

具有会员资格的证券公司(后文简称“会员”)向客户融资、融券，应当向客户收取一定比例的保证金。保证金可以向本所上市交易的股票、证券投资基金、债券，货币市场基金证券公司现金管理产品及本所认可的其他证券冲抵。

可充抵保证金的证券，在计算保证金金额时应当以证券市值或净值按下列折算率进行折算：

①上证 180 指数成分股股票的折算率最高不超过 70%，其他 A 股股票折算率最高不超过 65%。

②交易型开放式指数基金折算率最高不超过 90%。

③证券公司现金管理产品、货币市场基金、国债折算率最高不超过 95%。

④被实施风险警示、暂停上市、进入退市整理期的证券、静态市盈率在 300 倍以上或者为负数的 A 股股票，以及权证的折算率为 0。

⑤其他上市证券投资基金和债券折算率最高不超过 80%。

本所遵循审慎原则，审核、选取确定可冲抵保证金证券的名单，并向市场公布。本所可以根据市场情况调整可充抵保证金证券的名单和折算率。

会员公布的可充抵保证金证券的名单，不得超出本所公布的可充抵保证金证券范围。会员应当根据流动性、波动性等指标对可充抵保证金证券的折算率实行动态化管理与差异化控制。会员公布的可充抵保证金证券的折算率，不得高于本所规定的标准。

深圳证券交易所规定，深证 100 指数成分股股票的折算率最高超过 70%，非深证 100 指数成分股股票的折算率最高不超过 65%。

(2) 融资融券保证金比例及其计算

投资者融资买入证券时，融资保证金比例不得低于 100%。融资保证金比例是指投资者融资买入时交付的保证金与融资交易金额的比例，计算公式为：

融资保证金比例=保证金/(融资买入证券数量×买入价格)×100%　　(7-1)

投资者融券卖出时，融券保证金比例不得低于50%。融券保证金比例是指投资者融券卖出时交付的保证金与融券交易金额的比例计算公式为：

融券保证金比例=保证金/(融券卖出证券数量×卖出价格)×100%　　(7-2)

(3)保证金可用余额及其计算

投资者融资买入或融券卖出时所使用的保证金不得超过其保证金可用余额。保证金可用余额是指投资者用于充抵保证金的现金、证券市值及融资融券交易产生的浮盈经折算后形成的保证金总额，减去投资者未了结融资融券交易已占用保证金和相关利息、费用的余额。其计算公式为：

保证金可用余额=现金+∑(可充抵保证金的证券市值×折算率)+∑[(融资买入证券市值-融资买入金额)×折算率]+∑[(融券卖出金额-融券卖出证券市值)×折算率]-∑融券卖出金额-∑融资买入证券金额×融资保证金比例-∑融券卖出证券市值×融券保证金比例-利息及费用　　(7-3)

公式中：

融券卖出金额=融券卖出证券的数量×卖出价格　　(7-4)

融券卖出证券市值=融券卖出证券数量×市价　　(7-5)

融券卖出证券数量指融券卖出后尚未偿还的证券数量。"∑[(融资买入证券市值-融资买入金额)×折算率]"和"∑[(融券卖出金额-融券卖出证券市值)×折算率]"中的折算率是指融资买入、融券卖出证券对应的折算率，当融资买入证券市值低于融资买入金额或融券卖出证券市值高于融券卖出金额时，折算率按100%计算。

(4)客户担保物及其监控与管理

会员向客户收取的保证金以及客户融资买入的全部证券和融券卖出所得全部资金整体作为客户对会员融资融券产生债务的担保物。

会员应当对客户提交的担保物进行整体监控，并计算其维持担保比例。维持担保比例是指客户担保物价值与其融资融券债务之间的比例，计算公式为：

维持担保比例=(现金+信用证券账户内证券市值总和+其他担保物价值)/(融资买入金额+融券卖出证券数量×当前市价+利息及费用总和)　　(7-6)

公式中，其他担保物是指客户维持担保比例低于最低维持担保比例时，客户经会员认可后提交的除现金及信用证券账户内证券以外的其他担保物，其价值根据会员与客户约定的估值方式计算或双方认可的估值结果确定。

客户信用证券账户内的证券，出现被调出可充抵保证金证券范围、被暂停交易、被实施风险警示等特殊情形或者因权益处理等产生尚未到账的在途证券，会员在计算客户维持担保比例时，可以根据与客户的约定按照公允价格或其他定价方式计算其市值。会员应当根据市场情况、客户资信和公司风险管理能力等因素，审慎评估并与客户约定最低维持担保比例要求。当客户维持担保比例低于最低维持担保比例时，会员应当通知客户在约定的期限内追加担保物，客户经会员认可后，可以提交除可充抵保证金证券外的其他证券、不动产、股权等依法可以担保的财产或财产权利作为其他担保物。会员可以与客户自行约定追加担保物后的维持担保比例要求。

仅计算现金及信用证券账户内证券市值总和的维持担保比例超过 300%时，客户可以提取保证金可用余额中的现金、冲抵保证金的证券，但提取后仅计算现金及信用证券账户内证券市值总和的维持担保比例不得低于 300%。维持担保比例超过会员与客户约定的数值时，客户可以解除其他担保物的担保，但解除担保后的维持担保比例不得低于会员与客户约定的数值。本所对提取现金、冲抵保证金的证券，或解除其他担保物的担保另有规定的除外。

必要时，可以调整融资、融券保证金比例及维持担保比例的标准，并向市场公布会员公布的融资保证金比例、融券保证金比例及维持担保比例，不得低于本所规定的标准。投资者不得将已设定担保或其他第三方权利及被采取查封、冻结等司法强制措施的证券提交为担保物，会员不得向客户借出此类证券。

会员应当加强对客户担保物的监控与管理，对客户提交的担保物中单一证券市值占其担保物市值比例进行监控。客户担保物中单一证券市值占比达到一定比例时，会员应当按照与客户的约定，暂停接受其融资买入该证券的委托或采取其他风险控制措施。

7.2.2.7　监管部门对融资融券业务的监管措施

(1)证券交易所的监管

证券交易所可以对单一证券的市场融资买入量、融券卖出量和担保物持有量占其市场流通量的比例、融券卖出的价格做出限制性规定。

证券交易所应当按照业务规则，采取措施，对融资融券交易的指令进行前端检查，对买卖证券的种类、融券卖出的价格等违反规定的交易指令，予以拒绝。单一证券的市场融资买入量、融券卖出量或者担保物持有量占其市场流通量的比例达到规定的最高限制比例的，证券交易所可以暂停接受该种证券的融资买入指令或者融券卖出指令。

融资融券交易活动出现异常，已经或者可能危及市场稳定，有必要暂停交易的，证券交易所应当按照业务规则的规定，暂停部分或者全部证券的融资融券交易并公告。

(2)证券登记结算机构的监管

证券登记结算机构应当按照业务规则，对与融资融券交易有关的证券划转和证券公司信用交易资金交收账户内的资金划转情况进行监督。对违反规定的证券和资金划转指令，予以拒绝；发现异常情况的，应当要求证券公司作出说明，并向中国证监会及该公司住所地证监会派出机构报告。

(3)客户信用资金存管指定商业银行的监管

负责客户信用资金存管的商业银行应当按照客户信用资金存管协议的约定，对证券公司违反规定的资金划拨指令予以拒绝；发现异常情况的，应当要求证券公司作出说明，并向中国证监会及该公司住所地证监会派出机构报告。

(4)自律监管机构的监管

中国证监会及其派出机构、中国证券业协会、证券交易所、证券登记结算机构、中国证券金融公司依照规定履行证券公司融资融券业务监管、自律或者监测分析职责，可以要求证券公司提供与融资融券业务有关的信息、资料。

中国证监会派出机构按照辖区监管责任制的要求，依法对证券公司及其分支机构的融资融券业务活动中涉及的客户选择、合同签订、授信额度的确定、担保物的收取和管理、补交担保物的通知，以及处分担保物等事项进行非现场检查和现场检查。

对违反《证券公司融资融券业务管理办法》规定的证券公司或者其分支机构，中国证监会或者其派出机构可采取责令改正、监管谈话、出具警示函、责令公开说明、责令参加培训、责令定期报告、暂不受理与行政许可有关的文件、暂停部分或者全部业务、撤销业务许可等相关监管措施；依法应予行政处罚的，依照《证券法》《中华人民共和国行政处罚法》等法律法规和中国证监会的有关规定进行处罚；涉嫌犯罪的，依法移送司法机关，追究其刑事责任。

(5)客户查询

证券公司应当按照融资融券合同约定的方式，向客户送交对账单，并为其提供信用证券账户和信用资金账户数据的查询服务。

证券登记结算机构应当为客户提供其信用证券账户内数据的查询服务。负责客户信用资金存管的商业银行应当按照客户信用资金存管协议的约定，为客户提供其信用资金账户数据的查询服务。

(6)信息公告

证券公司应当按照证券交易所的规定，在每日收市后向其报告当日客户融资融券交易的有关信息。证券交易所应当对证券公司报送的信息进行汇总、统计，并在次一交易日开市前予以公告。

7.3 证券自营

7.3.1 证券公司自营业务的主要法律法规

证券自营业务的主要法律法规包括：一是法律、行政法规，如《证券法》对证券公司的证券自营业务做出了原则性规定，《证券公司监督管理条例》专门对证券公司证券自营业务做出一般或基本规定。二是部门规章及规范性文件，如《证券公司风险控制指标管理办法》《关于证券公司证券自营业务投资范围及有关事项的规定》证券公司风险控制指标计算标准规定证券公司内部控制指引《证券公司证券自营业务指引》等。

7.3.2 证券自营业务投资范围的规定

《关于证券公司证券自营业务投资范围及有关事项的规定》规定，证券公司从事证券自营业务，可以买卖本规定附件《证券公司证券自营投资品种清单》所列证券。证券公司证券自营投资品种清单包括：

①已经和依法可以在境内证券交易所上市交易和转让的证券。这类证券主要是股票、债券、权证、证券投资基金等，这是证券公司自营买卖的主要对象。

②已经在全国中小企业股份转让系统挂牌转让的证券。

③已经和依法可以在符合规定的区域性股权交易市场挂牌转让的私募债券。

④已经在符合规定的区域性股权交易市场挂牌转让的股票。

⑤已经和依法可以在境内银行间市场交易的证券。这类证券主要是政府债券、国际开发机构人民币债券、央行票据、金融债券、短期融资券、公司债券、中期票据、企业债券。

⑥经国家金融监管部门或者其授权机构依法批准或备案发行并在境内金融机构柜台交易的证券。这类证券主要是指开放式基金、证券公司理财产品等依法经中国证监会批准或向中国证监会备案发行，由商业银行、证券公司等金融机构销售的证券。

证券公司将自有资金投资于依法公开发行的国债、投资级公司债、货币市场基金、央行票据等中国证监会认可的风险较低、流动性较强的证券，或委托其他证券公司或者基金管理公司进行证券投资管理，且投资规模合计不超过其净资本 80%的，无须取得证券自营业务资格。

具备证券自营业务资格的证券公司可以从事金融衍生产品交易，不具备证券自营业务资格的证券公司只能以对冲风险为目的，从事金融衍生产品交易。

证券公司可委托具备证券资产管理业务资格、特定客户资产管理业务资格或合格境内机构投资者资格的其他证券公司或者基金管理公司进行证券投资管理具备证券自营业务资质的证券公司可以依法设立子公司，从事《证券公司证券自营投资品种清单》所列品种以外的金融产品等投资。设立此类子公司的证券公司，应当具备证券自营业务资格，并按照《证券公司监督管理条例》第十三条关于变更公司章程重要条款的规定，事先报经公司住所地证监会派出机构批准。同时，证券公司不得为该子公司提供融资或者担保。

7.3.3 证券自营业务决策与授权的要求

建立健全相对集中、权责统一的投资决策与授权机制。自营业务决策机构原则上应当按照董事会—投资决策机构—自营业务部门的三级体制设立。

(1)董事会

董事会是自营业务的最高决策机构。

(2)投资决策机构

投资决策机构是自营业务投资运作的最高管理机构，负责确定具体的资产配置策略、投资事项和投资品种等。

(3)自营业务部门

自营业务部门为自营业务的执行机构，应在投资决策机构做出的决策范围内，根据授权负责具体投资项目的决策和执行工作。

(4)授权机制

建立健全自营业务授权制度，明确授权权限、时效和责任，对授权过程作书面记录，保证授权制度的有效执行。建立层次分明，职责明确的业务管理体系，制订标准的业务操作流程，明确自营业务相关部门、相关岗位的职责。

7.3.4 证券自营业务相关风险控制指标

根据《证券公司风险控制指标计算标准规定》，证券公司经营自营业务，其风险控制指标监管标准必须符合下列规定：

①自营权益类证券及其衍生品的合计额不得超过净资本的100%。

②自营非权益类证券及其衍生品的合计额不得超过净资本的500%。

③持有一种权益类证券的成本不得超过净资本的30%。

④持有一种权益类证券的市值与其总市值的比例不得超过5%，因包销、中国证监会认可的做市业务以及股票质押违约处理等导致的情形及中国证监会另有认定的除外。

⑤持有一种非权益类证券的规模与其总规模的比例不得超过20%，不含同业存单国债、中央银行票据、国开债及基金名称显示投资方向为此类债券的指数基金(含ETF 因包销、成立发起式基金、中国证监会认可的做市业务、买入信用衍生品(合约名义本金未超过持有标的债券规模)或卖出信用衍生品履行保护义务等导致的情形及中国证监会另有认定的除外。

7.3.5 证券自营业务操作的基本要求

证券自营必须以自身名义、通过专用自营席位进行，并由非自营业务部门负责自营账户的管理，包括开户、销户、使用登记等。

完善可投资品种论证机制，建立证券池制度，自营业务部门只能在确定的自营规模和可承受风险限额内，从证券池内选择证券进行投资。

自营业务资金调度和会计核算，由非自营业务部门调度，资金出入必须以公司名义进行，禁止从自营账户中提取现金。

自营业务的清算、统计应由专门人员执行，并与财务部门资金清算人员及时对账，对账情况要有相应记录及相关人员签字。

7.3.6 证券自营业务的禁止性行为

7.3.6.1 禁止内幕交易

内幕交易是指证券交易内幕信息的知情人和非法获取内幕信息的人利用内幕信息从事证券交易活动。常见的内幕交易包括以下行为：

①内幕信息的知情人利用内幕信息买卖证券或者根据内幕信息建议他人买卖证券。

②内幕信息的知情人向他人透露内幕信息，使他人利用该信息进行内幕交易。

③非法获取内幕信息的人利用内幕信息买卖证券或者建议他人买卖证券。

这种交易严重违背了证券市场公开、公平、公正的交易原则，造成证券收益异常分配，既损害投资者利益，又破坏证券市场的稳定。因此，证券公司从事证券自营业务时，严禁以获取利益或者减少损失为目的，利用证券交易内幕信息的知情人和非法获取内幕信息的人利用内幕信息从事证券交易活动。

7.3.6.2　禁止操纵市场

操纵市场是指机构或个人利用其资金、信息等优势，影响证券交易价格或交易量，制造证券交易假象，诱导或者致使投资者在不了解事实真相的情况下做出证券投资决定，扰乱证券市场秩序，以达到获取利益或减少损失的目的的行为。证券经营机构从事证券自营业务，不得从事下列操纵市场的行为：

①以明示或默示的方式，约定与其他证券投资者在某一时间内共同买进或卖出某一种或几种证券。

②以自己的不同账户或与其他证券投资者串通在相同时间内进行价格和数量相近、方向相反的交易。

③在一段时间内频繁并且大量地连续买卖某种或某类证券并导致市场价格异常变动。

④有关禁止证券欺诈行为的法规规定的其他操纵市场行为。

7.3.6.3　其他禁止行为

其他禁止的行为包括假借他人名义或者以个人名义进行自营业务；违反规定委托他人代为买卖证券；违反规定购买本证券公司控股股东或者与本证券公司有其他重大利害关系的发行人发行的证券；将自营账户借给他人使用；将自营业务与代理业务混合操作；法律、行政法规或中国证监会禁止的其他行为。

本章思考题

（1）简述证券发行上市时，保荐机构一般应承担的工作。

（2）简述标的证券为股票的应当符合的条件。

（3）简述融资融券业务中风险揭示书的作用。

（4）简述证券自营业务操作的基本要求。

（5）简述证券自营业务中属于操纵市场的行为。

案例分析 7：

融资融券合约展期导致的纠纷

2023 年 8 月，投资者王某在某证券公司开立了融资融券账户，随后开始交易。王某账户有一笔融资合约将于 2024 年 7 月 5 日到期，6 月，证券公司营业部工作人员通过电话通知王某合约即将到期，同时证券公司通过软件系统提醒王某在到期日前偿还负债，若满足证券公司相关展期条件，也可在到期日前提前申请展期。7 月 5 日，证券公司营业部工作人员发现王某仍未处理该笔到期合约，便通过微信联系王某告知其“7 月 5 日必须对到期合约进行操作，可在交易时间内通过卖券还款的方式偿还负债或者展期”。王某在手机端操作展期时，才发现账户不满足证券公司展期条件，集中度超限，随后联系营业部工作人员怎么办？工作人员说，可以通过追加担保物或者卖出持仓集中度较高的证券的方式降低集中度，如果实在不满足条件，只能通过卖券还款或者转入资金的方式偿还当日到期的合约。王某于当日通过卖券还款方式偿还负债，处理了该笔到期合约。后续王某发现其为了还款而卖掉的股票大幅上涨故要求证券公司赔偿其40万元的损失，证券公司认为自身服务无过错，拒绝赔偿。

讨论：

(1)证券公司是否需要赔偿王某的损失。

(2)融资融券业务风险揭示书应该明确的内容。

保险篇

第 8 章　保险概述

学习目标

(1)理解保险的性质。

(2)掌握保险的含义。

(3)熟悉保险的要素及特征。

(4)了解保险与相似行为的区别。

(5)掌握保险常见分类标准。

(6)了解保险的地位。

(7)掌握保险的职能及作用。

8.1　保险的性质、含义、要素与特征

8.1.1　保险的性质

保险是一种非常复杂的经济行为，是顺应生产力发展的要求产生的，并伴随着人类社会的前进不断完善，对人类社会的进步作出了巨大贡献。保险发展到今天，已经成为一个非常完善的体系，渗透到社会的每一个角落，与人们的生活息息相关，成为社会制度中不可或缺的有机组成部分。对于现代意义上的保险，人们一般从经济、法律、社会功能 3 个角度对其本质进行揭示。

8.1.1.1　从经济的角度看

保险是一种经济行为，与银行、证券一样归属于金融服务业，其产品是无形的服务，这是保险最主要的特征。保险这种经济行为之所以能够进行，是因为社会对保险产品有需求和供给。从需求角度看，存在大量标的面临着同样的危险，而与之有利害关系的社会主体希望获得保障，他们希望通过付出一定代价，在遭受损失后能够获得补偿。

从供给角度看，保险人用特殊的技术手段-概率论中的大数法则-进行论证，证明完全可以凭借收取保费对被保险人因危险事故造成的损失进行补偿，并且获得盈利。从事保险是有利可图的。在保险过程中，投保人购买了保险产品，向保险人缴纳保险费，换取被保险人在遭受危险事故时获得经济补偿的权利；保险人出售了保险产品，收取了保险费，对被保险人遭受危险事故所造成的损失承担经济补偿责任。

保险又是一种金融行为。对社会而言，保险组织通过收取保险费聚集了大量的资金，再对这些资金进行运作，实际上在社会范围内起到了资金融通的作用。从这个意义上讲，保险组织是金融中介机构。

从被保险人之间的关系看，保险还起到了国民收入再分配的作用。保险的运行机制是

大家共同缴纳保费，共同出资，组成保险基金。当某一个被保险人遭受损失时，他可以从保险基金中获得补偿，补偿源于投保人缴纳的保险费。因此，遭受损失的人实际获得的是全体被保险人的共同经济支持。这意味着一个人的损失由大家分担，所以可以说各个被保险人之间是一种互助供给关系，保险是集合大家的力量一同应对危险损失，从这一点出发，也可以说保险是一种分摊意外事故损失的财务安排，在被保险人之间起到了收入再分配的作用。

8.1.1.2　从法律的角度看

保险是一种合同行为。投保人购买保险、保险人出售保险实际上是双方在法律地位平等的基础上，经过自愿的要约与承诺，达成一致意见并签订合同。《中华人民共和国保险法》(后文简称《保险法》)规定：投保人提出保险要求，经保险人同意承保，保险合同成立；订立保险合同，应当协商一致，遵循公平原则确定各方的权利和义务。除法律、行政法规规定必须保险的外，保险合同自行订立。

我国《保险法》指出，保险是保险人与投保人之间的合同行为。保险合同明确规定了保险当事人双方的权利义务关系。保险人的主要权利是向投保人收取保险费，其义务是当约定的危险事故发生后向被保险人或者保单受益人进行赔偿或给付保险金。

投保人(被保险人)的主要权利是当约定的危险事故发生后向保险人要求赔偿或给付保险金，其主要义务是向保险人支付保险费。

8.1.1.3　从社会功能的角度看

保险是一种风险损失转移机制。保险使众多单位和个人结合起来，变个体应对风险为大家共同应对风险，从整体上提高了对风险事故的承受能力。

需要明确的是，我们说保险能够转移风险损失并不是说保险能将风险事故转移出去，投保后的房屋依然可能发生火灾，被保险人也会生老病死。但保险用确定的支出代替了不确定的损失。投保后的房屋即便发生火灾，被保险人在经济上也有一定的保障，而风险的概念正是这种损失的不确定性，所以我们说保险转移的是风险，投保人在付出一定的保费后换取了未来经济上的稳定。这种风险损失转移机制有助于整个社会的经济生活稳定运行。因此保险有“社会稳定器”之称。

8.1.1.4　从风险管理角度看

保险是风险管理的一种方法，通过保险，可以起到分散风险、消化损失的作用。保险是指投保人根据合同约定，向保险人支付保险费，保险人对于合同约定的可能发生的事故因其发生所造成的财产损失承担赔偿保险金责任，或者当被保险人死亡、伤残、疾病或者达到合同约定的年龄、期限时承担给付保险金责任的商业行为。

8.1.2　保险的含义

在了解了以上各种学说并从 4 个角度对保险的本质进行考察之后，对什么是保险应该有了比较深刻的认识，可能在头脑中已经形成了自己的观点。下面是关于保险的含义：保险是集合同类风险聚资建立基金，对特定风险的后果提供经济保障的一种财务型风险转移机制。本含义有 3 个要点：

①聚资建立基金。无论是社会保险还是商业保险，都离不开以法律认可的形式集中保费建立保险基金，这是保险正常运行的经济基础。商业保险采用合同的形式，运用概率论和大数法则，根据保险标的的具体情况确定保费及交付期限；而社会保险的保费及交付期限是由国家通过有关的法律法规以文件的形式确定的。

②对特定风险的后果提供经济保障。无论是社会保险还是商业保险，都不是为所有风险提供保险，而是仅为法律认可范围内的特定风险提供保障。即商业保险仅履行合同范围内的保险责任，其中财产保险补偿被保险人因自然灾害或意外事故造成的经济损失，人身保险则按合同约定的保险金额对被保险人因死亡、伤残、疾病给付保险金；同样，社会保险也仅承保国家法律政策规定的风险，如中国的社会保险仅为劳动者的生育、养老、疾病、伤残和失业等提供保障。

③财务型风险转移机制。无论是社会保险还是商业保险，当特定风险事故发生后保险人都将赔付保险金，使受益人在经济上得到一定补偿。但被保险人买了保单，加入了保险计划，不等于就没有了风险，如生老病死、地震、洪水、火灾等自然灾害和意外事故等仍会发生。保险仅仅是一种对特定风险的损失后果的财务型风险转移机制，如人们即使同时拥有了商业保险和社会保险的保险，遭受意外事故身亡后也不能复生。因此，无论对于保险人还是被保险人，更重要的都应当是做好防灾防损。

需要说明的是，以上我们给出的只是经典意义上的保险概念。20 世纪 80 年代以来，由于金融机构之间竞争日趋激烈，人们对金融产品的需求更加多样化，现代金融工具创新和电子信息技术的飞速发展使不同金融产品间的功能界限更为模糊，保险的含义也发生了相应的变化。世界范围内的保险业早已突破了传统的保障功能，在综合风险管理、非传统风险转移工具开发、新型险种设计等方面进行了大量创新。换句话说，保险尤其是人寿保险中的创新产品，如投资连结类险种，承保的不仅仅是风险，而且包括其他风险，保险保障范围也由传统意义上的纯粹风险转向了非纯粹风险。本书中如无特别说明，一般仅指传统意义上的保险。

下面我们来看一看法律是如何对保险进行定义的。我国《保险法》对商业保险是这样定义的："本法所称保险是指投保人根据合同约定，向保险人支付保险费，保险人对于合同约定的可能发生的事故因其发生所造成的财产损失承担赔偿保险金责任，或者当被保险人死亡、伤残、疾病或者达到合同约定的年龄、期限等条件时承担给付保险金责任的商业保险行为。"

社会保险不像商业保险在法律上有明确的定义，在学术界也没有过多的争议。本书认为，社会保险是指国家在既定的政策下，通过立法手段建立社会保险基金，使劳动者由于年老、疾病、伤残、失业、生育等原因，暂时或永久性失去劳动能力或劳动机会的时候，由国家或社会对其本人或家庭给予一定的物质帮助的社会保障制度。《中华人民共和国社会保险法》中规定：国家建立基本养老保险、基本医疗保险、工伤保险、失业保险、生育保险等社会保险制度，保障公民在年老、疾病、工伤、失业、生育等情况下依法从国家和社会获得物质帮助的权利。

8.1.3　保险的要素

现代商业保险的要素包括：可保风险的存在、大量同质风险的集合与分散、保险费率的厘定、保险基金的建立、保险合同的订立。

8.1.3.1　可保风险的存在

可保风险是指符合保险人承保条件的特定风险。理想的可保风险应具备以下条件：

①风险必须是纯粹的风险。只有损失的机会，没有获利的可能。

②风险必须具有不确定性。风险的不确定性有 3 层含义，即风险是否发生是不确定性；风险发生的时间是不确定的；风险发生的原因和结果等是不确定的。

③风险必须使大量标的均有遭受损失的可能。

④风险必须有导致重大损失的可能。

⑤风险不能使大多数的保险对象同时遭受损失。

⑥风险必须具有现实的可测性。保险费率计算的依据是风险发生的概率及其所导致标的损失的概率。

8.1.3.2　大量同质风险的集合与分散

保险的经济补偿活动的过程，既是风险的集合过程，又是风险的分散过程。

保险风险的集合与分散应具备两个前提条件：

①大量风险的集合体。一方面是基于风险分散的技术要求；另一方面是概率论和大数法则原理在保险经营中得以运用的前提。

②同质风险的集合体。同质风险是指风险单位在种类、品质、性能、价值等方面大体相近。

8.1.3.3　保险费率的厘定

保险在形式上是一种经济保障活动，而实质上是一种商品交换行为。保险费率的厘定要做到如下几点：遵循费率厘定的基本原则；以完备的统计资料为基础，运用科学的计算方法；接受国家或政府保险监管机关的审核或备案。

(1) 遵循费率厘定的基本原则

保险费率的厘定应当遵循适度性原则、合理性原则和公平性原则。

①适度性原则。指保险费率的确定应当能够足以抵补一切可能发生的损失以及有关的营业费用。

②合理性原则。指保险费率不应在抵补一切可能发生的损失以及有关的营业费用后，获得过多或者超额的利润。

③公平性原则。指被保险人的风险状况与其承担的保险费率要尽量一致，或者说被保险人能按照风险的大小、比例分担保险的损失与费用。

(2) 以完备的统计资料为基础，运用科学的计算方法

如财产保险纯费率的厘定是以平均保额损失率来测算损失概率，一般至少需要有保险事故发生比较正常的连续 5 年以上的资料，而不能以 1 年为限。

(3)接受国家或政府保险监管机关的审核或备案

目前，根据九届人大三十次会议《保险法》的修正案规定：关系社会公众利益的保险险种、依法实行强制保险的险种和新开发的人寿保险险种等的保险条款和保险费率，应当报保险监督管理机构审批。保险监督管理机构审批时，遵循保护社会公众利益和防止不正当竞争的原则。审批的范围和具体办法，由保险监督管理机构制定。其他保险险种的保险条款和保险费率，应当报保险监督管理机构备案。

8.1.3.4 保险基金的建立

保险的分摊损失与补偿功能是建立在具有一定规模的保险基金基础之上的。保险基金是用以补偿或给付因自然灾害、意外事故和人体自然规律所致的经济损失、人身损害及收入损失，并由保险公司筹集、建立起来的专项货币基金。它主要来源于开业资金和保险费，其中保险费是形成保险基金的主要来源。保险基金具有来源的分散性和广泛性、总体上的返还性、使用上的专项性、赔付责任的长期性和运用上的增值性等特点。

从保险公司财务管理的角度看，保险基金是以各种准备金的形式存在的。就财产保险与责任保险而言，保险基金表现为未到期责任准备金、赔款准备金、总准备金和其他准备金几种形式存在。保险的赔偿与给付的基础是保险基金。此外，保险基金也是保险公司进行投资活动的基础。

8.1.3.5 保险合同的订立

保险是投保人与保险人之间的商品交换关系，这种经济关系通过一定的法律形式固定下来，这种法律形式就是保险合同。

8.1.4 保险的特征

保险的特征包括经济性、商品性、互助性、法律性、科学性。

①经济性。保险是一种经济保障活动。保险的经济性主要体现在保险活动的性质、保障对象、保障手段、保障目的等方面。

②商品性。在商品经济条件下，保险是一种特殊的劳务商品，保险业属于国民经济第三产业。这种商品经济关系直接表现为个别保险人与个别投保人之间的交换关系，间接表现为一定时期内全部保险人与全部投保人之间的交换关系。

③互助性。保险具有“一人为众，众为一人”的互助性。

④法律性。从法律角度看，保险是一种合同行为。保险双方当事人要履行其权利和义务，其依据也是保险合同。

⑤科学性。现代保险经营以概率论和大数法则等科学的数理理论为基础。

8.1.5 保险与相似行为比较

8.1.5.1 保险与互助保险

保险与互助保险的差异主要表现为以下 3 点：一是保险的互助范围以全社会公众为对象，而互助保险的互助范围则是以其互助团体内部成员为限；二是保险的互助是其间接后果而不是直接目的，而互助保险的互助则是直接目的；三是保险是按照商品经济原则，以盈利为目的而经营的商业行为，而互助保险则是以共济为目的的非商业活动。

8.1.5.2 保险与社会保险

保险与社会保险的共同之处主要有：保险与社会保险均以社会公众为对象；保险与社会保险均以缴纳一定的保险费为条件。保险与社会保险的区别主要有4点：一是保险的实施方式大多采取自愿原则，而社会保险则是由法律形式行政法规规定的强制性行为；二是保险公司经营是以盈利为目的，而国家举办社会保险则是以社会安定为宗旨；三是保险是以“公正性”费率为准则，而社会保险则是以“均一保费制”为主要缴费原则；四是保险以现代企业为经营主体，而社会保险则是以事业单位为经办主体。社会保险不属于商业保险范畴。

8.1.5.3 保险与社会福利

保险是以补偿损失为己任，而社会福利则是以改善和提高公民的生活为宗旨。

8.1.5.4 保险与社会救济

商业保险中被保险人所得到的保险补偿或保险金与其(或投保人)交纳的保费收入的多少有直接关系，而在社会救济下个别人所得到的救济金额与其对社会的贡献无直接关系。

8.1.5.5 保险与储蓄

保险与储蓄都具有以现在的积累解决以后的需要这一共同特点。保险与储蓄的差异在于：一是保险是以一定的群体为条件，而储蓄则是以个人或单位为主体；二是保险属于他助行为，而储蓄则属于自助行为；三是保险与储蓄的受益期限不相同，保险由保险合同规定受益期限，而储蓄则以本息返还期限为受益期限；保险与储蓄相结合的储蓄性保险，则属于商业保险范畴。

8.2 保险的分类

比较常见的保险分类标准有按保险性质分类、按保险标的分类、按危险转移层次分类和按实施方式分类。

8.2.1 按保险性质分类

按照保险性质不同，保险可以分为商业保险、社会保险和政策保险。商业保险是指投保人根据合同约定，向保险人支付保险费，保险人对于合同约定的可能发生的事故因其发生所造成的财产损失承担赔偿保险金的责任，或者当被保险人死亡、伤残、患病或者达到合同约定的年龄、期限等条件时承担给付保险金责任的保险行为。社会保险是指国家通过立法对社会劳动者暂时或永久丧失劳动能力或失业时提供一定的物质帮助以保障其基本生活的一种社会保障制度。当劳动者遭受生育、年老、疾病、伤残和失业等危险时，国家以法律的形式为其提供基本的生活保障，将某些社会危险损失转移给政府或者某一社会组织。

政策保险是政府为了一定的政策目的，运用普通保险的技术而推出的一种保险。政策保险一般分为4类：为落实农业增产增收政策而推出的农业保险，具体包括种植业保险、养殖业保险等；为落实扶持中小企业发展政策而推出的信用保险，具体包括无担保保险、能源保险、预防公害保险、特别小额保险等；为落实促进国际贸易政策而推出的输出保险，具体包括出口信用保险、外汇变动保险、出口票据保险、海外投资保险、存款保险等；巨灾保险主要是针对洪水、地震、核辐射等因素引起的巨灾损失而推出的一种保险。由于巨灾保险涉及面广、风险巨大，因此，许多国家成立了专门的机构来经营该种保险，并通过再保险集团来分散巨大的风险。

8.2.2 按保险标的分类

保险标的是指保险事故有可能发生的载体。社会保险的保险标的是单一的人身，而政策保险的保险标的则是从广义上理解的财产，只有商业保险中才同时拥有不同的保险标的。现在，一般按广义仍把商业保险分为财产保险和人身保险两类，但按狭义可将其细分为财产保险、人身保险、责任保险和信用保证保险。财产保险的保险标的是财产及与之相关的利益，由保险人承担保险标的因自然灾害和意外事故。如火灾、爆炸、海难、空难等导致的危险损失的经济赔偿责任。财产保险有广义和狭义之分。广义的财产保险包括财产损失保险、责任保险、信用保证保险等；狭义的财产保险仅指以物质财富及其相关利益为保险标的的保险。为了更清楚地说明问题，我们这里所讨论的是狭义的财产保险。

人身保险的保险标的是人的身体或生命，以生存、年老、伤残、疾病、死亡等人身危险为保险事故，被保险人在保险期间因保险事故的发生或生存到保险期满，保险人依照合同对受益人给付约定保险金。

责任保险的保险标的是被保险人对第三者依法应负的民事损害赔偿责任或经过特别约定的合同责任。责任保险包括公众责任保险、雇主责任保险、职业责任保险、产品责任保险和第三者责任保险等。

信用保证保险的保险标的是合同的权利人和义务人约定的经济信用，以义务人的信用危险为保险事故。对义务人的信用危险致使权利人遭受的经济损失，保险人按合同约定，在义务人不能服从偿付的情况下负责提供损失补偿。按照投保人的不同，信用保证保险又可分为信用保险和保证保险两类。信用保险的投保人是权利人，而保证保险的投保人是义务人自己。不论是信用保险还是保证保险，保险人所保障的都是义务人的信用。最终获得补偿的都是权利人。信用保险包括国内商业信用保险、出口信用保险、投资保险等。我国目前主要有短期出口信用保险和中长期出口信用保险。保证保险包括合同保证保险、产品质量保证保险、忠诚保证保险等。需要指出的是，在这 4 类保险中，人身保险与其他 3 类保险有着本质的不同。财产保险、责任保险、信用保证保险都属于损失保险，其保险标的是有形或者无形的“物”，均可以用货币进行计量，可以被看成广义的财产保险；而人身保险是给付性质的，其保险标的是人的生命或者身体，不能用货币计量。

8.2.3 按危险转移层次分类

8.2.3.1 原保险与再保险

按照危险损失转移的层次不同，保险可分为原保险（重复保险和共同保险）和再保险。

原保险是指投保人与保险人之间直接签订合同，确立保险关系，投保人将危险损失转移给保险人。这里的投保人不包括保险公司，仅指除保险公司以外的其他经济单位或个人。

再保险也称分保，是指保险人将其所承保的业务的一部分或全部，分给另一个或几个保险人承担。再保险的投保人本身就是保险人，称为原保险人，又称保险分出人；再保险业务中接受投保的保险人称为再保险人，又称再保险接受人。再保险人承保的保险标的是原保险人的保险责任，原保险人通过将业务转让给再保险人，使危险损失在若干保险人之间又进行了转移。这种危险转移是纵向的，再保险人面对的是原保险人，再保险人并不与最初的投保人打交道。

8.2.3.2　复合保险与重复保险

投保人在同一期限内就同一标的物的同一危险向若干保险公司投保，如果保险金额之和没有超过标的财产的实际可保价值，称为复合保险；如果保险金额之和超过标的财产的实际可保价值，称为重复保险。我国《保险法》规定：重复保险是指投保人对同一保险标的、同一保险利益、同一保险事故分别与两个以上保险人订立保险合同，且保险金额总和超过保险价值的保险。构成复合保险或重复保险必须满足以下条件：

①保险标的相同，否则保险合同之间没有关系。

②保险利益相同，对于同一个保险标的物，如果投保人针对不同的可保利益投保，则不构成重复保险。

③保险事故相同，如果投保人投保的保险事故不同，各自为单保险合同。分别与两个或两个以上的保险人签订保险合同，首先要有两个或两个以上的保险人，其次要有两份或两份以上的保险合同，如果仅有一份保险合同，则属于共同保险。

④保险金额之和未超过保险价值的，属于复合保险；超过保险价值的，属于重复保险。

8.2.3.3　共同保险

共同保险也称共保，具体有两种情况：一种是几个保险人联合起来共同承保同一标的的同一危险、同一保险事故，而且保险金额不超过保险标的的价值。发生赔偿责任时，补偿金依照各保险人承保的金额按比例分摊。另一种是保险人和被保险人共同分担保险责任，这实际上是指投保人的投保金额小于标的物价值的情况，不足额部分被视同由被保险人承担。共同保险的危险转移形式是横向的。这里要注意将以下几个概念区分清楚。

(1) 共同保险和再保险

共同保险中，每一个保险人直接面对投保人，各保险人的地位是一样的，危险在各保险人之间被横向分摊；而再保险中，投保人直接面对原保险人，原保险人又与再保险人发生业务关系，投保人与再保险人之间没有直接的联系，两者通过原保险人发生间接关系，危险在各保险人之间被纵向分摊。

(2) 共同保险和复合保险

两者在本质上是相同的，都是若干保险人共同承保某一危险，但在形式上存在差别：共同保险中，几家保险人事先已经达成协议，决定共同承保，投保人与各保险人之间签订的是一个保险合同，各保险人是主动采用这种共同分担方式的；而复合保险中，保险人事先并未达成协议，投保人与各保险人之间签订了多个合同，而且是投保人主动采取行动，保险人对于这种共同分担方式是被动接受的。

8.2.4 按实施方式分类

按实施方式不同，保险可以分为强制保险和自愿保险。

强制保险又称法定保险，是指国家或政府根据法律、法令或行政命令，在投保人和保险人之间强制建立起保险关系，例如，社会保险以及目前商业保险中的机动车交通事故责任强制保险和疫苗责任强制保险。

自愿保险又称任意保险，是指投保人和保险人在平等自愿的基础上，通过订立保险合同或者自愿组合，建立起保险关系。绝大多数商业保险都是自愿保险。

8.2.5 按保险业务分类

现代保险业务的框架是由财产保险、人身保险、责任保险、信用保证保险四部分构成的。

8.2.5.1 财产保险

财产保险是指以财产及其相关利益为保险标的，因保险事故发生导致财产利益损失，保险人以保险赔款进行补偿的一种保险。财产保险有广义与狭义之分。广义的财产保险包括财产损失保险、责任保险、信用保证保险等；狭义的财产保险是以有形的物质财富及其相关利益为保险标的的一种保险。其内容包括：火灾保险、海上保险、汽车保险、航空保险、工程保险、利润损失保险、农业保险等。

8.2.5.2 人身保险

人身保险是以人的身体或生命为保险标的的一种保险。根据保障范围的不同，人身保险可以区分为人寿保险、意外伤害保险和健康保险等。

8.2.5.3 责任保险

责任保险是以被保险人依法应负的民事赔偿责任或经过特别约定的合同责任为保险标的的一种保险。责任保险的种类包括公众责任保险、产品责任保险、职业责任保险、雇主责任保险等。

8.2.5.4 信用保证保险

信用保证保险是一种以经济合同所约定的有形财产或预期应得的经济利益为保险标的的一种保险。信用保证保险是一种担保性质的保险，可分为信用保险和保证保险两种。

8.2.6 其他分类方式

8.2.6.1 按是否以盈利为目的分类

按照经营保险是否以盈利为目的，可以将保险分为盈利保险和非盈利保险。盈利保险是指保险组织以追求利润为目的而经营的保险。保险经营者按照利润最大化的原则开展保险业务，并将所获得的利润分配给投资者。我们所指的盈利保险就是商业保险。

非盈利保险是不以盈利为目的的保险业务的统称，它主要由非盈利机构经办，如美国的联邦农作物保险公司经办的农作物保险业务、美国蓝十字蓝盾医保组织经办的医疗保险业务等；也可以由盈利机构受政府的委托经办，如中国出口信用保险公司受政府的委托经办的出口信用保险业务。非盈利保险又可分为社会保险、政策保险、相互保险及合作保险。

8.2.6.2　按经营主体分类

按照经营主体，可以将保险分为公营保险和私营保险。公营保险是指由政府出面经营的保险。一般分为中央政府经营的保险和地方政府经营的保险。政府出面经营保险不外乎两个目的：一是盈利，以增加财政收入；二是实施政策。盈利性质的公营保险在经营方面与私营保险并无区别，两者自由竞争、共同生存。以实施政策为目的的公营保险一般具有独占性，即只能由政府经营。其中有的险种具有强制性，如社会保险、政策保险；有的险种不具有强制性，如美国联邦政府推出的银行存款保险对保险加入者就没有强制性。

私营保险是指由私人投资经营的保险。它的组织形态较多，按照是否以盈利为目的可分为两类：第一类是盈利性质的保险，主要包括公司保险和个人保险；第二类是非盈利性质的保险，主要包括合作保险和相互保险。

8.2.6.3　按保险客户分类

按照保险主体或投保单位，可将保险分为个人保险和团体保险。

(1) 个人保险

投保人是单个的自然人，是以个人的名义向保险人购买的保险。

(2) 团体保险

投保人为集体，投保的团体与保险人签订一份保险总合同，向集体内的成员提供保险，保险费率要低于个人保险。团体保险多用于人身保险。团体保险的程序不像个人保险那么烦琐，如团体人身保险一般不要求成员进行体检，只有一份保险单给投保人，发给每位被保险人一张保险凭证。团体人身保险在各国有不同的险种，如在美国有团体健康保险、团体养老保险和团体年金保险，在我国有团体意外伤害保险、团体寿险、团体年金保险、团体短期健康保险、团体长期健康保险等。企业一般把团体保险作为为职工谋取福利的一种方式。有些险种，保险人为了防止道德危险和逆向选择，只对团体而不对个人开办。近年来，团体保险的范围已经由过去的人身保险领域延伸至财产、责任保险领域，如美国的一些企业在其雇员福利计划中就包括了团体私用汽车保险和团体房主保险。

8.2.6.4　按承保的危险分类

按照承保的危险，可将保险分为单一危险保险、综合危险保险和一切险。

①单一危险保险。即保险人仅为被保险人所面临的某一种危险提供保险保障的保险。例如，地震保险只对地震灾害负赔偿责任。

②综合危险保险。即保险人对被保险人所面临的两种或两种以上的危险承担经济赔偿责任的保险。目前的保险险种大部分是综合危险保险。

③一切险。即除了合同中列举出来的不保危险外，保险人对被保险人面临的其他一切

危险都负有经济赔偿责任的保险。

就综合险和一切险而言，仅从保险合同中列明的保险责任还难以判断，但是从险种的名称、除外责任能够加以区别，一切险通常在险种的名称中加以体现，同时，在保险责任项下通常注明将“本保单除外责任之外的一切责任”纳入保险责任范围；而综合险却通常在除外责任项下注明将“本保单保险责任之外的一切责任”纳入除外责任范围。因此一切险是将保险合同中没有明示的危险视为保险责任，而综合险是将保险合同中没有明示的危险视为除外责任。

8.2.6.5 按保额的确定方式分类

按照是否在保险合同中列明保险标的的价值，可将保险分为定值保险和不定值保险。定值保险是指在保险合同中列明由当事人双方事先确定的保险标的的实际价值，即保险价值的保险。因为人身保险不能以价值来衡量，所以定值保险仅用于财产保险。一般而言，定值保险标的如，艺术品、书籍、矿物标本等的实际价值极不容易确定，如果不在合同中加以明确，很容易引发纠纷。当发生损失时，保险赔偿额按照保险金额和损失程度确定，具体计算方法如下：

$$损失程度=(保险标的的实际价值-保险标的的残值)/保险标的的实际价值 \quad (8-1)$$

$$保险赔偿额=保险金额\times损失程度 \quad (8-2)$$

不定值保险在合同中不事先列明保险标的的实际价值，仅将列明的保险金额作为赔偿的最高限度，除上述采取定值保险方式外的财产保险均采取不定值保险方式。发生损失时，先按照保险金额与保险标的的实际价值算出保障程度，再按照损失额的相应比例赔偿。具体计算方法如下：

$$保障程度=保险金额/损失当时保险标的的实际价值 \quad (8-3)$$

$$损失额=损失当时保险标的的实际价值-保险标的的残值 \quad (8-4)$$

$$保险赔偿额=损失额\times保障程度 \quad (8-5)$$

8.2.6.6 按是否足额投保分类

按照保险金额占保险标的价值的比例，可将保险分为足额保险、不足额保险、超额保险。

(1)足额保险

它是指投保人以全部保险价值投保，与保险人订立保险合同，建立保险关系的保险。保险合同中确定的保险金额与保险价值相等。当保险事故发生时，如果保险标的全部受损，则保险人按照保险金额全部赔偿；如果保险标的部分受损，则保险人以实际损失为准支付赔偿金。但也有一种叫作推定全损的情形，指的是保险标的虽然没有达到全部损失，但有全部损失的可能，或者其修复所需费用将超过修复后保险标的的价值。在经过权威部门鉴定做出推定全损的结论后，被保险人可以将保险标的的残值或一切权利转让给保险人，同时请求保险人支付保险标的全部保险金额，这种行为称为“物上代位”。经过物上代位，保险标的即视为保险人所有，保险人取得了任意处置保险标的的权利，在委付的情况下，保险标的虽然没有发生全部损失，但只要推定全损，被保险人仍可要求获得全部保险金额。

(2) 不足额保险

它也称部分保险，指的是保险合同中约定的保险金额小于保险价值的保险不足额保险的产生有 3 种情况：第一种是投保人仅以保险价值的一部分投保，原因或者是投保人为了少缴保险费，或者是投保人认为标的发生全损的可能性非常小，没有必要足额投保；第二种是因为保险标的发生危险事故的可能性非常大，保险人只接受不足额投保，要求被保险人也要承担一部分损失，从而增强其防灾防损意识；第三种是保险合同签订以后，保险标的的价值上涨，导致最初的足额保险变成了不足额保险。不足额保险赔偿额的计算要分两种情况：一种是标的发生全损时，保险人根据保险合同中确定的保险金额赔偿，不足部分由被保险人自行承担；另一种是标的发生部分损失时，保险人按照对保险价值的保障比例承担损失，具体金额依据以下公式计算：

$$\text{保险赔偿额}=\text{损失金额}\times(\text{合同中约定的保险金额}/\text{保险价值}) \quad (8-6)$$

(3) 超额保险

它指的是保险合同中约定的保险金额大于保险价值的保险。产生超额保险的情况有两种：第一种是在订立保险合同时，保险双方确定的保险金额就大于保险价值。之所以出现这种情况，可能是因为投保人对保险价值没有准确清晰地认识，高估了保险价值因而投保了超额保险，而保险人也没能发现；也可能是因为投保人明知确切的保险价值却故意投保超额保险，企图利用保险获得不当利益，这是恶意超额保险。第二种是签订保险合同后，保险标的的价值下跌，导致保险金额超过保险价值，使原来的足额保险转为超额保险。当危险事故发生后，保险人只按照保险标的的实际价值赔偿，超过保险价值的部分无效。

8.3 保险的地位、职能与作用

职能和作用是两个相互联系但又不同的概念。职能是事物本身所具有的内在功能，它由事物的根本特征和地位决定，是事物本质的客观反映。作用是事物产生的影响和效果。可以认为，作用就是事物某些方面的职能发挥出来而产生的影响和效果。

我们这里所说的保险的职能是指保险的社会功能。保险对于社会的稳定、生产的发展、人民生活的安定具有非常重要的意义。保险的职能是由保险的本质决定的，具体可分为基本职能和派生职能。基本职能是指保险在一切经济条件下均具有的职能，而派生职能是指随着社会生产力的发展、社会经济制度的演进，保险逐渐具有的职能。在学习保险的职能与作用之前，我们先来了解保险的地位。

8.3.1 保险的地位

保险的地位是指在不同形式或不同条件下，保险与其他形式或事物之间的相互关系。

8.3.1.1 保险基金与社会后备基金

从社会总产品的分配和社会生产持续进行的角度看，保险是经济保障的一种形式，商业保险保障物质承担者—商业保险基金是社会后备基金的一种形式。

(1)社会后备基金的含义

社会后备基金是指国民收入中用于防止社会再生产过程中断、保持国民经济平衡以及应付意外事件、自然灾害等而储备的资金，包括使用价值形态的物资后备和价值形态的货币后备。社会后备基金来源于国民收入，是通过国民收入分配和再分配所形成的。

(2)社会后备基金划分成各种保障形式的后备基金

①集中形式的后备基金。集中形式的后备基金是由国家通过财政预算对国民收入再分配实现的，并且是由国家管理和支配的实物形态或货币形态的后备基金，也称国家后备基金。

②互助形式的后备基金。互助形式的后备基金，即由一些具有共同要求和面临同样风险的人自愿组织起来，以预交风险损失补偿分摊金的方式建立起的一种后备基金。

③保险形式的后备基金。

④自保形式的后备基金。这是一种由各企业或经济组织为保证经营过程的连续性和稳定性所设立的自行弥补损失的一种后备基金，有货币形态和实物形态两种。居民个人储蓄后备和农民家庭实物储备也属于自保后备。自保后备具有低成本、自主性和灵活性的特点。积累规模受企业自身财力的限制，不足以应付较大灾害事故所带来的损失，所以，一般只能适用于小额损失补偿。目前，在国际上自保后备基金的主要组织形式是自保公司。

⑤社会保障形式的后备基金。它是指社会(国家)为保证生活有困难的社会成员的基本生活需要得到满足，采用法律强制手段通过国民收入分配和再分配所形成的一种特殊的消费基金。社会保障基金主要用于社会保险、社会救济等方面的开支，其基本特征是社会性、基本保障性和强制性。

(3)保险基金与社会后备基金的关系

保险基金是社会后备基金的重要形式，起着重要的补充作用。

自保形式的后备基金则是一种自担风险的财务处理手段。

从社会看，人身保障的业务活动可以分为 3 种类别：一是社会福利、社会救济等具有社会性、福利性性质的业务；二是具有基本保障性质的业务；三是人寿保险、意外伤害、公共责任以及投资与储蓄相结合的个人储蓄性业务。在上述 3 类业务中，第一类业务应由集中型和社会保障型的后备基金来承担，商业保险基金无须介入。第二类业务也应由社会保障型的后备基金来承担，但商业保险基金和互助保险基金可以介入这类业务中非强制性的部分，而作为基本保障的补充。第三类业务则主要由商业保险基金来承担。在财产保障业务领域中，集中型的后备基金具有重要作用，其保障的对象主要是国有企业财产。互助型和自保型后备基金虽能承担财产保障的任务，但不能成为财产保障的主要形式。而商业保险基金则在财产保障业务领域中是主要的经营者，至于社会保障基金，则不能介入财产保险业务领域。

8.3.1.2 保险与国民经济

国民经济的活动可分为生产、流通、分配和消费 4 个领域。保险处于国民经济的分配领域。

(1)保险在再生产过程中的地位

①一定的生产形式，会出现与之相适应的保险形式。在前资本主义以小生产为主的经济社会里，保险主要以相互保险形式出现；在资本主义大生产经济社会里，产生现代的商业保险形式；而在高度集中的经济体制下，则出现了高度垄断的国家保险形式。

②保险需求本身就是一种消费行为。保险费支出是风险损失的一种代价，是一种风险损失的纯消费行为。

(2)保险在产品分配体系中的地位

①保险分配和财政分配。保险分配与财政分配两者的区别主要表现为：分配主体不同；分配对象不同；分配方式不同。

②保险分配与企业财务分配的关系。企业财务分配中的风险财务处理手段一般有两种形式：一是自保风险，由企业自留风险基金解决；二是转嫁风险，用支付保险费的办法把风险转嫁给保险公司，从而参与保险基金的再分配。保险分配与企业财务分配的关系，一方面表现为互相制约的关系，另一方面又表现为互相补充的关系。

③保险分配与信用分配的关系。在社会经济活动中，信用分配的主要形式有银行信用分配和财政信用分配。保险基金可以用来参与借贷资本的循环与周转，从而达到增值的目的。

8.3.1.3　保险与金融体系

(1)金融体系的含义

金融体系是指众多银行与非银行金融机构的相互关系及其特征。从各国及地区金融实践看，主要存在 3 种金融体系的模式：即高度集中的金融体系、没有中央银行的金融体系及设有中央银行的金融体系。

(2)保险在金融体系的地位

保险是金融体系的重要组成部分。保险在金融体系中的作用：为金融服务提供配套性的保障服务；为金融市场提供长、短期资金；为银行的安全运行直接提供保障；保险和银行联合为消费者提供多样化的金融保险服务。目前，我国在金融业实行分业经营、分业管理的模式，其目的主要是防范金融风险的交叉感染，有利于提高专业化水平。

8.3.2　保险的职能

保险的基本职能是集中保费建立保险基金，为特定风险损失提供经济保障。简言之保险的基本职能即分担风险和补偿损失。这两个职能是相辅相成的，补偿损失是保险的最终目的，分担风险则是保险处理危险事故的技术方法，是达到补偿损失这一目的所采用的手段。两者的关系体现了保险机制运行过程中手段与目的的统一。

8.3.2.1　保险的基本职能

(1)分担风险的职能

保险组织通过向投保人收取保险费，建立保险基金：当被保险人遭受损失时，用保险基金进行补偿。实际上就是用大家的钱来补偿一部分人的损失，将一部分人面临的风险分摊给大家，这样从整体上提高了对风险的承受能力。因为当一个人单独应对风险时，一次较大的灾难就可能将其摧毁，这时如果有人协助，他就容易渡过难关，这有些类似于经济学中的规模效应：集体的力量要大于个体力量的简单相加。

(2)补偿损失的职能

把风险分散给大家的过程也就是对遭受损失的个体进行经济补偿的过程。保险的两个基本职能实际上是从手段和目的两个不同的角度对保险过程进行考察的结果。

以上职能更多的是从损失的角度来考察保险，但我们知道，财产保险可以看作损失补偿，而人身保险是不能用损失的观点来看待的，大多数人身保险属于给付性质，但人身保险的具体险种还有不同，主要包括人身意外伤害保险、健康保险和人寿保险。其中前两类保险在一定程度上也带有经济补偿性质，当被保险人遭遇意外伤害或生病时，会因此造成经济上的损失，人身意外伤害保险和健康保险可以在一定程度上对被保险人给予经济上的补偿。这两类保险都是以危险事故发生并且给被保险人造成了损失为前提的。而人寿保险则没有这样的性质，人寿保险带有非常浓厚的储蓄色彩，它是被保险人现在付出一定的资金成本，以换取以后经济上的保障，所以说人寿保险的基本职能应该更倾向于对未来的经济保障。

8.3.2.2　保险的派生职能

保险制度随着生产力的发展而逐步完善，因此，其职能也有了新的扩展，在基本职能的基础上产生了派生职能，派生职能主要有以下 3 种：

(1)融资职能

保险的融资职能是指将保险基金的暂时闲置部分重新投入社会再生产过程中。保险组织通过收取保险费聚集起规模庞大的保险基金。保险基金虽然是为了赔偿被保险人的经济损失而建立的，但危险事故不可能同时发生，因此保险基金也不可能一次全部赔偿出去，总有一部分基金处于闲置状态。在现代经济社会中，资金是一种资源，是能够带来利润的，如果闲置，实际上等于遭受损失，因此可以将闲置的保险基金投入社会再生产中。将保险基金投入社会再生产有两种途径：一种是保险公司将保险基金存入银行，由银行贷放出去，进入社会再生产过程；另一种是保险公司直接投资进行运用。

这里需要指出的是保险的融资职能是派生出来的。保险基金首先要承担经济补偿职能，所以保险基金的运用要以保证保险赔偿为前提，应坚持安全性、流动性、盈利性原则。

(2)防灾防损职能

保险的这一职能是指保险人通过参与防灾防损活动，提高了社会的防灾防损能力。保险公司作为以盈利为目的的商业机构参与到防灾防损活动中，是有其客观必然性的。首先，保险公司从自身效益出发，愿意主动参与防灾防损工作，防灾防损做得好，危险事故就发生得少，保险公司的经济赔偿就会减少，利润就会增加。其次，从自身条件来看，保险公司有能力参与防灾防损工作。保险公司的日常业务是围绕危险展开的，从承保、计算费率到理赔都在与危险事故打交道，对每一次事故发生的原因、损失情况都要进行分析、研究和统计，积累了大量有关危险的第一手资料。不论是对财产的分布状态，还是对危险事故发生的概率和可能造成的损失程度都有深入地了解。保险公司完全有能力在科学的基础上做好防灾防损工作。最后，保险可以增强被保险人的防灾防损意识。如我国《保险法》第五十一条规定："被保险人应当遵守国家有关消防、安全、生产操作、劳动保护等方面的规定，维护保险标的的安全。保险人可以按照合同约定对保险标的的安全状况进行检查，及时向投保人、被保险人提出消除不安全因素和隐患的书面建议。投保人、被保险人未按照约定履行其对保险标的的安全应尽责任的，保险人有权要求增加保险费或者解除合同。"所以，参加保险的单位和个人都有义务重视自身检查，消除不安全因素，以避免出现因不符合规定而最终得不到保险赔偿金的情况，这也是保险的防灾防损职能的一种体现。

(3)分配职能

分配职能是指保险通过市场化的风险分摊机制参与社会资源的再分配。具体表现为：保险公司向多数投保人收取保费形成保险基金，当合同约定的危险事故发生时，对少数遭受损失的被保险人进行经济补偿或给付。这一过程本质上是基于合同约定的风险共担和资金再分配，通过将多数投保人的保费集中调配给实际受损的个体，实现了风险共同体内的横向资源流动。

8.3.3 保险的作用

保险的作用可以从宏观和微观两方面进行考察。

8.3.3.1 保险的宏观作用

保险的宏观作用是指保险对全社会和整个国民经济产生的影响，主要体现在以下几个方面：

(1)有助于稳定社会再生产循环

在现代经济社会中，各生产部门之间保持着精确合理的规模比例，各经济主体之间存在千丝万缕的联系，一家企业能否稳定生产不仅对自身至关重要，而且对与之有密切经济联系的其他企业也有非常大的影响。整个经济是均衡的有机体，是一张错综复杂的网，任何一点受到震动都会波及其他点，产生类似于"多米诺骨牌"效应，这种效应会将局部的动荡传递到经济的其他方面，将损失放大，一个比较明显的例子是东南亚金融危机和美国次贷危机，由于这种联动效应，金融危机演化为经济危机，并波及全世界，随着生产力的发展，社会分工会越来越细，各生产部门的专业性会越来越强，它们之间的协作要求会越来越高，整体经济各部门之间的联系会越来越紧密，这张"网"会越织越密，"多米诺骨牌"效应会进一步加强。因此，如何把损失控制在一定范围内显得尤为重要，保险就提供了这样一种机制。保险最基本的职能是对危险损失进行赔偿，当一家企业发生危险事故，生产受到影响时，通过保险可以及时获得经济补偿，以最快的速度恢复生产，从而把相关联企业的影响降到最低。保险就相当于在"多米诺骨牌"中加了一道安全网，可以尽量阻止损失的扩散。

(2)有助于推动社会经济交往

现代社会的经济交往主要表现为商品的买卖和资金的借贷，商品可分为有形商品和无形商品(如劳动力)，不论是商品买卖还是资金借贷，都涉及一个关键问题—信用。作为经济社会中的个体，企业或个人掌握的信息都是不完全的，不可能深入了解每一个与之产生联系的经济主体，那么是否与其进行经济交往就取决于对方的信用，显然信用越好，交往的可能性就越大。保险作为对意外事故的经济补偿，在一定程度上消除了经济主体对信用的顾虑，客观上起到了提高信用的作用。经济主体在进行经济交往时可以投保信用保险，这样的话一旦对方失去信用给自己造成损失，保险公司会做出赔偿，换一个角度看实际上就是确保了对方的信用。比较典型的例子如出口信用保险，出口商如果因进口商违约而遭受损失，保险公司将负担债权损失的经济补偿责任，出口信用保险显然会极大地促进厂商的出口积极性。另一个例子是保证保险，资金借贷对信用的要求最为严格，该保险使债权人可以较为放心地把钱借给别人，因为他的利益已经得到保障。

此外，在现实生产生活中还存在其他一些不确定因素，可能会阻碍经济交往的顺利进行。如商品在运输过程中会因交通事故而受损，这种损失会直接导致经济交往的中断，保险可以将中断的经济交往再次衔接起来，保证商品流通畅通无阻。对一国而言，国内外的经济交往越顺利、越频繁，经济就越有活力，发展就越快，显然保险在这方面起了不小的作用。

(3) 有助于扩大积累规模

一定时期的国民收入经过分配和再分配形成积累基金、消费基金和后备基金三部分。积累基金被投入社会再生产过程，消费基金被消费掉，后备基金用于弥补经济损失。保险基金作为后备基金的一部分，经过保险投资重新进入社会再生产过程，实际上增大了积累基金的规模。

(4) 有助于推动科技发展

如今科学技术对经济发展的促进作用体现得越来越明显，科技进步逐渐成为经济发展最主要的推动力。采用新技术可以提高企业的劳动生产率，促进产品升级换代，扩大市场份额，企业发展的趋势之一就是把新技术的研发摆在最重要的位置上。但对新技术的开发，企业也不是没有考虑，主要原因是开发新技术要面临风险，这一点从风险投资可以看得很清楚，面向高新技术的风险投资，其成功率约为 1/3。保险可以为企业提供保障，促使企业开发新技术、新产品，推动科技的发展。

(5) 有助于增加外汇收入

一方面，保险促进了国际贸易尤其是出口贸易的发展，增强了一国出口换汇的能力。另一方面，外汇保费收入正逐渐成为一项重要的非贸易外汇收入。各国在参与世界市场的再保险业务时，应在保持保险外汇收支平衡的基础上力争保险外汇顺差。

(6) 可以在世界范围内分散危险

当某项危险事故可能造成的损失巨大，超过单家保险公司的承受能力时，保险人就要将超过的部分通过再保险机制转移出去，当再保险行为跨越国界，涉及两国或两国以上的保险机构时，风险实际上是在国际范围内进行分散。另外，如果外国的保险机构直接到本国从事保险业务，那么危险也可以被转移到国外。危险在世界范围内分散，相当于将世界范围内的保险基金联合成一个整体，共同应对危险。前面说过，保险的科学基础是大数法则，根据大数法则集合的保险标的越多，保险的财务稳定性越好，因此这种保险基金的联合能够促进各国保险业的发展。

(7) 可以对经济起到稳定作用，进而有助于社会的稳定

当经济中的不确定因素减少时，人人都能够安居乐业，社会的不安定因素自然也会减少。可见保险有利于社会的良性运转。

8.3.3.2　保险的微观作用

保险的微观作用指保险对作为经济个体的单位或个人产生的影响。主要体现在以下几个方面：

(1) 有助于受灾企业及时恢复生产

在社会生产过程中，危险事故如自然灾害和意外事故，是客观存在且不可避免的，极具不确定性。我们对危险事故什么时候发生，在什么地点发生，会造成多大损失等问题很难给出确定的答案。企业对危险往往是防不胜防的，事故发生给企业造成巨大损失，单凭自身力量，企业很难在短时间内恢复到受灾前的生产水平。如果参加保险，企业就可以在最短时间内获得经济上的补偿，重新购买机器设备、原材料等，及时恢复生产能力，把因生产中断造成的损失降到最低。

(2) 有助于安定人民生活

家庭是社会的基本单位，家庭的稳定是人们安心从事社会生产的重要前提，对全社会的稳定具有重要意义。同企业一样，家庭也会面临自然灾害和意外事故的威胁，如洪水、火灾、家庭成员的生老病死等。而且家庭对危险的承受能力要比企业弱得多，所以在事故发生后，家庭对外来经济补偿的需求也比企业迫切得多。人身保险和家庭财产保险等针对家庭的保险品种在这方面起到了积极作用，为人民生活提供了保障。

(3) 有助于均衡个人财务收支

这一点主要是针对人身保险而言，与财产保险补偿经济损失的作用相比，人身保险更多地体现了储蓄的性质。将现在的财富积累下来以满足未来的需要，实际上是让渡现在的消费权利，获得未来的消费权利，从人一生的角度来看这种权利在时间上的转移是很合理的。一般而言，人的收入在其整个生命周期内波动幅度较大，通常呈现青年期与老年期收入较低、中年阶段收入较高的特点。通过人身保险的储蓄功能(如年金保险、终身寿险等)，可以将中年时期的收入盈余转化为长期储蓄，以缓解青年期的支出压力(如教育、购房)和老年期的收入缺口(如养老、医疗)，从而实现个人财务收支在生命周期内的跨期均衡。

本章思考题

(1) 简述保险的定义及 3 个要点。

(2) 如何理解保险是一种合同行为？

(3) 如何理解保险是一种危险转移机制？

(4) 简述保险的基本职能和派生职能的关系。

(5) 结合自身体会，谈谈保险对个人生活的影响。

案例分析 8：

全国首单林业碳汇指数保险落地福建龙岩

2021 年 5 月，由中国人寿财险公司开发的全国首单政策性林业碳汇指数保险在福建省龙岩市新罗区试点落地。该保险覆盖约 323 万亩林地的每年 100 余万吨固碳量，可为新罗区林业产业提供 2000 万元的碳汇损失风险保障。

林业碳汇指数保险是根据当地森林树种、胸径等数据，计算出蓄积量，再换算出生物量，最后根据含碳率，得出固碳量。保险服务期间，通过卫星遥感技术，以光谱形式呈现森林植被生长情况，监测日常固碳状态。该险种以碳汇损失计量为补偿依据，将因火灾、冻灾、泥石流、山体滑坡等合同约定灾因造成的森林固碳量损失指数化，当损失达到保险合同约定的标准时，视为保险事故发生，保险公司按照约定标准进行赔偿。

相较于传统的森林保险只是保障具象的各类树木，林业碳汇指数保险则着眼于森林所带来的固碳功能，目的是保障林业所产生的直接经济价值以外的富余价值，因此在保障对象、保险金额、受益人、赔款用途和生态意义上，与传统森林保险存在本质区别。

林业碳汇指数保险赔款可用于对灾后林业碳汇资源救助和碳源清除、森林资源培育及加强生态保护修复等与林业碳汇富余价值生产活动有关的费用支出。出险后保险公司借助卫星遥感技术高效监测损失情况，与林业主管部门联合查勘定损，可在灾后第一时间将赔款支付到位，为灾后减损、固碳能力修复争取宝贵时间。

由于引发森林碳汇能力减弱的灾因繁多，不同地域森林碳汇能力也有所不同。同时，森林碳汇能力与计量看不见摸不着，一旦发生损失很难准确核定其富余价值损失。因此，林业碳汇指数保险是保险行业解决林业碳汇世界难题的一次积极大胆的探索，在全国尚属首创，具有广泛和深远意义。

讨论：

(1) 政策性林业碳汇指数保险属于何种保险分类？

(2) 简述林业碳汇指数保险的作用。

(3) 简述林业碳汇指数保险与传统的森林保险的区别与联系。

第 9 章　保险合同

学习目标

(1) 掌握保险合同的含义与特征。

(2) 理解保险合同主体：当事人及关系人。

(3) 理解保险合同客体。

(4) 掌握保险合同订立变更、解除、终止。

(5) 理解保险合同解释的含义。

(6) 掌握保险合同解释的原则。

(7) 掌握解决保险合同争议的方式。

9.1　保险合同的特征与种类

9.1.1　保险合同及其特征

《保险法》第九条规定："保险合同是投保人与保险人约定保险权利义务关系的协议。"保险合同的当事人是投保人和保险人；保险合同的内容是关于保险的权利义务关系。保险合同属于民商合同中的一种，保险合同不仅适用《保险法》，也适用《中华人民共和国民法典》。保险合同作为一种特殊的民商合同，除具有一般合同的法律特征外，还具备下列一些独有的法律特征。

9.1.1.1　保险合同是有偿合同

有偿合同是指因为享有一定的权利而必须偿付一定对价的合同。投保人的对价是向保险人支付保险费，保险人的对价是承担投保人转移的风险。

9.1.1.2　保险合同是双务合同

双务合同是指合同双方当事人相互享有权利、承担义务的合同。

9.1.1.3　保险合同是最大诚信合同

保险合同较一般合同对当事人的诚实信用的要求更为严格，故称为最大诚信合同。

9.1.1.4　保险合同是射幸合同

射幸合同是指合同当事人中至少有一方并不必然履行金钱给付义务，只有当合同中约定的条件具备或合同约定的事件发生的才履行；而合同约定的事件是有可能发生也有可能不发生的不确定事件。

9.1.1.5　保险合同是附合合同

附合合同是指其内容不是由当事人双方协商拟订，而是由一方当事人事先拟订，另一方当事人只是作出是否同意的意思表示的一种合同。

9.1.2 保险合同的种类

9.1.2.1 单一危险保险合同与综合危险保险合同

根据保险人所承保的危险的状况不同，保险合同可分为单一危险保险合同与综合危险保险合同。单一危险合同是指只承保一种危险责任，如农作物雹灾险合同。

9.1.2.2 定值保险合同与不定值保险合同

按保险标的的价值是否载于保险合同进行分类，保险合同可分为定值保险合同和不定值保险合同。定值保险合同是指载明保险双方约定的保险标的价值的保险合同。在定值保险合同中，若保险标的因保险事故导致全损，不论保险事故发生时保险标的的实际市场价值是多少，保险人均按保险合同中载明的保险标的的价值赔偿。定值保险合同一般适用于特殊的保险标的，如古玩、字画、船舶、货物运输等。不定值保险合同是指保险双方当事人事先不确定保险价值，只在保险合同中列明保险金额作为赔偿的最高限额。当保险标的发生保险责任范围内规定的事故损失时，保险人以当时损失发生地的市场价格为依据计算保险标的的实际价值，并结合保险金额确定赔偿数额。具体规则为：

①若保险金额≥实际价值，按实际损失金额全额赔偿。

②若保险金额<实际价值，按保险金额与实际价值的比例分摊损失（即比例赔偿原则）。

9.1.2.3 定额保险合同与补偿保险合同

按保险金额的确定方式，保险合同可分为定额保险合同和补偿保险合同。定额保险合同是指合同双方当事人事先协商约定保险金额的合同。人身保险合同均采用定额保险合同的形式。补偿保险合同是指以保险标的价值确定保险金额的合同。财产保险合同均属于补偿性保险合同。

9.1.2.4 个别保险合同与集合保险合同

根据保险标的数量、性质及风险同质性差异，保险合同可以分为个别保险合同与集合保险合同。个别保险合同以单一风险单位为保险标的的合同，即合同中仅针对一个独立的人、物或法律责任提供保障；集合保险合同以多个同类或异类风险单位为保险标的的合同，通常以团体、集合体或特定财产组合的形式承保，又称团体保险合同。

9.1.2.5 特定保险合同与总括保险合同

按保险标的是否为特定物或是否属于特定范围，保险合同可分为特定保险合同与总括保险合同。特定保险合同是以特定物为保险标的合同，总括保险合同是可以变动的多数人或物为保险标的的合同。

9.1.2.6 足额保险合同与非足额保险合同

按保险金额与保险标的的实际价值的对比关系划分，保险合同可分为足额保险合同与不足额保险合同。足额保险合同又称全额保险合同。足额保险合同是指保险金额大体相当于财产的实际价值的保险合同，保险人按实际损失如数赔偿。不足额保险合同又称低额保险合同，是指保险金额小于财产实际价值的保险合同。这种情况的出现有 3 种原因：①投保人基于自己的意思或基于保险合同当事人的约定而对保险标的的部分价值进行投保。②投保人因没有正确估计保险标的的价值而产生的不足额保险。③在订立保险合同以后，因保险的市场价格上涨而产生不足额保险。保险人的赔偿方式有比例赔偿方式和第一风险赔偿方式两种。

9.1.2.7　专一保险合同与重复保险合同

以保险人的人数为标准划分，保险合同分为专一保险合同与重复保险合同。

9.1.2.8　原保险合同与再保险合同

根据保险人所负保险责任的次序，保险合同可分为原保险合同与再保险合同。再保险合同又称分保合同。再保险合同是一种补偿性保险合同。

9.2　保险合同的主体与客体

9.2.1　保险合同的主体

当投保人与被保险人为同一人时，保险人、投保人和被保险人是保险合同的当事人，当投保人与被保险人不是同一人时，投保人是保险合同的当事人，而被保险人是保险合同的关系人。

9.2.1.1　保险合同的当事人

(1) 保险人

在我国，保险人是指与投保人订立保险合同，并承担赔偿或给付保险金责任的保险公司。保险人必须符合以下 3 个条件：①保险人要具备法定资格。②保险人必须以自己的名义订立保险合同。③保险人须依照保险合同承担保险责任。保险人要具备法定资格，具体内容包括：保险人必须是依照法定条件和程序设立的保险公司，要接受保险监管部门的监管；保险公司的组织形式应是国有独资公司和股份有限公司两种形式；保险公司要分业经营。按照保险合同的约定承担保险责任，是保险人最主要、最基本的合同义务。

(2) 投保人

投保人是指与保险人订立保险合同，并按照保险合同负有支付保险费义务的人。投保人并不以自然人为限，法人和其他组织也可以成为投保人。投保人应具备的条件是：①须具有民事权利能力和民事行为能力。②投保人须对保险标的具有保险利益。③投保人须与保险人订立保险合同并按约定交付保险费。投保人须对保险标的具有保险利益的目的在于：一是为了防范投保人利用保险合同进行投机赌博等违法活动，以减少道德危险的发生概率；二是为了限制赔偿额度，保证保险业健康发展；三是为了维护国家利益、社会公共道德和保险人合法权益。

(3) 被保险人

被保险人是指其财产或者人身受保险合同保障，享有保险金请求权的人。被保险人应是投保人在保险合同中指定的人；投保人要征得被保险人同意；投保人不得为无民事行为能力人投保以死亡为给付保险金条件的人身保险，但父母为未成年子女投保的人身保险不受此限制，只是死亡给付保险金额总和不得超过保险监督管理部门规定的限额。被保险人成立应具备的条件是：①被保险人须是财产或人身受保险合同保障的人。②被保险人须享有保险金请求权。在人身保险合同中，保险事故或事件发生后，被保险人仍然生存的，保险金请求权由被保险人本人行使；被保险人死亡的，保险金请求权由被保险人或者投保人指定的受益人行使。

9.2.1.2 保险合同的关系人

保险合同的关系人一般是指受益人。受益人是指人身保险合同中由被保险人或者投保人指定的享有保险金请求权的人。受益人须具备以下条件：

(1)受益人须经被保险人或投保人指定或变更

受益人可以是自然人，也可以是法人，胎儿也可以为受益人。投保人指定或变更受益人时，须经被保险人同意。被保险人为无民事行为能力人或者限制民事行为能力人的，可以由其监护人指定受益人。

(2)受益人必须是具有保险金请求权的人

人身保险合同中被指定的受益人是一人时，保险金请求权由该人行使，并获得全部保险金。受益人是数人时，保险金请求权由该数人行使，其受益顺序和受益份额由被保险人或投保人确定；未确定的，受益人按照相等份额享有受益权。受益人的保险金请求权来自人身保险合同的规定，故受益人获得的保险金不属于被保险人的遗产，既不纳入遗产分配，也不用于清偿被保险人生前债务。遇有下列情形之一的，保险金作为被保险人的遗产：①没有指定受益人的；②受益人先于被保险人死亡，没有其他受益人的；③受益人依法丧失受益权或者放弃受益权，没有其他受益人的。此时，保险金应按《中华人民共和国继承法》规定分配。

9.2.1.3 保险合同的辅助人

保险合同的辅助人包括保险代理人、保险经纪人、保险公估人等。

9.2.2 保险合同的客体

保险合同的客体是保险合同的重要组成要素。按照法律规定，客体是指权利和义务所指向的对象。保险合同的客体不是保险标的本身，而是投保人或被保险人对保险标的所具有的保险利益。保险标的是保险利益的载体。没有保险标的，保险利益就无从谈起。当标的遭受损坏时，投保人或被保险人的利益即遭到损害。以财产或人身作为保险标的，财产或人身就是保险事故可能发生的本体。保险人对财产及其相关利益的损失或人身伤害及其费用损失承担赔偿或给付责任。保险标的是保险人进行保险估价和确定保险金额的依据(人身保险、责任保险除外)。保险标的的名称、质地、价值、使用性质、所在地点、与投保人的关系等，都是保单中明确载明的重要内容。

保险合同的客体是投保人或被保险人对保险标的所具有的保险利益，这主要是因为保险合同保障的不是保险标的本身的安全，而是保险标的受损后投保人或被保险人、受益人的经济利益。危险是客观存在的，保险合同的订立并不能保证保险标的不发生危险，不会产生事故损失。当保险事故发生后，保险人依据合同，只能对保险标的的损失进行经济赔偿，不可能赔偿原有的保险标的。因此，保险合同中规定的权利和义务所指的对象是投保人或被保险人对保险标的所具有的保险利益，即保险合同的客体是保险利益。

有关保险利益的含义及性质、保险利益的确定须满足的条件和各类保险的保险利益等内容，在本书第 10 章“保险的基本原则”中有较为详细的论述。

9.3　保险合同的内容与形式

9.3.1　保险合同的内容

9.3.1.1　保险合同的内容

保险合同的内容是指以双方权利义务为核心的保险合同的全部记载事项。保险合同由以下四部分构成：①主体部分；②权利义务部分；③客体部分；④其他声明事项部分。从条款的拟定上看，保险合同的内容由基本条款和特约条款构成。基本条款由保险人拟定；特约条款由双方共同拟定。两种条款都具有法律效力。

9.3.1.2　保险合同的基本条款

(1)保险标的

保险标的是指作为保险对象的财产及其有关利益或者人的生命和身体，它是保险利益的载体。

(2)保险责任和责任免除

保险责任是指保险合同约定的保险事故或事件发生后，保险人所应承担的保险金赔偿或给付责任。其法律意义在于确定保险人承担风险责任的范围。责任免除条款的内容应以列举方式规定。

(3)保险期间

它是指保险人为被保险人提供保障的起止时间。保险责任开始时间即保险人开始承担保险责任的时间。我国保险实务中以约定起保日的零点为保险责任开始时间，以合同期满日的 24 点为保险责任终止时间。

(4)保险价值

它是指保险标的的实际价值，即投保人对保险标的所享有的保险利益的货币估价额。保险价值的确定主要有 3 种方法：①由当事人双方在保险合同中约定。②按事故发生后保险标的市场价格确定。③依据法律具体规定确定保险价值。

(5)保险金额

它是指保险人承担赔偿或者给付保险金的最高限额。在定值保险中，保险金额为双方约定的保险标的的价值。在不定值保险中，保险金额可以按下述方法确定：①由投保人按保险标的的实际价值确定。②由投保人和保险人协商按保险标的的实际价值确定。③根据投保人投保时保险标的的账面价值确定。

(6)保险费及其支付办法

缴纳保险费是投保人应履行的基本义务，其多少取决于保险金额的大小，保险期限的长短和保险费率的高低等。

(7)承担违约责任

它的方式应在保险合同订明，主要是支付违约金或支付赔偿金。

(8)争议处理

它是指保险合同发生争议后的解决方式，包括协商、仲裁和诉讼。

9.3.1.3 保险合同的特约条款

特约条款包括附加条款和保证条款，狭义上仅指保证条款。

附加条款是指保险合同当事人在基本条款的基础上另行约定的补充条款。对基本条款的修改或变更，其效力优于基本条款。

保证条款是指投保人或被保险人就特定事项担保的条款，即保证某种行为或事实的真实性的条款。如有违反，保险人有权解除合同或拒绝赔偿。

9.3.2 保险合同的形式

保险合同通常采用书面形式。书面形式的保险合同包括：投保单、保险单、保险凭证、暂保单以及除此之外的其他书面协议。

9.3.2.1 投保单

投保单也称要保书，指投保人为订立保险合同而向保险人提出的书面要约。经保险人盖章后，保险合同即告成立。

9.3.2.2 保险单

保险单也称保单，它是指保险合同成立后，保险人向投保人(被保险人)签发的正式书面凭证。

①保险单包括4个部分的内容：a. 声明事项；b. 保险事项；c. 除外责任；d. 条件事项。

②保险单具有下述法律意义：a. 证明保险合同的成立；b. 确立保险合同内容；c. 为明确当事人双方履行保险合同的依据；d. 具有证券作用。

9.3.2.3 保险凭证

保险凭证也称“小保单”，是保险人向投保人签发的证明保险合同已经成立的书面凭证，是一种简化了的保险单。保险凭证的法律效力与保险单相同，在少数几种保险业务如货物运输保险、汽车险及第三者责任保险中使用、另外在团体保险中也使用保险凭证。

9.3.2.4 暂保单

暂保单也称临时保险单，它是指由保险人在签发正式保险单之前，开立的临时保险凭证。暂保单的有效期一般为30天。

9.4　保险合同的订立、变更、解除和终止

9.4.1　保险合同的订立

保险合同的成立是指投保人与保险人就保险合同条款达成协议。但是保险合同多为附条件合同，以交纳保险费为合同生效的条件。我国保险实务中普遍实行“零点起保”。保险合同有效是保险合同生效的前提条件。

无效保险合同是指当事人虽然订立，但不发生法律效力、国家不予保护的保险合同。按照无效的程度，保险合同的无效可分为全部无效和部分无效。全部无效是指违反国家禁止性规定而被确认无效后，不得继续履行的保险合同。部分无效是指保险合同某些条款的内容无效，但合同的其他部分仍然有效，如善意的超额保险，超额部分无效等。

按照无效的性质，保险合同的无效可分为绝对无效和相对无效。绝对无效是指保险合同自订立时起就不发生法律效力。相对无效是指因重大误解和显失公平等引起无效的保险合同。无效合同的确认权归人民法院和仲裁机关。根据我国有关合同法律规定，应从下述几方面确认合同无效：保险合同的当事人不具有行为能力；保险合同的内容不合法；保险合同的当事人意思表示不真实；保险合同违反国家利益和社会公共利益；未成年人父母以外的投保人，为无民事行为能力人订立的以死亡为保险金给付条件的保险合同；以死亡为给付保险金条件的保险合同，未经被保险人书面同意并认可保险金额者。

无效合同的处理方式有：①返还财产；②赔偿损失；③追缴财产。

9.4.2　保险合同的变更

保险合同的变更是指在保险合同有效期间，当事人依法对合同条款所作的修改或补充。《保险法》第二十条关于保险合同的变更，指的是广义上的保险合同变更，即包括主体、客体和权利义务的变更。保险合同的主体变更是指保险合同的当事人或关系人的变更，即保险合同的转让。

9.4.2.1　保险合同主体的变更

（一）财产保险合同的主体变更

①保险标的所有权、经营权发生转移。

②保险标的的用益权的变动。

③债务关系发生变化。

《保险法》第33条要求，由于保险标的的转让直接涉及保险人利益，所以转让保险标的应通知保险人。但货物运输保险合同保险标的的转让无需征得保险人同意。

（二）人身保险合同主体的变更

人身保险合同主体的变更不以保险标的的转移为基础，而主要取决于投保人或被保险人的主观意愿。①投保人的变更；②被保险人的变更；③受益人的变更。投保人变更受益人时须经被保险人同意。

9.4.2.2 保险合同客体变更

保险合同客体变更的原因主要是保险标的的价值增减变化，引起保险利益发生变化。保险合同客体的变更，通常是由投保人或被保险人提出，经保险人同意，加批后生效。

9.4.2.3 保险合同的内容变更

保险合同的内容变更是指保险合同主体的权利和义务的变更。一是投保人根据实际需要提出变更保险合同内容；二是投保人根据法律规定提出变更保险合同内容。

9.4.3 保险合同的解除

9.4.3.1 保险合同解除的形式

保险合同解除的形式有法定解除与协议解除两种。

(1)法定解除

法定解除是法律赋予合同当事人的一种单方解除权。货物运输保险合同和运输工具航程保险合同，保险责任开始后，合同不得解除。

解除合同的情况是：①投保人故意或过失未履行如实告知义务；②投保人、被保险人未履行维护保险标的的义务；③被保险人未履行危险增加通知的义务；④在人身保险合同中，投保人申报的被保险人的年龄不真实，并且其真实年龄不符合合同约定的年龄限制的；⑤分期支付保险费的保险合同，投保人在支付了首期保险费后，未按约定或法定期限支付当期保险费的。合同效力中止后 2 年内双方未就恢复保险合同效力事宜达成协议的，保险人有权解除保险合同；⑥保险欺诈行为发生后。投保人、被保险人或者受益人故意制造保险事故，但是人身保险合同的投保人交足 2 年以上保险费的，保险人应当按照合同的约定向其他享有权利的受益人退还保险单的现金价值。

(2)协议解除

协议解除又称约定解除，是指当事人双方经协商同意解除保险合同的一种法律行为。

9.4.3.2 保险合同解除的后果

保险合同解除的后果是指解除保险合同的行为对原保险合同的权利义务的溯及力。

9.4.4 保险合同的终止

保险合同终止的主要原因有合同的期限届满、履行完毕、主体消灭或约定事由等。

(1)保险合同终止与保险合同解除的区别

①直接原因不同；②履行程度和效力不同；③法律后果不同。

(2)保险合同终止与保险合同效力中止的区别

①两者发生的原因不同；②两者产生的后果不同。《保险法》第四十二条规定，“保险标的发生部分损失的，在保险赔偿后 30 日内，投保人可以终止合同。”

9.5 保险合同的履行

保险合同的履行是指保险合同当事人双方依法全面完成合同约定义务的行为。

9.5.1　投保人义务的履行

9.5.1.1　如实告知

如实告知是投保人必须履行的基本义务，《保险法》实行“询问告知”的原则。保险人没有询问到的问题，投保人不告知不构成对告知义务的违反。

9.5.1.2　交付保险费

交付保险费是投保人的最基本的义务，通常也是保险合同生效的必要条件。

9.5.1.3　维护保险标的的安全

保险人有权对保险标的的安全工作进行检查，经被保险人同意，可以对保险标的采取安全防范措施。

9.5.1.4　危险增加通知

被保险人在保险标的危险程度增加时，应及时通知保险人，被保险人未履行危险增加通知义务的，保险人不负赔偿责任。

9.5.1.5　保险事故发生的通知

投保人、被保险人或受益人应在知道保险事故发生后及时通知保险人（通常合同约定通知时限，如10日内）；通知内容需包括事故发生时间、地点、原因及损失初步情况；未及时履行通知义务的，若因故意或重大过失导致事故性质、原因或损失程度难以确定，保险人对无法确定的部分不承担赔偿责任。

9.5.1.6　出险施救

《保险法》第四十一条还规定，被保险人为防止或者减少保险标的的损失所支付的必要的、合理的费用，由保险人承担。

9.5.1.7　提供单证

保险事故发生后，投保人、被保险人或受益人需向保险人提供与确认事故性质、原因及损失程度相关的证明和资料，包括但不限于：保险单、身份证明；事故证明（如交警责任认定书、医疗诊断书）；损失清单及费用凭证（如维修发票、医疗费用收据）；其他必要材料（如第三方责任认定文件）。提供的单证须真实、完整，故意提供虚假材料将导致保险人拒赔或解除合同。

9.5.1.8　协助追偿

在保险人行使代位求偿权时（如事故由第三方责任导致），被保险人应做到：向保险人提供第三方责任人的身份信息和赔偿依据；配合保险人向第三方追偿（如签署权益转让书、出庭作证等）；不得放弃对第三方的索赔权（否则保险人可相应扣减赔偿金）。被保险人因过错导致保险人无法行使代位求偿权的，保险人可扣减或拒绝赔偿。

9.5.2　保险人义务的履行

9.5.2.1　承担保险责任

（1）保险人承担保险责任的范围

①保险赔偿；②施救费用；③争议处理费用；④检验费用。

(2)承担保险责任的时限

受益人达成有关赔偿或者给付保险金额的协议后10日内，履行赔偿或者给付保险金义务。对于不能确定赔偿或者给付金额的，自收到赔偿或者给付保险金的请求和有关证明、资料之日起60日内，确定最低数额先予支付。

(3)索赔时效

人寿保险以外的其他保险的索赔时效即被保险人或者受益人对保险人请求保险金赔偿或给付的权利，自知道保险事故发生之日起2年不行使而自动消灭。

9.5.2.2　条款说明

保险合同中规定有关于保险人责任免除条款的，保险人在订立保险合同时应当向投保人明确说明，未明确说明的，该条款不产生效力。

9.5.2.3　及时签发保险单证

保险合同成立后，保险人应当及时向投保人签发保险单或其他保险凭证(如电子保单、纸质保单等)；保险单证需完整载明合同双方权利义务，包括保险标的、责任范围、免责条款、保险期间、保费金额等核心内容；若因保险人延迟或错误签发单证导致投保人权益受损(如影响理赔时效)，保险人需承担相应赔偿责任。

9.5.2.4　为投保被保险人或再保险分出人保密

(1)保险人对其在承保、理赔及再保险业务中知悉的以下信息负有保密义务

投保人/被保险人的个人信息(如身份信息、健康状况、财产状况)；保险标的的风险信息(如企业商业秘密、家庭隐私)；再保险分出人的业务信息(如分保比例、风险定价数据)。

(2)保密例外

经当事人书面授权；依法向监管机构、司法机关提供；为公共利益或防范违法犯罪必要披露。

(3)保密期限

即便保险合同终止或解除，保密义务仍持续有效。

9.6　保险合同的解释和争议的处理

9.6.1　保险合同的解释及其原则

保险合同的解释是对保险合同条款的理解和说明。保险合同的条款内容一般来讲是明确和具体的，但由于合同当事人经济利益冲突、业务习惯差异以及情势变更、不可预见因素的发生等原因，常会出现当事人对保险合同条款内容的解释不一致，从而影响保险合同履行的情形。因此，正确解释合同具有十分重要的现实意义。

保险合同当事人双方就合同解释发生争议，又不能协商解决时，人民法院或仲裁机关对争议条款做出的解释具有约束力。所以，保险合同的解释实质上就是人民法院或者仲裁机关就保险合同当事人双方发生争议的合同条款所做出的具有约束力的理解和说明。保险合同的解释通常依据一定的原则，即保险合同解释的原则。它们是对保险合同的理解和说

明应当遵循的基本准则。保险合同首先是合同，因此，保险合同的解释首先应遵循合同解释的一般原则，即在坚持合法、公平、诚信、互利的基础上，根据合同的整体内容和当事人订立合同的目的，对保险合同条款进行全面、公正的解释。同时，保险合同的解释还应考虑保险的专业性和技术性。一般说来，对保险合同的解释遵循文义解释、意图解释、专业解释、有利于被保险人和受益人的解释等原则。

9.6.1.1 文义解释的原则

文义解释是按照保险合同条款所使用文句的通常含义和保险法律法规及保险习惯，并结合合同的整体内容对保险合同条款所做的解释。保险合同双方当事人意思表示一致时，用合同书面形式记载双方的权利义务。因此，文义解释是对保险合同解释的最一般的原则。我国保险合同的文义解释主要有两种情形。

(1)保险合同一般文句的解释

对保险合同条款使用的一般文句尽可能按文句公认的表面含义和其语法意义去解释。双方有争议的，以权威性工具书或专家的解释为准。

(2)保险专业术语和法律专业术语的解释

对于保险专业术语或其他法律术语，有立法解释的，以立法解释为准；没有立法解释的，以司法解释、行政解释为准；无上述正式解释的，亦可按行业习惯或保险业公认的含义解释。

9.6.1.2 意图解释的原则

意图解释是按保险合同当事人订立保险合同的真实意思，对合同条款所做的解释。保险合同是最大诚信合同，在对合同条款进行解释时还必须坚持意图解释的原则，充分考虑当事人订立合同时的真实意思。但是，当事人的真实意思只是对当事人订立合同时心理状态的一种推定。因此，在进行意图解释时，按以下做法进行：

①双方既有书面约定又有口头约定的以书面约定为准。当书面约定与口头约定不一致时，应当推定书面约定更能体现保险合同当事人的真实意图，即以书面约定为准。

②保险单及其他保险凭证与其他合同文件不一致时，以保险单及其他保险凭证中载明的合同内容为准。这是因为保险单是证明合同成立并确认合同内容、明确当事人双方权利义务和履行保险合同的基本法律依据，所以，从法律上看保险单及保险凭证比其他合同文件更能体现保险合同当事人的真实意图。

③合同的特约条款与基本条款不一致时，以特约条款为准。基本条款是保险人根据《保险法》的规定拟定的，是保险合同必不可少的条款；而特约条款是保险合同当事人根据其特殊要求拟定的补充条款。因此，特约条款更体现当事人的真实意图。

④保险合同的条款内容按照批单优于正文，后批注优于先批注，手写优于打印，加贴批注优于正文批注的规则解释，即以更能反映当事人真实意图的手写的、后批注的文句为准。

9.6.1.3 专业解释的原则

专业解释是指对保险合同中使用的专业术语按照其所属专业的特定含义进行解释。在保险合同中除了保险术语、法律术语之外，还会出现其他专业术语。因此，对于这些具有特定含义的专业术语，应按其所属行业或学科的技术标准或公认的定义来解释。如重大疾病保险合同中，对疾病的解释应按医学界公认的标准进行。

9.6.1.4 有利于被保险人和受益人的解释原则

如果采用保险人提供的格式条款订立保险合同，那么对保险条款要做有利于非起草方的解释，也就是做有利于投保方的解释。该原则的确立是基于保险合同是附和性合同的特点。保险人在订立合同时处于优势，且保险人对有关法律法规和保险知识更了解，这对保险人拟定保险条款仍然有利。因此，根据各国的保险立法例，在处理保险合同争议时，以公平为准绳，保险人与投保人、被保险人或者受益人对合同条款有争议的，按照通常理解予以解释。对合同条款有两种以上解释的，应做出有利于被保险人和受益人的解释和判定，使保险合同真正起到保险保障的目的，维护被保险人和受益人的合法权益。

9.6.2 解决保险合同争议的方式

(1) 协商

协商是指合同主体双方在自愿诚信的基础上，根据法律规定及合同约定，充分交换意见，相互切磋与理解，求大同存小异，对所争议的问题达成一致意见，自行解决争议的方式。

(2) 仲裁

仲裁是指争议双方依仲裁协议，自愿将彼此间的争议交由双方共同信任、法律认可的仲裁机构的仲裁员居中调解，并作出裁决。仲裁裁决具有法律效力，仲裁机构主要是指依法设立的仲裁委员会。

(3) 诉讼

保险诉讼是指通过国家审判机关——人民法院解决争端、进行裁决的办法。它是解决争议的最激烈方式。

本章思考题

(1) 简述保险合同的概念及其特点。
(2) 简述保险合同的要素。
(3) 简述保险合同条款的特征和类型。
(4) 简述保险合同的订立程序。
(5) 简述保险合同的变更。
(6) 简述保险合同的解释原则。
(7) 简述保险合同的争议处理方式。
(8) 试从主体、客体和内容 3 个方面分析保险合同的要素。

案例分析 9：

野生动物“毁田”，农业保险“买单”

种植户王先生的马铃薯田遭受野猪毁损，造成其种植的马铃薯严重受损，其主观认为野猪造成的损毁不属于保险责任，就没有报案。保险公司农险专员得知后，主动前去实地进行勘察，告知其属于赔偿责任，并开通了绿色理赔通道，快速赔付给王先生，帮助其早日恢复生产。王先生事后激动不已，他没想到野生动物肇事也属于农业保险责任，更没有想到保险公司会主动上门指导报案，给予自己赔偿，减少此次野猪毁损农田造成的损失。

案例分析：近年来，随着我国对野生动物保护力度的进一步加强和生态环境不断改善，野生动物的种群得以慢慢恢复，活动范围也在逐渐扩大，野生动物破坏农作物的现象时有发生，严重影响了农业生产。本案例中，王先生承保的马铃薯种植保险属于农业保险中的一种，其保险责任条款中包含了野生动物肇事补偿责任，目的在于防范马铃薯种植保险面临的野生动物肇事损毁风险，降低农户灾后损失，稳定粮食生产，提高农户种植积极性。

王先生的马铃薯田由野生动物损毁，属于保险责任，符合理赔标准，所以案件得以理赔。

此案的快速处理不仅为农户减少了损失，更保护了农户的合法权益，体现了农业保险在稳定农业生产、助推农业现代化、防止返贫、提升乡村治理、助力乡村振兴的重要作用。

案例启示：

①为贯彻落实国家粮食安全战略和财政部等四部门《关于加快农业保险高质量发展的指导意见》等文件精神，近年来，各地推出多项政策性农业保险，为全面实施乡村振兴战略、实现乡村共同富裕保驾护航。作为政策性保险的一种，通过产品创新能够为更多农户带来高效率、低成本的保障服务。

②消费者要拒绝非法代办业务行为，警惕参与委托代办业务可能面临的风险，不轻信虚假承诺，不随意委托他人签订协议、授权他人办理金融业务，自觉主动通过保险公司官方 APP 或到保险公司柜面更新个人信息事宜，避免给不法分子可乘之机。

③消费者在办理保险业务时，应该仔细阅读信息获取协议、保险合同条款等，在提供个人身份证复印件办理各类业务时，应在复印件上打上“水印”或注明使用用途，防止身份证复印件被挪作他用。一旦发生信息泄露情形，要运用法律武器，维护自身权益。

讨论：

(1) 简述该案例中保险合同的主体与客体。

(2) 简述该案例中保险合同的客体特征。

(3) 简述政策性农业保险如何助力乡村振兴。

第10章　保险的基本原则

学习目标

(1)理解保险利益的含义。

(2)掌握保险利益成立的条件。

(3)理解保险利益原则的意义。

(4)掌握最大诚信原则的基本内容。

(5)理解近因原则的含义。

(6)掌握近因的认定与保险责任的确定。

(7)掌握损失补偿的基本原则。

10.1　保险利益原则

10.1.1　保险利益及其成立的条件

10.1.1.1　保险利益原则的含义

所谓保险利益原则是指在签订和履行保险合同的过程中，投保人和被保险人对保险标的必须具有保险利益。

10.1.1.2　保险利益成立的条件

保险利益是保险合同得以成立的前提，投保人对保险标的应当具有保险利益。投保人对保险标的不具有保险利益的，保险合同无效。保险利益应符合下列条件：

(1)保险利益应为合法的利益

投保人对保险标的所具有的利益要为法律所承认。保险利益必须是符合法律规定的、符合社会公共秩序的、为法律所认可并受到法律保护的利益。例如，因偷税漏税、盗窃、走私、贪污等非法行为所得的利益不得作为投保人的保险利益而投保，如果投保人以不受法律认可的利益投保，则保险合同无效。

(2)保险利益应为经济上有价的利益

投保人对保险标的的保险利益在数量上应该可以用货币来计量。

(3)保险利益应为确定的利益

投保人对保险标的在客观上或事实上已经存在或可以确定的利益。这种客观存在的确定利益包括现有利益和期待利益。

(4)保险利益应为具有利害关系的利益

这里的利害关系是指保险标的的安全与损害直接关系到投保人的切身经济利益。

10.1.2　主要险种的保险利益

10.1.2.1　财产保险的保险利益

财产保险的保险标的是财产及其有关利益。财产保险的保险利益有下列情况：①财产所有人、经营管理人的保险利益；②抵押权人与质权人的保险利益；③负有经济责任的财产保管人、承租人等的保险利益；④合同双方当事人的保险利益。

10.1.2.2　人身保险的保险利益

人身保险的保险标的是人的生命或身体。人身保险利益可分为以下 4 种情况：①本人对自己的生命和身体具有保险利益。②投保人对配偶、子女、父母的生命和身体具有保险利益。③投保人对上述两项以外与投保人有抚养、赡养或者扶养关系的家庭其他成员、近亲具有保险利益。④除前款规定外，被保险人同意投保人为其订立合同的，视为投保人对被保险人具有保险利益。判定投保人对他人的生命和身体是否具有保险利益方面，主要有两种观点：利害关系论；同意或承认论。我国对人身保险合同的保险利益的确定方式是采取了限制家庭成员关系范围并结合被保险人同意的方式。

10.1.2.3　责任保险的保险利益

责任保险的保险标的是被保险人对第三者依法应负的赔偿责任，因承担经济赔偿责任而支付损害赔偿金和其他费用的人具有责任保险的保险利益。其保险利益主要有以下 3 种：①各种固定场所的所有人或经营人，对其顾客、观众等人身伤害或财产损失，依法承担经济赔偿责任的，具有保险利益，可投保公众责任险。②各类专业人员，由于工作上的疏忽或过失致使他人遭受损害而依法承担经济赔偿责任的，具有保险利益，可投保职业责任险。③制造商、销售商等，因商品质量或其他问题给消费者造成人身伤害或财产损失，依照法律承担经济赔偿责任的，具有保险利益，可投保产品责任险。

10.1.2.4　信用保证保险的保险利益

债权人对债务人的信用具有保险利益，可以投保信用保险。债务人对自身的信用也具有保险利益，可以按照债权人的要求投保自身信用的保险，即保证保险。

10.1.3　保险利益的时效

在财产保险中，一般要求从保险合同订立到合同终止，始终都应存在保险利益，但海洋运输货物保险的保险利益在时效上具有一定的灵活性，规定在投保时可以不具有保险利益，但索赔时被保险人对保险标的必须具有保险利益。在人身保险中，由于保险期限长并具有储蓄性，因而强调在订立保险合同时投保人必须具有保险利益，而索赔时不追究有无保险利益。

10.1.4　保险利益原则存在的意义

①避免赌博行为的发生。

②防止道德风险的产生。

③关于衡量损失，避免保险纠纷。

10.2 最大诚信原则

10.2.1 最大诚信原则的含义

最大诚信原则的基本含义是保险双方在签订和履行保险合同时，必须以最大的诚意，履行自己的义务，互不欺骗和隐瞒，恪守合同的认定与承诺，否则导致保险合同无效。最大诚信原则存在的原因包括：

①在整个保险经营活动中，保险标的始终控制在投保人、被保险人手中，投保人对保险标的的价值及风险状况最为了解，就要求投保人一方将保险标的在合同订立与履行过程中的情况如实告知保险人。

②保险条款一般由保险人事先拟定或由管理机关制订，具有较强的专业性和技术性，这就要求保险人也坚持最大诚信原则，将保险合同的主要内容告知投保人、被保险人。

10.2.2 最大诚信原则的基本内容

最大诚信原则的基本内容包括告知、保证、弃权与禁止反言。现代保险合同及有关法律规定中的告知与保证原则是对投保人、保险人等保险合同关系人的共同约束。弃权与禁止反言的规定主要是约束保险人的。

10.2.2.1 告知

从理论上讲，告知分广义告知和狭义告知两种。狭义告知仅指投保方对保险合同成立时保险标的的有关事项向保险人进行口头或书面陈述。保险实务中所称的告知，一般是指狭义的告知。

(1)告知的内容

要求投保方告知的主要内容是在保险合同订立时，投保人应将那些足以影响保险人决定是否承保和确定费率的重要事实如实告知保险人。如在财产保险中应将保险标的的价值、品质、风险状况如实告知保险人。要求保险人告知的内容主要有两个方面：①在保险合同订立时要主动向投保人说明保险合同条款内容，对于责任免除条款还要进行明确说明。②保险合同约定的条件满足后或保险事故发生后，保险人应按合同约定如实履行给付或赔偿义务。

(2)告知的形式

国际上对于告知的立法形式有两种，即无限告知和询问回答告知。我国保险立法都是采用询问回答告知的形式。在保险实务中，保险人也正在采用各种“合理的方式”来履行这一法定义务：将免责条款用黑体印刷、使用不同字号、放置在显著位置、用彩图来表现等。在理赔阶段，保险人应以书面通知的形式来履行其告知义务。

10.2.2.2 保证

所谓保证是指保险人要求投保人或被保险人对某一事项的作为或不作为、某种事态的存在或不存在作出许诺。

1)根据保证事项是否已存在，可分为确认保证和承诺保证

确认保证即指投保人或被保险人对过去或现在某一特定事实的存在或不存在的保证。承诺保证即指投保人对将来某一事项的作为或不作为的保证。

2)根据保证存在的形式，可分为明示保证和默示保证

默示保证与明示保证具有同等的法律效力。明示保证即指以文字或书面的形式载明于保险合同中，成为保险合同的条款。默示保证即一般是国际惯例所通行的准则，习惯上或社会公认的被保险人应在保险实践中遵守的规则。默示保证在海上保险中运用比较多，如海上保险的默示保证有 3 项：保险的船舶必须有适航能力；要按预定的或习惯的航线航行；必须从事合法的运输业务。

10.2.2.3 弃权与禁止反言

弃权是指保险人放弃其在保险合同中可以主张的某种权利。禁止反言是指保险人已放弃某种权利，日后不得再向被保险人主张这种权利。如在海上保险中，保险人已知被保险轮船改变航道而没有提出解除合同，则视为保险人放弃对不能改变航道这一要求的权利，因改变航道而发生的保险事故造成的损失，保险人就要赔偿。

弃权与禁止反言在人寿保险中有特殊的时间规定，规定保险方只能在合同订立之后一定期限内(一般为两年)以被保险方告知不实或隐瞒为由解除合同，如果超过规定期限而没有解除合同，则视为保险人已经放弃这一权利，不得再以此为由解除合同。

10.2.3 违反最大诚信原则的表现和法律后果

10.2.3.1 告知的违反及其法律后果

投保人或被保险人违反告知的表现主要有 4 种：漏报、误告、隐瞒、欺诈。各国法律对违反告知的处分原则是区别对待。①要区分其动机是无意还是故意。对故意的处分比无意的重。②要区分其违反的事项是否属于重要事实，对重要事实的处分比非重要事实的重。投保人因过失未履行如实告知义务，对保险事故的发生有严重影响的，保险人对于保险合同解除前发生的保险事故，不承担赔偿或者给付保险金的责任，但可以退还保险费。投保人故意不履行如实告知义务的，保险人对于保险合同解除前发生的保险事故，不承担赔偿或者给付保险金的责任，并不退还保险费。

10.2.3.2 保证的违反及其法律后果

无论是明示保证还是默示保证，保证的事项均属重要事实，因而被保险人一旦违反保证的事项，保险合同即告失效，或保险人拒绝赔偿损失或给付保险金。

10.3 近因原则

10.3.1 近因原则的含义

近因是指在风险和损失之间，导致损失的最直接、最有效、起决定作用的原因，而不是指时间上或空间上最接近的原因。长期以来它是保险实务中处理赔案时所遵循的重要原

则之一。

近因原则的基本含义是在风险与保险标的损失关系中，如果近因属于被保风险，保险人应负赔偿责任；近因属于除外风险或未保风险，则保险人不负赔偿责任。

10.3.2 近因的认定与保险责任的确定

10.3.2.1 认定近因的基本方法

①从最初事件出发，按逻辑推理直到最终损失发生，最初事件就是最后一个事件的近因。如雷击折断大树，大树压坏房屋，房屋倒塌致使家用电器损毁，家用电器损毁的近因就是雷击。

②从损失开始，沿系列自后往前推，追溯到最初事件，如没有中断，最初事件就是近因。如第三者被两车相撞致死，导致两车相撞的原因是其中一位驾驶员酒后开车，酒后开车就是致死第三者的近因。

10.3.2.2 近因的认定与保险责任的确定

(1)单一原因造成的损失

单一原因致损，即造成保险标的损失的原因只有一个，那么，这个原因就是近因。若这个近因属于被保风险，保险人负赔偿责任；若该项近因属于未保风险或除外责任，则保险人不承担赔偿责任。

(2)同时发生多种原因造成的损失

原则上它们都是损失的近因。多种原因均属被保风险，保险人负责赔偿全部损失。多种原因中，既有被保风险，又有除外风险或未保风险，保险人的责任视损害的可分性如何而定。根据《保险法》以及有关程序法的相关规定，被保险人对保险事故的性质和原因，必须提供其可能提供的证据。如果被保险人无法提供证据的，保险人一般应对其损失承担责任。

(3)连续发生的多项原因造成的损失

多种原因连续发生。即各原因依次发生，持续不断，且具有前因后果的关系。若损失是由两个以上的原因所造成，且各原因之间的因果关系未中断，那么最先发生并造成一连串事故的原因为近因。有一艘装载皮革和烟叶的船舶，遭遇海难，大量海水浸入船舱，皮革腐烂。海水虽未直接接触包装烟叶的捆包，但由于腐烂皮革的恶臭，使烟叶完全变质。当时被保险人以海难为近因要求保险人全部赔付，但保险人却以烟叶包装没有水渍的痕迹为由而拒赔。最后法院判决，本案烟叶全损的近因是海难。

(4)间断发生的多项原因造成的损失

在一连串连续发生的原因中，有一项新的独立的原因介入，导致损失。若新的独立的原因是被保风险，保险责任由保险人承担；反之，保险人不承担损失赔偿或给付责任。我国某企业集体投保团体人身意外伤害保险，被保险人王某骑车被卡车撞倒，造成伤残并住院治疗，在治疗过程中王某因急性心肌梗死而死亡。心肌梗死是被保险人死亡的近因，不属于意外保险。

10.4　损失补偿原则

10.4.1　损失补偿的基本原则

10.4.1.1　损失补偿原则的含义

损失补偿原则是指保险合同生效后，当保险标的发生保险责任范围内的损失时，通过保险赔偿，使被保险人恢复到受灾前的经济原状，但不能因损失而获得额外收益。该原则包括两层含义：

①补偿以保险责任范围内损失的发生为前提，即有损失发生就有补偿。

②补偿以被保险人的实际损失为限，即以被保险人恢复到受损失前的经济状态为限。保险事故发生时，被保险人有责任尽力采取必要的措施，防止或者减少损失。

10.4.1.2　损失补偿原则的限制条件

(1)以实际损失为限

一台机床投保时按其市价确定保险金额为 5 万元，发生保险事故时的市场价为 2 万元，保险人只应赔偿 2 万元，尽管保险金额为 5 万元，因为 2 万元的赔偿足以使被保险人恢复到受损前的水平。

(2)以保险金额为限

某一房屋投保时按其市场价确立保险金额为 20 万元，发生保险事故全损，全损时的市场价为 25 万元，保险人的赔偿应为 20 万元，因为保险金额为 20 万元。

(3)以保险利益为限

某企业以价值 200 万元的厂房作抵押贷款 100 万元，发生保险事故厂房全损。投保人给银行的最高赔偿只能是 100 万元。

10.4.1.3　损失补偿原则的例外

①人身保险的例外。人身保险以人的生命、健康为标的，其价值无法用金钱量化，因此不适用财产保险中的损失补偿原则(即赔偿金额≤实际损失)。人身保险采用定额给付原则，即按合同约定的保额赔付，允许被保险人/受益人通过多重保险获得超额补偿。

②定值保险的例外。所谓定值保险是指保险合同双方当事人在订立保险时，约定保险标的价值，并以此确定保险金额，视为足额保险。其计算公式为：

$$保险赔偿=保险金额\times损失程度(\%) \tag{10-1}$$

海洋运输货物保险通常采用定值保险方式。

③重置价值保险的例外。所谓重置价值保险是指以被保险人重置或重建保险标的所需费用或成本确定保险金额的保险。

10.4.2　损失补偿的派生原则

10.4.2.1　重复保险的分摊原则

(1)重复保险分摊原则的含义

重复保险是指投保人对同一保险标的、同一保险利益、同一保险事故分别向两个或两个以上保险人订立保险合同，且其保险金额的总和超过保险价值的保险。重复保险分摊原则是指在重复保险的情况下，当保险事故发生时，各保险人应采取适当的分摊方法分配赔偿责任，使被保险人既能得到充分的补偿，又不会超过其实际损失而获得额外的利益。

(2)重复保险的分摊方式

重复保险的分摊方式主要包括比例责任的分摊、限额责任的分摊和顺序责任的分摊3种方式。

①比例责任分摊方式。各保险人按其承保的保险金额占保险金额总和的比例分摊投保事故造成的损失，支付赔款。其计算公式为：各保险人承担的赔款=损失金额×保险人承保的保险金额/各保险人承保的保险金额总和。例如，某财产的保险金额总和是140万元，投保人与甲、乙保险人订立合同的保险金额分别是80万元和60万元。那么甲保险人应赔偿：80×80/140=45.71(万元)；乙保险人应赔偿：80×60/140=34.29(万元)。

②限额责任分摊方式。各家保险公司的分摊不以其保险金额为基础，而是在假设无他保情况下单独应负的赔偿责任限额占各家保险公司赔偿责任限额之总和的比例分摊损失金额。其计算公式为：各保险人承担的赔款=损失金额×该保险人的赔偿限额/各保险人赔偿限额总和。A、B两家保险公司承保同一财产，A公司承保4万元，B公司承保6万元，实际损失为5万元，如以责任限额来分摊，A公司应赔付5×4/10，2万元；B公司应赔付5×5/10，3万元。

③顺序责任分摊方式。各保险公司按出单时间顺序赔偿，先出单的公司先在其保额限度内赔偿，后出单的公司只在损失额超出前一家公司的保额时，在自身保额限度内赔偿超出的部分。我国《保险法》规定：重复保险的保险金额总和超过保险价值的，各保险人的赔偿金额的总和不得超过保险价值。除合同另有约定外，各保险人按照其保险金额与保险金额总和的比例承担赔偿责任。在我国，重复保险依法采用比例责任方式赔偿。

10.4.2.2 代位追偿原则

(1)代位追偿原则的含义

代位追偿原则是损失补偿原则的派生原则，是指在财产保险中，保险标的发生保险事故造成推定全损，或者保险标的由于第三者责任导致的损失，保险人按照合同约定履行赔偿责任后，依法取得对保险标的的所有权或对保险标的的损失负有责任的第三者的追偿权。

(2)代位追偿原则的适用范围

①保险代位追偿原则适用于财产保险合同，而不适用于人身保险合同。

②在财产保险合同中，保险人不得对被保险人的家庭成员或者其组成人员行使代位请求赔偿的权利，除非被保险人的家庭成员或者其组成人员故意造成保险事故。

(3)代位追偿原则的主要内容

代位追偿原则的主要内容包括权利代位和物上代位。

①权利代位。权利代位即追偿权的代位，是指在财产保险中，保险标的由于第三者责

任导致保险损失，保险人向被保险人支付保险赔款后，依法取得对第三者的索赔权。代位追偿权产生的条件：第一，损害事故发生的原因及受损的标的，都属于保险责任范围。第二，保险事故的发生是由第三者的责任造成的，肇事方依法应对被保险人承担民事损害赔偿责任。第三，保险人按合同的规定对被保险人履行赔偿义务之后，才有权取得代位追偿权。

保险人在代位追偿中的权益范围。第一，保险人只能在赔偿责任范围内行使代位追偿权。保险人代位追偿所得不得大于其向被保险人的赔偿额。保险人向第三者追偿金额如果大于其向被保险人的赔偿金额时，多余部分应归被保险人。第二，被保险人已从第三者取得损害赔偿但赔偿不足时，保险人可以在保额限度内予以补足。第三，当第三者造成的损失大于保险人支付的赔偿金额时，被保险人有权就未取得赔偿部分对第三者请求赔偿。

保险人取得代位追偿权的方式。一是法定方式，即权益的取得无须经过任何人的确认；二是约定方式，即权益的取得必须经过当事人的磋商、确认。根据《保险法》第四十四条规定，保险人代位追偿权的取得是采用法定方式。代位追偿的对象及其限制即保险代位追偿的对象为对保险事故的发生和保险标的的损失负有民事赔偿责任的第三者，它可以是法人，也可以是自然人。保险人赔偿被保险人损失后，依法取得对第三者代位追偿权。在保险人赔偿之后，如果被保险人未经保险人的同意而放弃了对第三者的请求赔偿的权利，该行为无效。

②物上代位。物上代位是指保险标的遭受保险责任范围内的损失，保险人按保险金额全数赔付后，依法取得该项标的的所有权。物上代位产生的基础即物上代位通常产生于对保险标的作推定全损的处理。所谓推定全损是指保险标的遭受保险事故尚未达到完全损毁或完全灭失的状态，但实际全损已不可避免；或者修复和施救费用将超过保险价值；或者失踪达一定时间，保险人按照全损处理的一种推定性的损失。保险人的物上代位权是通过委付取得。所谓委付是指保险标的发生推定全损时，投保人或被保险人将保险标的的一切权益转移给保险人，而请求保险人按保险金额全数赔付的行为。委付是一种放弃物权的法律行为，在海上保险中经常采用。委付的成立必须具备一定的条件：第一，委付必须由被保险人向保险人提出。第二，委付应是就保险标的的全部提出请求。第三，委付不得附有条件。第四，委付必须经过保险人的同意。在足额保险中，保险人按保险金额支付保险赔偿金后，即取得对保险标的的全部所有权。保险人在处理标的物时所获得的利益如果超过所支付的赔偿金额，超过的部分归保险人所有。在不足额保险中，保险人只能按照保险金额与保险价值的比例取得受损标的的部分权利。

本章思考题

(1) 简述保险利益和保险利益原则的含义。

(2) 简述最大诚信的含义和最大诚信原则的含义及其主要内容。

(3) 简述近因与近因原则的含义。

(4) 简述损失补偿原则的含义及坚持损失补偿原则的意义。

案例分析 10：

雇主责任保险与其他保险的竞合

案情：20X0 年 11 月，李某以其所有的奥迪车向甲财产保险公司投保了第三者责任保险，保险期限一年。同年 12 月，某棉袜加工厂为其聘用的所有员工向乙财产保险公司投保雇主责任保险，保险期限同为一年，该厂的一名外销人员沈某，也在被保险名单内。20X1 年 5 月 20 日，李某驾驶的奥迪车在北京西三环路上因避让后面的车辆超车，不慎驶入非机动车道，撞上了正骑自行车送货的沈某。李某马上打“110”报警，并尽快将沈某送到了医院。住院期间，沈某共花去医药费 8400 元。经交通事故管理部门认定，这起交通事故由李某负完全责任，沈某不负任何责任。李某付清了沈某所有的医药费和交管部门鉴定费，共 8600 元。随后，李某向甲财产保险公司提出 8600 元的保险赔偿要求。5 月 22 日，棉袜加工厂以所雇员工沈某因工负伤为由向乙财产保险公司索赔。在由哪家保险公司赔偿和如何赔偿的问题上，李某、棉袜加工厂、甲财产保险公司和乙财产保险公司产生纠纷。后经四方协商一致，由甲财产保险公司赔偿 8600 元，终了相关纠纷。

分析：上述案例构成了保险竞合。保险竞合是指同一保险事故发生导致同一保险标的受损时，两个或两个以上的保险人对此均负保险赔偿责任的情形。

我们知道，保险的基本原则之一是损失补偿原则。根据该原则，保险事故发生时，被保险人从保险人处得到的赔偿应正好填补被保险人因保险事故所造成的保险金额范围内的损失。也就是说，在保险事故发生后，通过保险人对被保险人的赔偿，对被保险人的损失进行经济补偿，任何人不得以盈利为目的，向保险公司索赔，也不得因从保险公司得到赔偿获得额外的盈余。

结合本案，因为不同的投保人投保不同种类的保险，一个是车险中的第三者责任保险，另外一个是雇主责任保险，在保险事故发生时，两个以上的保险人对同一保险事故所致同一保险标的物的损失都应负赔偿责任，所以形成保险竞合。在该种情况下，对于同一个事故造成的损失可以同时向两个以上保险人进行索赔时，根据保险的补偿原则，被保险人只能取得一个保险人全部的赔付或者两个以上保险人的比例赔付，不能获取额外利益。

对于保险竞合如何处理，我国法律没有明确的规定，可能采用比例分摊，或者时间优先，或者代位求偿等方式。在理赔操作中，也可以由相关各方进行协商，约定由哪个保险人进行赔付。一旦一个保险人赔付以后，被保险人就丧失了在其他保险项下请求赔偿的权利。在本案例中，沈某因受伤而导致的损失，已从甲财产保险公司得到完全补偿，棉袜厂丧失了向乙财产保险公司索赔的权利。

讨论：

(1) 该案例中是否体现了代位追偿原则？

(2) 该案例中如何运用损失补偿原则？

第 11 章　保险市场

学习目标

(1) 了解保险市场的特征和运作原理。

(2) 理解保险中介产生的原因。

(3) 掌握保险代理关系与一般代理关系的异同。

(4) 理解保险监管存在的必要性。

(5) 掌握保险监管所依据的主要理论。

(6) 了解保险监管的主要模式。

(7) 熟悉保险监管的主要内容。

11.1　保险市场概述

11.1.1　保险市场的含义

保险市场是保险商品交换关系的总和，或是保险商品供给与需求关系的总和。一个完整意义上的保险市场，应该具备如下 4 个要素：

(1) 保险市场的供给方

它是指在保险市场上，提供各类保险商品，承担、分摊和转移他人风险的各类保险人。根据《保险法》的规定，保险人的组织形式只能是国有独资公司和股份有限公司，即只能是法人组织，不允许个人经营保险。

(2) 保险市场的需求方

它是指保险市场上所有现实的和潜在的保险商品的购买者，即各类投保人。根据保险消费者不同的需求特征，可以把保险市场的需求方划分为个人投保人、团体投保人等；根据保险需求的层次还可以把保险市场需求方划分为当前的投保人与未来的投保人等。

(3) 保险市场的中介方

保险市场的中介方包括保险代理人或保险代理机构、保险经纪人或保险经纪机构、保险公估人或保险公估机构、保险律师、保险理算师、保险精算师等。

(4) 保险商品

其特殊性在于它是无形商品、“非渴求商品”、异质性商品、复杂的商品、隐性消费的商品。

11.1.2 保险市场的特征

11.1.2.1 保险市场是直接的风险市场

保险市场所交易的对象是保险保障，保险商品的交易过程，本质上就是保险人聚集与分散风险的过程。风险的客观存在和发展是保险市场形成和发展的基础和前提。

11.1.2.2 保险市场是非即时清结市场

风险的不确定性和保险的射幸性使得交易双方都不可能确切知道交易结果，因此，不能立刻清结。

11.1.2.3 保险市场是特殊的“期货”交易市场

保险市场所交易的是保险人对未来风险事件发生所致经济损失进行补偿的承诺。也可以说保险市场交易的是一种“灾难期货”。

11.1.3 保险市场的模式

11.1.3.1 完全竞争模式

完全竞争型保险市场是指在该市场上存在众多保险公司，每个保险公司都能提供同质无差异的保险商品，任何公司都能自由进出市场，所有公司都是价格的接受者，并掌握充分信息。在自由竞争模式下，保险市场处于不受任何阻碍和干扰的状态中，同时由于大量保险人的存在，且每个保险人在保险市场上所占份额都很小，因而任何一个保险人都不能够单独左右市场价格，而由保险市场自发地调节保险商品价格。在这种市场模式中，保险资本可以自由流动，价值规律和供求规律充分发挥作用。国家保险管理机构对保险企业管理相对宽松，保险行业公会在市场管理中发挥着重要作用。

11.1.3.2 完全垄断模式

完全垄断型保险市场是指保险市场完全由一家保险公司所操纵，市场价格由该公司决定，其他公司无法进入保险市场。在完全垄断的保险市场上，价值规律、供求规律和竞争规律受到极大的限制，市场上没有竞争，没有可替代产品，没有可供选择的保险人。因而，这家保险公司可凭借其垄断地位获得超额利润。

11.1.3.3 垄断竞争模式

垄断竞争型保险市场是指在一个保险市场上存在大量的保险公司，并且大、中、小型公司并存，竞争激烈，少量大型保险公司占有大量市场份额的市场模式。

垄断竞争型保险市场特点是：产品之间有差别；保险公司数量较多；资本进出比较容易；单个保险公司对保险价格有一定的影响。在这种市场结构中，没有一家保险公司能控制整个市场。

11.1.3.4 寡头垄断模式

寡头垄断型保险市场是指在一个保险市场上，只存在少数相互竞争的保险公司，其他保险公司进入市场较难。在这种模式的市场中，保险业经营依然以市场为基础，但保险市场具有较高的垄断程度，竞争不充分，通常是国内几家大保险公司展开竞争，形成相对封闭的国内保险市场。这种类型的保险市场普遍存在于世界上许多国家。

寡头垄断市场的特点是：保险公司数量有限；保险公司之间相互依存；保险公司的市场行为事先难以确定。在这种模式的保险市场中，国家对保险市场的发展规模控制得相当严格，新公司难以进入，保险市场的结构相对稳定。该模式在日本较为典型。日本是世界第三大保险市场，2023 年保费收入为 8000 亿美元，占世界市场份额 16%，保险公司却只有 102 家，属于典型的寡头垄断市场结构。

11.1.4　保险市场机制

11.1.4.1　保险市场机制的概念

保险市场机制是指将市场机制一般应用于保险经济活动中所形成的价值规律、供求规律及竞争规律之间相互制约、相互作用的关系。保险市场机制指将市场机制一般应用于保险经济活动中所形成的价值规律、供求规律及竞争规律之间相互制约、相互作用的关系。

11.1.4.2　价值规律与保险市场机制

价值规律对于保险费率的自发调节只限于凝结在费率中的附加费率部分的社会必要劳动时间。保险市场上保险商品的价格即保险费率不是完全由市场供求状况决定，即保险费率并不完全取决于保险市场供求的力量对比。风险发生的频率即保额损失率等是决定费率的主要因素，供求关系仅仅是费率形成的一个次要因素。因此，保险市场机制更适宜于非价格竞争。

11.1.4.3　保险市场运作机制

运作机制包括：①风险聚集与转移。保险人是专业的风险承担者，它们通过提供各类保险产品来接受被保险人转移的风险。因此，保险市场的首要功能是将大量不同类型的风险单位及其承载的各类风险聚集在一起，转移至保险供给方，也即保险公司，然后由保险公司进行综合管理。②风险经营与损失分担。在风险由保险需求方转移到保险供给方的同时，作为必要的前提条件，保险人要向需求方收取保费。这些保费除了用来维持保险人正常的经营活动所需要的成本以及获取合理的利润，主要是用来对那些遭受损失的被保险人进行经济上的补偿，这一过程被称为损失分担。③供求机制。上述过程是通过供求机制的运作来完成的。保险价格是保险市场上供求规律发挥作用的主要杠杆。在保险价格的调节下，保险需求与保险供给之间相互磨合、相互趋近，直至达到市场的均衡状态。在均衡状态下，风险经营者获得合理效益，被保险人得到合理保障，保险市场各方主体都实现了各自效用的最大化。

11.2　保险市场供给

11.2.1　保险市场供给的概念

保险市场供给是指在一定的费率水平上，保险市场上的各家保险企业愿意并且能够提供的保险商品的数量。如果用承保能力来表示，它就是各个保险企业的承保能力之和。

保险市场供给的形式包括有形与无形两种经济保障形式。无形的经济保障是大量的、经常的，而有形的经济保障则是少量的、局部的。保险市场供给的内容包括质和量两个方面。

11.2.2 影响保险市场供给的因素

保险供给是指在一定社会经济条件下，国家和从事保险经营的企业所能提供的并已实现的保险种类和保险总量。保险供给的影响因素主要体现在3个方面：①保险供给主体因素。具体包括：a.保险资本量；b.平均利润率；c.经营管理水平；d.技术水平；e.保险成本；f.保险供给者的素质。②市场环境因素。具体包括：a.国际国内经济环境；b.政策环境；c.社会环境；d.法律环境；e.竞争环境因素。③保险监管因素。包括国家通过制定保险法律法规，对本国保险业进行宏观指导与管理，以及国家专门的保险监管职能机构依据法律或行政授权对保险业进行行政监督管理。

11.2.3 保险商品供给弹性

保险商品供给弹性通常指的是保险商品供给的费率弹性，即由保险费率变动所引起的保险商品供给量的变动，它反映了保险商品供给量对保险费率变动的反应程度。一般用供给弹性系数来表示。保险商品供给与保险费率成正相关关系。

保险商品供给弹性的种类：供给无弹性，即 $Es=0$；供给无限弹性，即 $Es=\infty$；供给单位弹性，即 $Es=1$；供给富于弹性，即 $Es>1$；供给缺乏弹性，即 $Es<1$。

保险商品供给弹性通常指的是保险商品供给的费率弹性，即由保险费率变动所引起的保险商品供给量的变动，它反映了保险商品供给量对保险费率变动的反应程度。保险供给弹性有其特殊性：其一，保险商品的供给和需求是同时存在的。保险商品一旦被提供，同时就被有购买欲望和购买能力的需求方所购买，当然这仅指保险买卖的承保环节。其二，保险供给弹性较一般商品稳定，不会因经济兴衰产生明显的骤然的变化。其三，保险商品的供给具有长期性和持续性，特别是在人寿保险中，可能持续较长时间。

11.3 保险市场需求

11.3.1 保险市场需求的概念

保险市场需求指在一定时间内及一定的费率水平上，保险消费者愿意并有能力购买的保险商品的总量。保险市场需求包括3个要素：有保险需求的人、为满足保险需求的购买能力和购买意愿。保险利益的存在成为保险需求的首要前提。

保险市场需求可以划分为以下几种类型：

(1)潜在的保险市场需求

它是由一些对保险商品或某一具体险种具有一定兴趣的消费者构成。

(2)有效的保险市场需求

有效的保险市场需求是指既有保险商品的购买兴趣、又有足够的缴费能力、并有可能接近保险商品的保险消费者的需求总和。

(3)合格有效的保险市场需求

合格有效的保险市场需求，是指具有保险商品的购买兴趣、有足够的缴费能力、能够接近保险商品同时还有资格成为投保人或被保险人的消费者的需求总和。

(4) 已渗透的保险市场需求

已经成为本企业的投保人或被保险人是该企业"已渗透的保险市场需求"。

11.3.2 影响保险市场需求的主要因素

影响保险市场需求的主要因素包括：风险因素、保险费率、消费者的货币收入、互补商品与替代商品价格、文化传统、经济制度。其中，风险因素、消费者的货币收入、替代商品价格与保险需求成正比。

11.3.3 保险商品需求弹性

保险需求弹性是指保险需求对其诸影响因素变动的反应程度。通常用需求弹性系数来表示。

(1) 保险需求的费率弹性

它是指由于保险费率的变动而引起的保险需求量的变动，它反映了保险需求对费率变动的反应程度。保险费率的变动即保险需求与费率之间呈负相关关系。

(2) 保险需求的收入弹性

它是指由于保险消费者货币收入变动而引起的保险需求量的变动，它反映了保险需求对保险消费者货币收入变动的反应程度。保险需求与消费者收入呈正相关关系。

(3) 保险需求的交叉弹性

它是指相关的其他商品的价格变动而引起的保险需求量的变动，它取决于其他商品对保险商品的替代程度和互补程度。它反映了保险需求变动对替代或互补商品价格变动的反应程度。保险需求与替代商品的价格呈正方向变动，即交叉弹性为正；保险需求与互补商品价格呈反方向变动，即交叉弹性为负。

11.4 保险市场中介

11.4.1 保险中介的含义

保险中介是指介于保险人之间、投保人与保险人之间和独立于保险人和被保险人之外，专门从事保险中介服务并依法收取佣金的单位和个人。保险中介主要由保险代理人、保险经纪人与保险公估人 3 种形式组成。

11.4.2 保险中介的功能

保险中介在保险市场上作用的发挥，是由其在专业技术服务、保险信息沟通、风险管理咨询等诸方面的功能所决定的。专业技术服务功能可分解为 3 个层面：

(1) 专业技术

在保险中介公司中都具有各自独特的专家技术人员，能够弥补保险公司存在的人员与技术不足的问题。

(2)保险合同

保险合同是一种专业性较强的经济合同，非一般社会公众所能理解，在保险合同双方发生争议时，由保险中介人出面，不仅能解决专业术语和条款上的疑难问题，而且容易缓解双方之间的紧张关系。

(3)协商洽谈

由于保险合同双方在保险的全过程中存在着利益矛盾，意见分歧在所难免。由于保险中介公司的介入，能够提供具有公正性和权威性的资证，供保险双方或法院裁决时参考，有利于矛盾的化解和消除。

保险信息沟通在信息不对称的保险市场中，建立保险中介制度，并利用其专业优势，为保险合同双方提供信息服务，是加强保险合同双方的信息沟通，协调保险合同双方的关系，促进保险经济关系良性发展的最佳选择。风险管理咨询功能是指保险中介公司凭借其专业技术和专家网络优势，为社会公众提供风险评估、防灾防损等风险管理咨询服务，这种特殊性的专业技术优势，使保险中介公司在保险市场中处于不可替代的地位。

11.4.3 保险中介的发展方向

按照建立和完善社会主义市场经济制度、推行改革开放政策的客观要求，市场化、规范化、职业化和国际化是未来中国保险中介行业生存的前提，也是发展的方向。具体发展方向包括：

(1)市场化

保险中介是市场经济和开放经济的产物，从世界范围保险中介的产生和发展的历史与现状看，保险业发达的、保险中介行业成熟活跃的国家，必须牢牢树立起市场观念，彻底打消靠政策、靠扶持、靠垄断的念头。

(2)规范化

保险中介机构要有科学的法人治理结构，根据现代企业制度的要求，健全组织框架。董事会、监事会和管理层切实各负其责，确保公司有效运转；要有完善的规章制度和有效的内控机制，形成一套覆盖公司业务和管理各个环节的规章制度体系，确保公司内部责权分明、平衡制约、规章健全、运作有序。

(3)职业化

要用保险中介人的职业特征、职业水准、职业纪律、职业操守和职业形象赢得投保人、保险人与社会各界的认可。

11.5 保险市场监管

11.5.1 保险监管概述

11.5.1.1 保险监管的含义及其原因

(1)保险监管的含义

保险监管是指国家对保险业的监督和管理。

(2)保险监管的特征

①保险的公共性。保险的公共性主要体现在其经营具有负债性、保障性和广泛性三大特征上。

②保险合同的特殊性。保险合同的特殊性主要体现在其法律特征、合同内容和形式上。

首先，保险合同具射幸性，即保险人是否履行义务取决于保险事故是否发生，是否属于保险责任。这意味着，虽然投保人需要支付保险费，但保险人是否给付保险金，在合同订立时无法确定，而是取决于合同订立后可能发生的偶发事件。

其次，保险合同不需要特定的法律形式或程序来完成合同的成立。此外，保险合同还是附合合同，即其条款通常由保险人单方面预先制订，是一种标准化的合同。这种标准化使得保险合同具有附合性，即合同的条款是由保险人单方面预先制订而成立的标准化合同。

最后，保险合同在实践中的特殊性还包括：a. 最大诚信原则，要求双方在签订和履行合同过程中保持最大程度的诚信。b. 保险利益原则，投保人对保险标的必须具有法律上承认的利益，这是保险合同有效成立的前提。c. 近因原则，在理赔过程中，确定保险人承担责任的关键原则，即承保危险的发生与保险标的的损害之间必须存在因果关系。综上所述，保险合同的特殊性不仅体现在其法律特征和合同内容上，还包括实践中的特殊原则和要求。这些特殊性使得保险合同与一般的民事合同有所区别，形成了其独特的法律体系。

③保险技术的复杂性。保险科技的复杂性主要体现在其涉及多方参与者和多种技术手段的应用上。保险科技的发展不仅涉及移动互联网、大数据分析、区块链技术等多种技术的应用，而且还需要考虑数据质量和隐私保护的问题。这些技术的应用和保护措施的实施，增加了保险科技的复杂性。例如，移动互联网技术使得保险服务更加便捷和可及，满足了用户的个性化需求；大数据分析技术帮助保险公司进行风险评估、精准定价和个性化推荐，增强了保险产品的精准性和市场竞争力；区块链技术的出现为保险业带来了很大的改变，能够解决传统保险的难点和痛点，如信息隐瞒、保单内容误读等问题。此外，保险科技的发展还面临着数据质量和隐私保护的挑战。在利用大数据和移动互联网技术提升服务质量和效率的同时，如何确保数据的安全性和隐私性，避免信息泄露和滥用，也是保险科技发展中需要解决的重要问题。这进一步增加了保险科技的复杂性，需要技术提供商和保险公司共同努力，通过采用先进的技术手段和严格的管理措施来保障数据的安全和隐私。

11.5.1.2 保险监管的原则与目标

(1)保险监管的原则

①坚实原则。它包括资产坚实和负债坚实。

②公平原则。它是指保险监管者对保险加入者的公平和签订保险合同的公平。保险监管者对保险加入者的公平包括申请加入保险业者的资格公平、条件公平以及保险经营过程中的竞争公平；保险监管者对签订保险合同的公平包括对被保险人的保险费率公平和保单条款的公平。

③健全原则。它是指保险监管者在监管过程中指导、督促保险业的正常经营和健康发展，提高保险经营效益，维护股东及合伙人的利益。

④社会原则。它是指根据国家经济和社会政策的需要，积极发展保险事业，促进社会进步和经济发展。

(2)保险监管的目标

保险监管的目标是指国家保险监管机关在一定时期内对保险业进行监督管理所要达到的要求或效果。主要有：

①保证保险人的偿付能力。偿付能力是保险企业经营管理的核心，也是国家保险监管的核心内容。保险监管机构对保险偿付能力的监管，主要是通过对偿付能力额度的直接管理，或对影响保险人偿付能力的因素如保险费率、保险资金的运用等进行管理来完成的。资本的充足性是保险公司偿付能力的基本保证。偿付能力额度等于保险人的认可资产减去认可负债。

②防止利用保险进行欺诈。利用保险进行欺诈的手法很多即保险人方面的欺诈；投保人方面的欺诈；社会各方面的欺诈。

③维护保险市场秩序。

11.5.2 保险监管的体系与方式

11.5.2.1 保险监管体系

保险业的管理可以分为国家对保险业的管理和保险业自我管理。国家对保险业的管理构成保险监管的基础，保险业的自我管理构成保险监管的补充。保险监管体系包括：

(1)保险监管法规

又称保险业法，是指调整国家对保险业进行管理过程所形成的权利与义务关系的一种法律规范。内容可以分为两部分，一是对保险监管对象的规定；二是对保险监管机构授权的规定。保险监管法规作为保险法律体系的一个组成部分，一般是以保险单行法规的形式出现。

(2)保险监管机构

我国保险监管机构是中国保险监督管理委员会，该委员会成立于 1998 年底。

(3)保险行业自律

以保险同业公会或保险行业协会为基本形式的保险行业自律组织，是保险人或保险中介人自己的社团组织，具有非官方性，是保险行业自我管理的具体实施机构。保险监管的主体是国家或政府，行业自律只能是政府监管的一种补充。

(4)保险信用评级

它对保险监管有着不可替代的作用：①降低监管成本，提高监管效率。②提供预警信号，减少监管失误。

11.5.2.2 保险监管的方式

(1)公告管理即公示管理

它是政府对保险市场进行监督管理的各种方式中最为宽松的一种。它是指政府对保险业的经营不直接监督，仅规定各保险人必须按照政府规定的格式及内容定期将营业结果呈报政府的主管机关并予以公告。

(2) 规范管理

即准则主义，它是指国家制定出一系列有关保险经营的基本准则，并监督执行。

(3) 实体管理

即批准主义，它是指国家订立有完善的保险监督管理规划，政府的保险监督管理机关根据法律赋予的权利，对保险市场尤其是保险企业进行全方位的、全过程的有效监督和管理。实体管理方式是由瑞士创立的，在 3 种监管方式中最为严格、具体。我国目前实行的就是这种管理方式。

11.5.3　保险监管的内容

11.5.3.1　保险组织的监管

(1) 对保险人的组织形式的限制

根据我国《保险法》规定，保险公司应当采取股份有限公司和国有独资公司的形式。国际上保险人的组织形式还有以下几种：

①相互保险公司。由所有参加保险的人自己设立的保险法人组织，是保险业特有的公司组织形式。

②相互保险社。同一行业的人员为了应付自然灾害或意外事故造成的经济损失而自愿结合起来的集体组织。

③保险合作社。由一些对某种风险具有同一保障要求的人，自愿集股设立的保险组织。

④劳合社。劳合社是当今世界上最大的保险垄断组织之一，它是伦敦劳埃德保险社的简称，实质上是一个保险市场。

(2) 保险公司设立的市场准入监管

保险公司申请设立的许可在保险市场准入的处理原则上，目前各国大致有两种制度，登记制和审批制。我国采用的是审批制。

①设立保险公司的基本条件。有符合《保险法》和《公司法》规定的章程；有符合《保险法》规定的注册资本最低限额；设立保险公司，其注册资本的最低限额为人民币 2 亿元、全国性的为 5 亿元，且必须为实缴货币资本。有具备任职专业知识和业务工作经验的高级管理人员；经营寿险业务的全国性保险公司，至少要有 3 名经中国保监会认可的精算人员；经营寿险业务的区域性保险公司，至少要有一名经中国保监会认可的精算人员。有健全的组织机构和管理制度。股份有限保险公司的内部组织机构应包括股东大会、董事会、监事会；国有独资保险公司最高权力归于国家授权投资的部门，同时也设有董事会、监事会。有符合要求的营业场所和与业务有关的其他设施。

②设立保险公司的基本程序。申请：申请设立保险公司，应当提交下列文件、资料：a. 设立申请书。b. 可行性研究报告。可行性研究报告是分析公司所在地的保险市场现状与本公司的经营计划的文件。c. 金融监督管理部门规定的其他文件、资料。筹建：保监会对

保险公司的筹建申请的批准期为6个月，逾期未批准的，申请人在1年内不得再次提出同样的申请；经批准筹建的公司，应在6个月内完成筹建工作；逾期未完成者，原批准文件自动失效。经筹建人申请、银保监会批准，筹建期可延长6个月开业。保险监管机关收到保险公司的开业申请后应在6个月内作出批准或不批准的决定。保险公司自取得经营保险业务许可证之日起6个月内无正当理由未办理公司设立登记的，其经营保险业务许可证自动失效。

(3)保险公司停业解散的监管

①责令限期改正。

②整顿。整顿的主体是由保险监管机关选派的人员组成的整顿组织，被整顿的保险公司可继续营业，但须受一定限制。

③接管。由保险监管机关代为行使经营管理权利的措施，在接管期间，被接管的保险公司仍继续营业，债权债务关系不发生变化。接管的主体是保险监督管理部门。接管期限最长不得超过二年。

④解散。分为任意解散和强制解散。任意解散有3种情况：a.公司章程规定；b.公司权力机构的决议或决定；c.公司分立或合并；d.强制解散。保险公司的强制解散事由有两种情况：a.保险公司依法撤销；b.保险公司破产。

⑤清算。a.正常清算。我国《公司法》的有关规定，有限责任公司的清算组由股东组成；股份有限公司的清算组由股东大会确定人选；被保险监管机关依法宣告解散的保险公司，由保险监管机关组织股东、有关机关及有关专业人员依法组成清算组。b.破产清算。破产申请可以由保险公司提出，也可以由保险公司的债权人提出，破产申请的受理单位是人民法院，由法院宣告其破产。详见《保险法》第八十八条、《保险法》第八十九条规定，破产财产在优先支付破产费用后，分配顺序如下：所欠职工工资和劳动保险费用；赔偿或者给付保险金；所欠税款；清偿公司债务。破产财产不足以清偿同一顺序的清偿要求的，按照比例分配。

(4)外资保险企业的监管

①市场准入限制，外资保险公司可采取合资、独资形式，但需符合中国金融开放承诺及负面清单要求；外资持股比例限制逐步取消(如寿险公司外资股比已全面放开)。

②业务范围监管，外资保险公司业务范围与中资机构一致，但法定保险业务(如交强险)需经国务院保险监管机构批准；禁止经营中国法律禁止的保险业务(如军事相关保险)。

③资本与运营要求，注册资本最低限额为2亿元人民币或等值外币，且须为实缴货币资本；须在境内设立分支机构，并符合偿付能力、公司治理等审慎监管要求。

④监管审批程序，设立外资保险公司需经银保监会审批，提交包括股东资质证明、可行性报告等文件；重大事项变更(如股权转让、增资)需重新报批。

⑤特殊合规要求，外资保险公司应优先在中国境内办理再保险分出业务；高管任职需满足中国金融从业资格及诚信记录要求。

11.5.3.2　保险经营的监管

(1)经营范围的监管

表现在两个方面：a.兼业问题。《保险法》规定："经营商业保险业务，必须依照本法设立的保险公司。其他单位和个人不得经营商业保险业务。"b.兼营问题。《保险法》规定："同一保险人不得同时兼营财产保险业务和人身保险业务；但是，经营财产保险的保险公司经保险监督管理机构核定，可以经营短期健康保险业务和意外伤害保险业务。"

(2)保险条款与费率的监管

关系社会公众利益的保险险种、依法实行强制保险的险种和新开发的人寿保险险种等的保险条款和保险费率，应当报保险监督管理机构审批。保险监督管理机构审批时，遵循保护社会公众利益和防止不正当竞争的原则。审批的范围和具体办法，由保险监督管理机构制订。其他保险险种的保险条款和保险费率，应当报保险监督管理机构备案。

(3)保险公司的监管

保险公司应当按照保险监督管理机构的有关规定办理再保险。

11.5.3.3　保险财务的监管

(1)资本金的监管

对资本金的监管包括规定设立保险公司时的最低资本金；要求风险资本金的匹配。保险公司应按要求提存保证金。

(2)准备金的监管

包括未到期责任准备金、未决赔款准备金、寿险未到期责任准备金、保险保障基金、公积金。

(3)资金运用的监管

可运用的资金有资本金、准备金和其他资金三部分。保险资金运用应坚持投资四原则：安全性原则、多样性原则、流动性原则和收益性原则。保险公司的资金运用，限于银行存款、买卖政府债券、金融债券和国务院规定的其他资金运用形式。保险公司的资金不得用于设立证券经营机构，不得用于设立保险企业以外的企业。

(4)偿付能力的监管

偿付能力的监督管理是国家对保险市场监督管理的首要目标，也是其监督管理的核心内容。偿付能力监管可分为两个层次：正常层次的监管；偿付能力额度监管。保险公司应具有与其业务规模相适应的最低偿付能力。保险公司的实际偿付能力为其会计年度末实际资产价值减去实际负债的差额。

(5)财务核算的监管

保险公司应按规定及时向银保监会报送营业报告、精算报告、财务会计报告和有关报表。保险公司向银保监会报送的营业报告、财务会计报告和有关报表必须有公司法定代表人或总经理、银保监会认可的注册会计师签名，寿险公司的精算报告应有银保监会认可的精算人员的签名。

本章思考题

(1)简述保险市场的运作原理。

(2)简述保险监管的主要理论及各自的含义；假设保险公司组成了特殊利益集团，其存在会对保险市场产生怎样的影响；如果特殊利益集团是由代理人组成的又会对保险市场产生怎样的影响？

(3)简述保险监管的主要内容有哪些？其中哪些是为保护保险消费者利益而设的？哪些是保护保险公司利益的？哪些与保险中介的利益有关？

案例分析 11：

保险代理人挪用保费

2020 年，某寿险公司接到客户刘某投诉称：保险代理人张某劝诱他把其他公司的保险退保，后改投现公司的保险，但交保费两个多月后，张某仍未将投保单及保费交到保险公司。保险公司当即联系张某，张某承认挪用保费的事实，但此后便失去联系。

鉴于张某挪用保费等违规行为，保险公司决定成立调查小组进行调查，后发现代理人张某自入公司以来经办的业务中，挪用、侵占的保费、理赔款项及保单退费等共计５笔，涉及金额共 17 364 元。经过两个多月的追讨，保险公司最终将挪用、侵占的保费等金额追回。保险公司认为张某挪用保费等违规行为性质恶劣，对公司诚信形象造成极坏影响，决定与他解除代理合同，并报保险行业协会将他列入黑名单。

我国《保险法》第一百二十七条规定了保险代理人的行为及相应的法律责任：“保险代理人根据保险人的授权代为办理保险业务的行为，由保险人承担责任。保险代理人没有代理权、超越代理权或者代理权终止后以保险人名义订立合同，使投保人有理由相信其有代理权的，该代理行为有效。保险人可以依法追究越权的保险代理人的责任。”

讨论：

(1)案例中，保险公司是否应当对客户承担责任？

(2)公司应当如何避免保险代理人违规挪用保费的情况？

第 12 章　财产保险

学习目标

1）理解保险的概念及其特征。

2）掌握保险的适用原则。

3）了解财产保险的保险责任。

4）掌握财产保险的适用范围和类型。

5）理解利润损失保险的特征和赔偿处理方式。

12.1　财产保险的概述

12.1.1　财产保险及其特征

财产保险是保险人对被保险人的财产及其有关利益在发生保险责任范围内的灾害事故而遭受经济损失时给予补偿的保险。这里的财产除了包括一切动产、不动产、固定的或流动的财产以及在制的或制成的有形财产外，还包括运费、预期利润、信用及责任等无形财产。财产保险的特征有：

①财产及其有关的利益为保险标的的保险。广义财产保险包括财产损失保险、责任保险和信用保险保证。狭义财产保险专指以有形财产的一部分普通财产作为保险标的的保险，常见的保险险种有：企业财产保险、家庭财产保险、机动车辆保险等。

②财产保险的保险标的必须是可以用货币衡量的财产或利益。

③保险活动以合同为基础，具有法律约束力。

④财产保险对于保险标的的保障功能表现为经济补偿。

⑤财产保险属于社会商业活动的组成部分。

12.1.2　财产保险的种类

12.1.2.1　财产损失保险包括

①企业财产保险。企业财产保险有许多种类，其中企业财产基本险和综合险两个险别最为普遍。

②家庭财产保险。常用险种有普通家庭财产保险、家庭财产两全保险及各种附加险。

③运输工具保险。常用险种有机动车辆保险、船舶保险、飞机保险等。

④货物运输保险。常用险种有国内水路、陆路货物运输保险、国内航空货物运输保险、海洋运输货物保险及各种附加险和特约保险。

⑤工程保险。常用险种有建筑工程一切险、安装工程一切险、机器损坏保险等。

⑥特殊风险保险。常用险种有海洋石油开发保险、航天保险和核电站保险等。

⑦农业保险。常见险种有种植业保险和养殖业保险。

12.1.2.2 责任保险

保险标的是被保险人的民事损害赔偿责任。责任保险可以附加在各种财产保险承保之外，还可以单独承保。如：公众责任保险、产品责任保险、雇主责任保险和职业责任保险。

12.1.2.3 信用保证保险

权利人要求担保对方信用的风险属于信用保险。被保险人根据权利人的要求投保自己信用的保险属于保证保险。常用的险种有合同保证保险、产品保证保险、忠诚保证保险等。

12.1.3 财产保险的适用原则

12.1.3.1 保险利益原则

保险利益原则是保险行业中的一个基本原则，又称“可保利益原则”或“可保权益原则”。所谓保险利益是指投保人或被保险人对其所保标的具有法律所承认的权益或利害关系。即在保险事故发生时，可能遭受的损失或失去的利益。《保险法》第 12 条规定：“保险利益是指投保人对保险标的具有法律上承认的利益。”

12.1.3.2 最大诚信原则

最大诚信原则是指当事人真诚地向对方充分而准确地告知有关保险的所有重要事实，不允许存在任何虚伪、欺瞒、隐瞒行为。而且不仅在保险合同订立时要遵守此项原则，在整个合同有效期内和履行合同过程中也都要求当事人具有“最大诚信”。最大诚信原则的含义可表述为：保险合同当事人订立合同及合同有效期内，应依法向对方提供足以影响对方做出订约与履约决定的全部实质性重要事实，同时绝对信守合同订立的约定与承诺。

12.1.3.3 近因原则

近因原则是指“保险人对于承保范围的保险事故作为直接的、最接近的原因所引起的损失，承担保险责任，而对于承保范围以外的原因造成的损失，不负赔偿责任。”按照该原则，承担保险责任并不取决于时间上的接近，而是取决于导致保险损失的保险事故是否在承保范围内，如果存在多个原因导致保险损失，其中所起决定性、最有效的因素，因此，近因原则作为认定保险事故与保险损失之间是否存在因果关系的重要原则，对认定保险人是否应承担保险责任具有十分重要的意义。

12.1.3.4 损失补偿原则

损失补偿原则是财产保险的核心原则。它是指在财产保险中，当保险事故发生导致被保险人经济损失时，保险公司给予被保险人经济损失赔偿，使其恢复到遭受保险事故前的经济状况。

由损失补偿原则派生出来的两个原则为代位求偿原则和重复保险分摊原则。

(1)代位求偿原则

它是从补偿原则中派生出来的，只适用于财产保险。在财产保险中，保险事故已发生是由第三者造成并负有赔偿责任，则被保险人既可以根据法律的有关规定向第三者要求赔偿损失，也可以根据保险合同要求保险人支付赔款。如果被保险人首先要求保险人给予赔偿，则保险人在支付赔款以后，保险人有权在保险赔偿的范围内向第三者追偿，而被保险人应把向第三者要求赔偿的权利转让给保险人，并协助向第三者要求赔偿。反之，如果被保险人首先向第三者请求赔偿并获得损失赔偿，被保险人就不能再向保险人索赔。

(2) 重复保险分摊原则

它也是由补偿原则派生出来的，不适用于人身保险，而与财产保险业务中发生的重复保险密切相关。重复保险是指投保人对同一标的、同一保险利益、同一保险事故分别向两个以上保险人订立合同的保险。重复投保原则上是不允许的，但在事实上是存在的。其原因通常是由于投保人或者被保险人的疏忽，或者源于投保人求得心理上更大安全感的欲望。重复保险的投保人应当将重复保险的有关情况通知各保险人。

重复保险分摊原则是指投保人向多个保险人重复保险时，投保人的索赔只能在保险人之间分摊，赔偿金额不得超过损失金额。

在重复保险的情况下，当发生保险事故，对于保险标的所受损失，由各保险人分摊。如果保险金额总和超过保险价值的，各保险人承担的赔偿金额总和不得超过保险价值。这是补偿原则在重复保险中的运用，以防止被保险人因重复保险而获得额外利益。

12.1.3.5 财产保险的适用范围

财产保险适用范围：城乡居民、单位职工、夫妻店、家庭手工业者等个人及家庭成员自有及代管或共有财产。城乡个体工商户和合作经营组织财产及私人企业的财产不适用。可以承保的家庭财产：房屋及其附属设备或室内装修；存放于室内的其他财产。特约承保的家庭财产：代管或共有财产；存放于院内的非动力农机具、农用工具；经投保人同意的其他财产。不可以承保的家庭财产：金银、首饰、珠宝、钻石及制品、艺术品、稀有金属等珍贵财物等。保险责任：火灾、爆炸、雷击、暴雨、洪水等自然灾害。空中运行物体坠落以及外在建筑物或其他固定物体的倒塌。施救损失；施救费用。除外责任：事故原因的除外。其内容包括：①战争、敌对行为、军事行动、武装冲突、罢工、暴动、盗抢；②核反应、核辐射和放射性污染；③被保险人及其家庭成员、寄居人、雇佣人员的违法、犯罪或故意行为。

12.1.3.6 财产保险的发展现状

我国自 1980 年恢复国内保险业务，财险保费收入从 1980 年的 4.6 亿元，增加到 2009 年的 2992.9 亿元。如果不考虑价格因素，平均增长率远远快于 GDP 的增速。经过“十一五”时期的发展，我国财产险业整体实力和经营效益明显提升，行业风险得到有效防范，服务经济社会的能力进一步增强。同时，经过治理，财产险市场秩序有了明显好转，对比较严重的虚假退保、虚挂应收保费、虚假赔案等突出问题有了大幅度好转。

“十一五”期间，中国财产保险业取得显著成绩，财险市场实现快速发展，保费规模不断扩大。2010 年我国财产保险业全年实现保费收入 4026.9 亿元，与“十一五”开局时 1580 亿元相比，净增加 2.5 倍，平均增速高于行业水平，业务占比稳步回升。2011 年，财产险受益于商业车险的持续“给力”，全年原保险保费收入约为 4618 亿元，同比上涨幅度达到

18.54%。2012年1~8月，我国财产险保费收入达3535.60亿元，同比增长14.72%。

2023年2月28日，国家统计局发布的《中华人民共和国2022年国民经济和社会发展统计公报》显示：2022年，全年保险公司原保险保费收入46 957亿元，按可比口径计算，比上年增长46%。其中，寿险业务原保险保费收入24 519亿元，健康险和意外伤害险业务原保险保费收入9726亿元，财产险业务原保险保费收入12 712亿元。支付各类赔款及给付15 485亿元。其中，寿险业务给付3791亿元，健康险和意外伤害险业务赔款及给付3937亿元，财产险业务赔款7757亿元。在2024年国家金融监督管理总局发布的2023年初保险业经营情况分析报告中显示，2023年我国保险业实现原保险保费收入5.12万亿元，其中财产险保费收入1.36万亿元，同比增长7.1%；人身险保费收入3.76万亿元，同比增长9.9%。

12.2 企业财产保险

12.2.1 企业财产保险的保险标的

企业财产保险适用于一切工商、建筑、交通运输、饮食服务行业、国家机关、社会团体等。从保险合同的角度看，其财产可分为：

(1)可保险财产

可以用会计科目反映为固定资产、流动资产、账外资产等。

(2)特约财产

这类财产可以分为两种：在无须加贴保险特约条款或增加保险费的情况下予以特约承保的财产，如金银、珠宝、古玩、艺术品等；必须用特约条款并增收保险费方可承保的财产，如铁路、桥梁、堤堰、码头等。

(3)不可保财产

不可保财产的原因有：①不属于一般的生产资料和商品：土地、矿藏；②缺乏估值依据或难鉴定价值：票证、文件、技术资料；③与政府法律法规抵触：违章建筑、非法占有财产等；④必然会发生危险的：危险建筑；⑤应投保其他险种，如机动车辆、货物等。

12.2.2 企业财产保险的保险责任

12.2.2.1 企业财产基本险的保险责任和附加责任

(1)保险责任

我国企业财产保险采取列明风险方式确定保险责任。

①火灾；②爆炸：物理性爆炸和化学性爆炸；③雷击：感应雷击和直接雷击；④飞行物体及其他空中运行物体坠落；⑤停电、停水、停气(三停)的损失；⑥施救、抢救所致损失；⑦必要的合理的费用支出。

构成火灾责任必须具备3个条件：有燃烧现象、偶然、意外的燃烧、失去控制并有蔓延扩大之势。

“三停”损失必须同时具备 3 个条件：①必须是被保险人的自有设备和具有使用权的供电、供水、供气设备；②只限于因保险责任造成的“三停”损失；③只限于对被保险人的机器设备、在产品和贮藏物品等保险财产的损坏或报废负责。

(2) 附加责任

保险公司在承保基本险后，可特约承保各种附加风险，如暴风、暴雨、洪水保险，盗抢保险，破坏性地震保险以及其他保险。

12.2.2.2　企业财产综合险的保险责任和附加责任

企业财产综合险的保险责任和附加责任与基本险的主要区别在于保险责任和除外责任方面内容的不同。

(1) 保险责任

在基本险的保险责任基础上，增加了暴雨、洪水、台风、暴风、雪灾、雹灾、冰凌、泥石流、突发性滑坡、地面突然塌陷、火山爆发等自然灾害责任。但没有地震这种风险。

(2) 附加责任

矿下财产保险、露堆财产保险、盗窃险、营业中断险、橱窗玻璃破裂保险。

(3) 其他责任

①水箱、水管爆裂责任保险。②自然灾害或意外事故造成污染引起的损失责任保险。

12.2.3　企业财产保险基本险和综合险的除外责任

12.2.3.1　企业财产保险基本险的除外责任

①战争、敌对行为、军事行为、武装冲突、罢工、暴动。

②被保险人及其代表的故意行为或纵容所致损失。

③核反应、核辐射和放射性污染。

④间接损失。自然灾害所致损失、地震损失；本身缺陷、保管不善的损失；变质、虫咬、磨损、自燃受潮所致损失；执法行为所致损失；其他不属于保险责任范围的损失和费用。

12.2.3.2　企业财产保险综合险的除外责任

除了下述两条外，其他除外责任与企业财产基本险的相同。

①地震造成的一切损失。

②堆放在露天或罩棚下的保险标的，以及罩棚本身因暴风、暴雨造成的损失。

12.2.4　企业财产保险的保险金额和保险费率

12.2.4.1　保险金额

(1) 固定资产的保险价值与保险金额

固定资产的保险价值为出险时的重置价值。保险金额的确定方式：①账面原值；②账面原值加成数；③重置价值；④其他方式即估价或评估后的市价。

(2) 流动资产的保险价值与保险金额

流动资产的保险价值为出险时的账面余额。保险金额的确定方式是按照最近 12 个月任意账面余额或由被保险人自行确定。

(3)账外财产和代保管财产的保险价值与保险金额

保险价值为出险时重置价值或账面余额。保险金额由被保险人自行估价或者按重置价值确定。

12.2.4.2 保险费率

影响企业保险费率的因素有：①投保险种；②房屋的建筑结构；③占用性质；④地理位置；⑤周围环境；⑥投保人的安全管理水平；⑦历史损失数据；⑧市场竞争因素。投保人的安全管理水平是考虑费率的一个重要因素。管理者对安全工作的态度；有无完善的安全管理制度以及落实情况；防灾防损设施是否齐全，是否处于正常工作状态。

12.2.5 企业财产保险赔偿处理

企业财产保险通常有以下两种赔偿方式：一是保险人向被保险人支付赔偿款；二是保险人承担恢复或置换受损保险财产的费用，即通常所说的重置赔偿方式。在生产企业产品的赔偿处理中，对按“申报价值”方式保险的受损物资，保险赔偿按双方在保险合同中约定的方式确定。对于商业企业销售商品遭受损失的赔偿。确定保险赔偿的基础是被保险人支付给供货商的商品批发价。企业财产保险是一种不定值保险，其理赔方式可简化如下

①保险金额等于保险价值。此时属于足额保险，保险人在理赔过程中按照被保险人的实际损失进行理赔。

②保险金额大于保险价值。此时属于超额保险，超过的部分无效，所以应按照被保险的实际损失进行赔偿。足额保险理赔中，赔偿金额在保险金额与保险价值中取小者。

③保险金额小于保险价值。此时属于不足额保险，除合同另有约定外，保险人按照保险金额与保险价值的比例承担赔偿保险金的责任。

④施救、抢救、保护费用与保险财产损失金额的赔偿，可以分别按两个保险金额计算，均以不超过保险金额为限。

⑤保险财产遭受部分损失赔偿后，保险人应出具批单，注明该保险单的保险金额减去赔偿金额后尚余的有效保险金额。保险人对该有效保险金额继续负责至保险期满为止。

12.3 家庭财产保险

12.3.1 家庭财产综合保险

12.3.1.1 适用范围

城乡居民、单位职工、夫妻店、家庭手工业者等个人及家庭成员自有及代管或共有财产。城乡个体工商户和合作经营组织财产及私人企业的财产不适用。

①可以承保的家庭财产。房屋及其附属设备或室内装修；存放于室内的其他财产。

②特约承保的家庭财产。代管或共有财产；存放于院内的非动力农机具、农用工具；经投保人同意的其他财产。

③不可以承保的家庭财产。金银、首饰、珠宝、钻石及制品、艺术品、稀有金属等珍

贵财物等。

12.3.1.2　保险责任

①火灾、爆炸。

②雷击、暴雨、洪水等自然灾害。

③空中运行物体坠落以及外在建筑物或其他固定物体的倒塌。

④施救损失即施救费用。

除外责任：事故原因的除外。其内容包括：战争、敌对行为、军事行动、武装冲突、罢工、暴动、盗抢；核反应、核辐射和放射性污染；被保险人及其家庭成员、寄居人、雇用人员的违法、犯罪或故意行为。

12.3.1.3　保险金额

房屋及其附属设备和室内装修按购置价和市场价自行确定。

室内财产按实际价值自行确定，并按保险单上规定的保险财产项目分别列明。

单位投保、统一确定保险金额，多份可加。

12.3.1.4　家庭财产的赔偿处理方式

家庭财产保险对室内财产采取第一危险赔偿方式理赔，即在保险责任范围内的事故时，应当按照实际损失进行赔偿，但是最高赔偿金额不得超过保险金额。但对房屋仍采用比例分摊方式赔偿。

12.3.2　家庭财产两全保险

12.3.2.1　保险性质

家庭财产两全保险兼有经济补偿和到期还本的双重性质。

12.3.2.2　保险储金

保险储金即保险公司用被保险人所缴的储金的利息收入作保险费。在保险期限满时将原保险储金全部退还被保险人。保险储金计算的依据是家庭财产综合保险对应的费率和承保时的银行利率。其公式为：

$$保险储金=保险金额\times储金率 \tag{12-1}$$

$$储金率=保险费率\div银行利率 \tag{12-2}$$

$$银行利率=人民银行公布的一年期存款利率\times(1-代扣利息税率) \tag{12-3}$$

12.3.2.3　家财两全保险的理赔方式

家庭财产两全保险的保险期最长不得超过 10 年，在任何一个保险年度，如果保险人的赔偿金额达到保险金额，当年的保险责任终止，下一个年度开始时，保险责任自动恢复。如果保险公司的赔偿金额没有达到保险金额，则当年的有效保险金额自动减少，为原保险金额减去当年的赔付金额。

12.3.3　盗抢险

盗抢险属于家庭财产保险的一种最常见的附加险。在发生保险事故 3 个月后，仍未破案，保险人才赔偿。本保险有绝对免赔额，保险公司只赔付超过免赔额的部分。盗抢险的除外责任：①被保险人及其家庭成员、服务人员、寄宿人员的盗窃或纵容他人盗窃所致保险财产的损失。②因房屋门窗未锁而遭盗窃所致保险财产的损失。③因外人无明显盗窃痕迹，窗外钩物行为所致保险财产的损失。

12.3.4 个人抵押贷款房屋保险

凡符合中国人民银行《个人住房贷款管理办法》有关规定，同意以所购住房作为抵押房后，向商业银行申请住房抵押贷款购买的自用住房，可以参加本保险。本保险的保险期限最长为 20 年。保险费率和保险期限有关，不同的保险期限费率不同，分为 5 年、6~10 年、11~20 年三档。保险金额按实际价值(可以是成本价、商品价、评估价)确定；保险价值为出险时保险标的的实际价值。

12.3.5 其他注意事项

①投保人在保险合同生效前必须缴清全部的保险费。

②遭受部分损失时，保险人赔付后，保单的有效保险金额相应地减少。在下一个保险年度保险金额自动恢复。

③保险标的在遭受全部损失时经保险人赔付后保险责任终止，保险人从下一保险年度开始计算退还未到期的保险费。

④在保险期限内被保险人不得以任何理由中断或撤销本保险。

12.4 利润损失保险

12.4.1 利润损失保险及其特征

12.4.1.1 利润损失保险的概念

作为传统财产保险的一种附加和补充，它必须依附于财产保险，所承保的风险与财产保险一致。利润损失保险对财产保险不予承保的间接损失予以负责。

12.4.1.2 利润损失保险的特征

①承保的是间接损失。

②被保险人必须在足额投保财产保险并附加“恢复基础赔偿条款”的基础上，才能投保利润损失保险。

③合法、合理的经济损失，不能非法获利。

12.4.2 利润损失保险的保险项目

①毛利润损失。计算毛利润损失中的特定的营业费用包括原料采购费、消耗性物料、生产工人工资、制造费、包装费、运输费、取暖费等，在利润损失保险中无保险利益可言。维持费用也称固定费用，包括高层管理人员工资、水电费、广告费、租金、利息、保险费等费用，在利润损失保险中具有保险利益。

②营业费用增加所致的毛利润损失。

③工资。

④审计师费用。

12.4.3 利润损失保险的责任免除

①经营不善或违反政府法令造成利润减少。

②由于合同责任、市价下跌、产品质量低劣、产品积压等造成损失。

12.4.4 利润损失保险的赔偿期

保险期限是保单规定的起讫日期，只有在保险单的有效期内发生保险事故，保险人才能负责赔偿。赔偿期是指在保险有效期内发生了灾害事故到恢复正常生产经营的这一段时期。

12.4.5 利润损失保险的保险金额

该保险金额是按照上年度的营业额或者是销售额加上本年度的业务发展趋势和通货膨胀因素为基础，计算本年度的毛利损失来进行计算的。

12.4.6 利润损失保险的赔偿处理

12.4.6.1 确定保险责任

①必须发生在被保险人所占有或者指定的场所。

②营业中断必须是必要的。

③损失必须是保险责任范围内损失原因引起的。

④损失必须发生在保险期限内。

12.4.6.2 确定实际的赔偿期

实际赔偿期是从损失发生之日起到生产或经营完全恢复到原有水平为止。实际赔偿期不能超过保单上约定的赔偿期；如有超过，则以保单规定的赔偿期为准。

12.4.6.3 其他事项

①对不足额保险，要采取比例分摊的赔偿方式。

②赔偿期内，如果某些维持费用实际上可以不必支出或者可以减少支出时，对于这部分金额应当从赔偿金额中扣除，避免被保险人从中获得额外的经济利益。

③为缩短实际赔偿期所支付的额外费用可以列入赔偿范围。

本章思考题

(1)财产保险中免赔额的设置有哪几种方式?

(2)免赔主要有什么作用?

案例分析 12：

“天价”保单索赔案：327 万投保，7 万损失，保险公司该赔多少？

2023 年 12 月 25 日，某个体汽车修理厂厂长与会计带着会计账向保险公司投保了企业财产保险。双方在保险公司业务科签订了企业财产保险合同，但合同约定保险财产厂房保险金额 50 000 元，设备保险金额 3 201 663 元，流动资产保险金额 245 930 元，保险金额合计 32 794 663 元。保险期限自 2023 年 12 月 26 日零时起至 2024 年 12 月 25 日 24 时止。

2024 年 2 月 8 日汽修厂发生火灾，经现场勘查，县公安局消防科认定火灾原因是电褥子短路引起，并出具了火灾经济损失 72 000 元左右的证明。保险公司接到报案后，立即派人勘查现场，并组织有关人员清点汽车配件，用“保险车辆修理合约”记录烧损汽车配件的品名、型号和数量。汽修厂向保险公司索赔 32 794 663 元以及 4 万元额外损失。由于索赔金额与实际损失相距甚远，保险公司迟迟未能赔付。汽修厂将保险公司告上法庭。

讨论：

(1) 保险公司是否应当赔偿损失，理由是什么？

(2) 结合该案例请论述财产保险的作用。

第 13 章　人身保险

学习目标

(1)了解人身保险的种类与含义。

(2)掌握人身保险的特点。

(3)掌握保险竞合。

(4)掌握人寿保险的种类与概念。

(5)掌握人寿保险的常用条款。

(6)掌握人身意外保险的种类与含义。

(7)掌握健康保险的种类与含义。

13.1　人身保险概述

13.1.1　人身保险的含义

人身保险是指以人的生命或身体为保险标的，当被保险人在保险期限内发生死亡、伤残、疾病、年老等事故或生存至保险期满时给付保险金的保险业务。人身保险的保险标的包括人的生命和身体两个方面，人身保险的保险责任包括死亡、伤残、疾病、年老、逾期等。

13.1.2　人身保险的种类

13.1.2.1　人寿保险、人身意外伤害保险和健康保险

按保障范围分类，人身保险可以分为人寿保险、人身意外伤害保险和健康保险。

(1)人寿保险

人寿保险是以被保险人生存或死亡为保险事故(即给付保险金条件)的一种人身保险业务。在全部人身保险业务中，人寿保险占绝大部分，因而人寿保险是人身保险的主要的和基本的险种。

(2)人身意外伤害保险

人身意外伤害保险简称意外伤害保险，是以被保险人因遭受意外伤害事故造成死亡或残废为保险事故的人身保险。只需付少量保费便可获得保障。

(3)健康保险

健康保险是以被保险人支出医疗费用、疾病致残、生育或因疾病、伤害不能工作、收入减少为保险事故的人身保险业务。

13.1.2.2　长期保险与短期保险

按保险期限分类，人身保险可以分为长期保险和短期保险。长期业务是保险期限超过1年的人身保险业务。短期业务包括1年期业务和保险期限不足1年的保险业务。1年期业务中以人身意外伤害保险居多。

13.1.2.3　个人保险与团体保险

按投保方式分类，人身保险可以分为个人保险和团体保险(一般要求至少为总人数的75%)。团体保险又可分为团体寿保险、团体年金保险、团体意外伤害保险和团体健康保险等。

13.1.2.4　分红保险与不分红保险

按保单是否参与分红分类，人身保险可以分为分红保险和不分红保险。

13.1.2.5　标准体保险与完美体保险

按被保险人的风险程度分类，人身保险可以分为标准体保险、次标准体保险和完美体保险。标准体保险(或称健体保险)，是指被保险人的风险程度属于正常范围，可以按标准费率承保的人身保险，次标准体保险或称次健体保险或弱体保险，是指由于被保险人风险程度较高不能按标准费率承保，但可附加条件承保的人身保险。完美体保险是指由于被保险人风险程度较低不需要按标准费率承保，可按照更为优惠的费率承保的人身保险。

13.1.3　人身保险的特点

13.1.3.1　保险标的的不可估价性

人身保险的保险标的是人的生命和身体，而人的生命和身体是很难用货币衡量其价值的。一般从两个方面来考虑这个问题，一方面是被保险人对人身保险需要的程度；另一方面是投保人缴纳保费的能力。

13.1.3.2　保险金额的定额给付性

人身保险是定额给付保险，因此，人身保险不适用补偿原则，所以也不存在比例分摊和代位追偿的问题。同时，在人身保险中一般没有重复投保、超额投保和不足额投保问题。

13.1.3.3　保险利益的特殊性

人身保险的保险利益与财产保险有很大的不同，两者的主要区别在于：

①在财产保险中，保险利益有量规定。人身保险的保险利益没有量的规定，在某些特殊情况下，人身保险的保险利益有量的规定。例如，债权人以债务人为被保险人投保死亡保险，保险利益以债权金额为限。

②在财产保险中，保险利益不仅是订立保险合同的前提条件，而且也是维持保险合同效力、保险人支付赔款的条件。在人身保险中，保险利益只是订立保险合同的前提条件，并不是维持保险合同效力、保险人给付保险金的条件。

13.1.3.4　保险期限的长期性

人身保险合同，特别是人寿保险合同往往是长期合同，这里以人寿保险为例说明寿险因长期性而具有的特殊性。

①利率因素。对于长期合同，利率因素会产生很大的影响。

②通货膨胀因素。通货膨胀问题一直是人寿保险经营的主要困难之一，目前世界上比较流行的利率敏感型险种，主要包括万能寿险、变额寿险、变额万能寿险、变额年金等。这些险种都可以在一定程度上克服通货膨胀造成的影响。

③预测因素的偏差。长期人身保险需基于精算假设预测未来风险，但实际运营中易因死亡率与发病率变化、费用波动、投资收益波动等因素产生偏差。

13.1.3.5　生命风险相对稳定性

以生命风险作为保险事故的人寿保险的主要风险因素是死亡率。

13.1.4　保险竞合

13.1.4.1　保险竞合概念

保险竞合是指同一保险事故发生导致同一保险标的受损时，两个或两个以上的保险人对此均负保险责任的情形。保险竞合通常发生在以下两种情况：投保人以自身为被保险人投保两个以上种类不同的保险；或不同的投保人投保不同种类的保险。

13.1.4.2　人身保险中的保险竞合

人身保险中的保险竞合是指不同的投保人就同一保险标的物分别签订了数个不同种类的保险合同，当同一标的物上存在多个保险合同，且多个保险人基于不同保险合同的约定，均应对同一损害承担保险责任的情况。保险竞合的保险竞合有广义与狭义之分。广义的保险竞合包括了保险金给付对象为同一人的情形，也包括保险金给付对象不是同一人的保险竞合。狭义的保险竞合则是指保险事故发生时，数个保险人应给付保险金的对象均为同一被保险人的情况。不论保险竞合发生在同一种类的保险条款之间还是非同一种类的保险条款之间，如果最终保险金的给付在不同保险人之间，则往往可以通过保险的代位求偿权的行使来解决。然而，法律上并没有规定保险竞合情况下的赔付顺序或赔付方式，但在现实中，这种情况多有发生，需要将法院判例与工作经验结合实际情况来判定。

13.1.4.3　产生的原因

保险竞合的产生原因是保险条款及险种在承保标的及风险上的交叉及被保险人在特定情形下身份的重叠。在保险竞合的情况下，数个保险合同可能涉及不同的投保人、保险利益、保险标的物、保险事故，但当这些合同指定同一人为被保险人时，数个保险人就同一保险事故所致同一保险标的物的损失，都应对被保险人负赔偿责任。例如，商业三者险和雇主责任险的竞合，或商业三者险和意外伤害保险的竞合，都属于人身保险中的保险竞合范畴。

13.2　人寿保险

13.2.1　人寿保险的含义

人寿保险是以人的生命为保险标的一种保险。人寿保险的含义包括以下 3 个方面：

①生命风险的客观性。

②损失均摊、均衡保费。人寿保险费的计算基础是各年龄的死亡率。这种按照各年龄死亡率计算而得的逐年更新的保费称为自然保费。人寿保险多采用均衡保费代替年年更新的自然保费。均衡保费是指投保人在保险年度内的每一年所缴保费相等。

③风险均等原理。风险均等原理也可称为风险的同质性原理。风险均等原理就是指每个风险单位发生损失的概率是相等的。影响风险同质性的因素很多，主要有年龄、性别、职业、健康状况、体格、居住环境、家族遗传史等。

13.2.2 人寿保险的种类

13.2.2.1 普通人寿保险

普通人寿保险分为死亡保险、生存保险、两全保险（又称生死合险）3类。

(1)死亡保险

死亡保险是指以人的死亡作为保险事故，在事故发生时，由保险人给付一定金额的保险。死亡保险又可分为定期死亡保险和终身死亡保险。定期死亡保险习惯上称之为定期寿险，它是一种以被保险人在规定期限内发生死亡事故而由保险人负责给付保险金的保险。定期寿险最大的优点是可以用极为低廉的保险费获得一定期限内较大的保险保障。定期死亡保险一般无现金价值。终身死亡保险是一种不定期的死亡保险。终身保险按照缴费方式可分为：普通终身寿险、趸交终身寿险以及限期交费终身寿险。终身寿险可以为被保人提供终身保障，无论被保人什么时候身亡，都会得到一笔赔付金额，以保障其家庭成员的生活。终身寿险不仅可以保障终身，还可以带来持续稳定的收益。

(2)生存保险

它是指以被保险人生存满一定时期为条件，由保险人给付保险金的责任。

(3)两全保险

亦称之为生死合险，它是指将定期死亡保险和生存保险结合起来的保险形式。两全保险是储蓄性极强的一种保险，两全保险的纯保费由危险保险费和储蓄保险费组成，危险保险费用于当年死亡给付，储蓄保险费则逐年积累形成责任准备金。

13.2.2.2 年金保险

年金保险是生存保险的特殊形态，是指被保险人在生存期间每年给付一定金额的生存保险。

(1)按缴费方式划分

年金保险可以分为：①趸缴年金。②年缴年金。

(2)按被保险人数划分

年金保险可以分为：①个人年金。②联合年金。以两个或两个以上被保险人均以生存作为年金给付条件的称为联合年金，这种年金的给付，是在数个被保险人中头一个死亡时即停止其给付。③最后生存者年金。即年金的给付继续到其中最后一个生存者死亡为止，且给付金额保持不变。④联合及生存者年金。即年金的给付继续到其中最后一个生存者死亡为止，但给付金额根据仍存活的被保险人数进行相应的调整。

(3)按给付额是否变动划分

年金保险可以分为：①定额年金。②变额年金。年金给付按货币购买力发生变化予以调整。

(4)按给付开始日期划分

年金保险可以分为：①即期年金。合同成立后，保险人即行按期给付的年金。②延期年金。

(5)按给付方式(或给付期限)划分

年金保险可以分为：①终身年金。②最低保证年金。为了防止年金受领人早期死亡而过早丧失领取年金的权利，于是产生了最低保证年金。最低保证年金又分为确定给付年金和退还年金两种，即当年金受领人死亡而其年金领取总额低于年金购买价格时，保险人以现金方式一次或分期退还其差额。③短期年金。分为两种，一种是年金给付与被保险人的生存与否无关，已提前确定给付年限，这种年金称为确定年金；另一种是定期生存年金。

13.2.2.3 简易人寿保险

简易人寿保险是指用简易的方法所经营的人寿保险。它是一种低保额、免体检、适应一般低工资收入职工需要的保险。简易人寿保险的保险费略高于普通人寿保险的保险费，主要原因为：①免验体格造成死亡率偏高。②业务琐碎使得附加管理费高。③失效比率较大，从而保险成本提高。

13.2.2.4 团体人寿保险

团体人寿保险是用一张总的保险单对团体的成员及其生活依赖者提供人寿保障的保险。团体保险的基本特点可以归纳为以下5点，其中包括对于团体保险的有关规定：风险选择的对象是团体而不是个人；使用团体保险单；成本低；保险计划的灵活性；采用经验费率的方法。风险选择的对象是团体而不是个人。

在保险实务中，团体保险一般不需体检或提出其他可保证明，就可以加以承保，团体保险对风险选择的控制的主要手段有以下几项：投保团体必须是合格的团体。投保团体的被保险人员必须是能够参加正常工作的在职人员。对投保人数的限制，团体保险对团体投保数的规定有两个方面的要求：一是对投保团体人数绝对数的要求。二是对投保团体参加保险的人数比例的要求。保额的限制。一般来说，团体保险对每个被保险人的保险金额按照统一的规定计算。团体保险费率低的原因主要有：手续简化，减少了代理人的佣金支出；若团体保险免于体检，则节约了体检费；采用团体投保的方法，减少了逆选择因素的消极影响，使平均死亡率、疾病率相对下降。

团体保险一般有团体人寿保险、团体年金保险、团体意外伤害保险和团体健康保险四类。其中团体人寿保险在发达国家是雇员福利计划(EBP)的一种最主要的形式。团体定期寿险。团体定期寿险是团体保险的主要险种，其目的主要用于早期的死亡保障。团体长期人寿保险。团体长期寿险常常为小的公司或企业购买，用来为雇员退休时提供生活保障。团体长期寿险主要有3种：团体缴清保险、均衡保费式的团体长期寿险和团体信用人寿保险。团体信用人寿保险是基于债权人与债务人之间的债权债务关系所签订的合同。团体年金保险简称为团体年金，是以团体方式投保的年金保险。如团体延期缴清年金保险、预存管理年金保险、保证年金保险。团体年金保险的保险费一般由雇主和雇员共同负担。

13.2.2.5 人寿保险的新发展

人寿保险出现了一些新的能较适应市场需求及规避风险的险种，其中主要有变额寿险、万能寿险及变额万能寿险。

①变额寿险是一种保额随其保费分离账户的投资收益的变化而变化的终身寿险。

②万能寿险是一种缴费灵活、保额可调整、非约束力的寿险。保单持有人在缴纳一定量的首期保费后，可以按自己的意愿选择任何时候缴纳任何数量的保费。保单现金价值每年随保费缴纳情况、费用估计、死亡率及利息率的变化而变化。纯保险保额与现金价值之和即全部的死亡给付额。万能寿险主要提供两种死亡给付方式。A 方式是一种均衡给付的方式，B 方式是保额直接随保单现金价值的变化而改变的方式。在 A 方式中，死亡给付额等于净风险保额加上个人账户的现金价值，而死亡给付额固定，净风险保额每期都进行调整，A 方式中，净风险保费是逐年下降的。在 B 方式中，规定了死亡(或全残)给付额为均衡的净风险保额与现金价值之和。A 方式中，净风险保费是逐年下降的，而 B 方式中的净风险保费是不变的。万能寿险保费和扣除各种分摊额后的累积价值为其现金价值。

③变额万能寿险是融合了保费缴纳灵活的万能寿险与投资灵活的变额寿险后形成的新险种。

13.2.3 人寿保险的常用条款

13.2.3.1 不可争条款

不可争条款又称不可抗辩条款，其基本内容是：人寿保险合同生效满一定时期(一般为 2 年)之后，就成为无可争议的文件，保险人不能再以投保人在投保时违反最大的诚信原则，没有履行告知义务等理由主张保险合同自始无效。上述不可抗辩条款只适用于一般的死亡给付，不适用于永久完全残废给付和意外伤害加倍给付。

13.2.3.2 年龄误告条款

(1)真实年龄不符合合同约定的年龄限制

《保险法》规定"投保人申报的被保险人年龄不真实，并且其真实年龄不符合合同约定的年龄限制的，保险人可以解除合同，并在扣除手续费后，向投保人退还保险费，但是自合同成立之日起逾两年的除外。"

(2)真实年龄符合合同约定的年龄限制

在保险期限、保险金额相同的条件下，投保死亡保险和两全保险，被保险人的年龄越大，应该缴纳的保险费就越多。如果被保险人的实际年龄大于申报年龄，就会少缴保险费；如果被保险人的实际年龄小于申报年龄，就会多缴保险费。投保生存保险、年金保险的情况则相反。由于年龄误导造成多付或少付保险费时，处理的方法有两种，即调整保险金和保险费。实际给付的保险金=约定保险金额×实缴保险费应缴保险金。《保险法》规定"投保人申报的被保险人年龄不真实，致使投保人支付的保险费少于应付保险费的，保险人有权更正并要求投保人补交保险费，或者在给付保险金时按照实付保险费与应付保险费的比例给付，被保险人年龄不真实，致使投保人实付保险费多于应付保险费的，保险人应当将多收的保险费退还投保人。”

13.2.3.3　宽限期条款

《保险法》第五十七条规定：“合同约定分期支付保险费，投保人支付首期保险费后，除合同另有约定外，投保人超过规定的期限六十日未支付当期保险费的，合同效力中止，或者由保险人按照合同约定的条款减少保险金额。”

13.2.3.4　自杀条款

《保险法》第六十五条规定：“以死亡为给付保险金条件的合同，被保险人自杀的，除本条第二款规定外，保险人不承担给付保险金的责任，但对投保人已支付的保险费，保险人应按照保险单退还其现金价值。”该条第二款规定：“以死亡为给付保险金条件的合同，自成立之日起满二年后，如果被保险人自杀的，保险人可以按照合同给付保险金。”

13.2.3.5　复效条款

自失效之日起的一定时期内(一般是 2 年)，投保人可以向保险人申请复效，经过保险人审查同意后，投保人补缴失效期间的保险费及利息，保险合同即行恢复效力。但是，自合同效力中止之日起二年内双方未达成协议的，保险人有权解除合同。投保人已交足二年以上保险费的，保险人应当按照合同约定退还保险单的现金价值；投保人未交足二年保险费的，保险人应当在扣除手续费后，退还保险费。

13.2.3.6　不丧失价值任选条款

不丧失价值任选条款提出 3 种处理责任准备金的方式供投保人选择：

①现金返还。即把保险单下积存的责任准备金扣除退保手续费以后，作为退保金，以现金的形式返还给投保人。

②把原保险单改为缴清保险单。相应降低保险金额，这种处理方法实际上是责任准备金作为趸缴保险费，投保与原保险单责任相同的人寿保险。

③将原保险单改为展期保险单。即将原保险单改为与原保险单的保险金额相同的死亡保险，保险期限相应缩短。

13.2.3.7　贷款条款

人寿保险合同生效满一定期限后，投保人可以以保险单作为抵押，向保险人申请贷款，贷款金额以低于该保险单项下积累的责任准备金或退保金为限。

13.2.3.8　自动垫缴保险费条款

保险合同生效满一定期限后，如果投保人不按期缴纳保险费，保险人则自动以保险单项下积存的责任准备金垫缴保险费。对于此项垫缴保险费，投保人要偿还并支付利息。

13.2.4　人寿保险的数理基础

13.2.4.1　人寿保险定价的各种假设

(1)影响定价假设的因素

①经济和社会环境；②公司的特点；③市场的特点；④产品的特点。参与分红的保险险种就应采取较保守的定价假设，而实际分红时却是基于实际的假设。

(2)定价假设通常考虑的因素

①死亡率；②利率；③失效率；④费用；⑤平均保额。影响保单失效率的因素包括：保单年度、被保险人投保时年龄、保额、保费支付的方式和频率、性别、保单类型。一般寿险公司的费用可分为：合同初始费、代理人酬金、保单维持、保单终止费。

13.2.4.2 人寿保险的定价基础

(1)人寿保险费计算应考虑的因素

①死亡(生存)因素；②利息因素；③附加费因素。人寿保险费是依据预定死亡率、预定利息率、预定业务费用率来计算的，此3项称为人寿保险费计算三要素。

(2)利息基础

利息是指一定资金在一定时期内的收益。计算利息有3个基本要素：本金、利率和期间。

①单利。以 P 表示本金，i 表示利率，n 表示计算期数，I 表示利息额，S 表示本利和，它们之间的关系为 $S=P+I=P+Pni=P(1+ni)$。

②复利。复利计息的公式可分为：$S=p(1+i)^n$。

③终值与现值。一笔资金在一定利率下存放一定时期后所得的本利和称为终值。为了将来某时得到一固定金额，在一定利率下，现在应具备的金额称为现值，现值相当于本金的概念。

④确定年金。年金是指在一定时间内按照一定的时间间隔有规则地收或付的款项。年金可分为确定年金和生命年金。

(3)生命表基础

生命表是寿险精算的科学基础，是寿险费率和责任准备金计算的依据。国民生命表。是根据全体国民或者特定地区的人口的死亡统计数据编制的生命表，主要来源于人寿险以往的死亡记录。经验生命表是根据人寿保险、社会保险以往的死亡记录(经验)所编制的生命表。保险公司使用的是经验生命表。一般的生命表中包含以下内容：①年龄；②生存数；③死亡数；④死亡率；⑤生存率；⑥平均寿命或生命期望值人寿保险费是由纯保费和附加保费构成。以预定死亡率和预定利率为基础所计算的保险费，称为纯保险费。由纯保险费和附加保费构成的保险费称为营业保费。营业保费是保险经营过程中实际收取的保险费。

13.2.4.3 人寿保险费的计算

人寿保险费的计算方法主要包括自然费率和均衡费率两种。自然费率是根据被保险人的年龄来计算保费，通常适用于一年期的保险产品，如重疾险、寿险和医疗险。随着年龄的增长，保费会逐渐增加。均衡费率则适用于长期保险产品，如定期寿险和重疾险，保险公司会将总保费平均分摊到每年的保费中，使得每年的保费保持不变。

13.3 人身意外伤害保险

13.3.1 人身意外伤害保险的含义

人身意外伤害必须有客观的意外事故发生，且事故原因是意外的、偶然的、不可预见的。意外死亡给付和意外伤残给付是意外伤害保险的基本责任，其派生责任包括医疗费用给付、误工给付、丧葬费给付和遗属生活费给付等责任。按照是否可保划分，意外伤害可以分为不可保意外伤害、特约保意外伤害和一般可保意外伤害 3 种。

(1) 不可保意外伤害保险

①被保险人在犯罪活动中所受的意外伤害；②被保险人在寻衅殴打中所受的意外伤害；③被保险人在酒醉、吸食(或注射)毒品后发生的意外伤害；④由于被保险人的自杀行为造成的伤害。

(2) 特约保意外伤害保险

①战争使被保险人遭受的意外伤害；②剧烈的体育活动或比赛中遭受的意外伤害；③核辐射造成的意外伤害；④医疗事故造成的意外伤害。

13.3.2　人身意外伤害保险的种类

13.3.2.1　个人意外伤害保险

(1) 按保险责任分类

个人意外伤害保险主要包括意外伤害死亡残废保险，其保险责任是当被保险人由于遭受意外伤害造成死亡或残废时，保险人给付死亡保险金或残废保险金；意外伤害医疗保险；意外伤害停工收入损失保险。

(2) 按投保动因分类

个人意外伤害保险可分为自愿意外伤害保险和强制意外伤害保险。

(3) 按保险危险分类

个人意外伤害保险可分为普通意外伤害保险和特定意外伤害保险。

(4) 按保险期限分类

个人意外伤害保险可分为一年期意外伤害保险；极短期意外伤害保险；多年期意外伤害保险。

(5) 按险种结构分类

个人意外伤害保险可分为单纯意外伤害保险和附加意外伤害保险。由于意外伤害保险保障大、收费少、一般以人寿保险附加意外伤害保险的做法比较普遍。

13.3.2.2　团体意外伤害保险

与人寿保险、健康保险相比，意外伤害保险最有条件、最适合采用团体投保方式。意外伤害保险的保险费率与被保险人的年龄和健康状况无关，而是取决于被保险人的职业。

13.3.3　意外伤害保险的内容

13.3.3.1　意外伤害保险的保险责任

意外伤害保险的保险责任是被保险人因意外伤害所致的死亡或残废，不负责疾病所致的死亡。意外伤害保险的保险责任由 3 个必要条件构成，即被保险人在保险期限内遭受了意外伤害；被保险人在责任期限内死亡或残废；被保险人所受意外伤害是其死亡或残废的直接原因或近因。

13.3.3.2　意外伤害保险的给付方式

意外伤害保险属于定额给付性保险残废保险金的数额由保险金额和残废程度两个因素确定。残废程度一般以百分率表示，残废保险金数额的计算公式是：

$$残废保险金=保险金额\times残废程度百分率 \tag{13-1}$$

13.4　健康保险

13.4.1　健康保险概述

13.4.1.1　健康保险的定义

健康保险是以人的身体为对象，保证被保险人在保险期限内因疾病或意外事故所致伤害时的费用或损失获得补偿的一种保险。

健康保险承保的主要内容有由于疾病或意外事故所致的医疗费用；由于疾病或意外伤害事故所致的收入损失。

13.4.1.2　疾病的成立条件

构成健康保险所指的疾病必须有以下 3 个条件：

①必须由于明显非外来原因所造成的。

②必须是非先天的原因所造成的。

③必须是由于非长存的原因所造成的。

13.4.1.3　健康保险的特征

(1)保险金额和保险期限

健康保险既有对患病给付一定保险金的险种，也有对医疗费用和收入损失的补偿的险种，其给付金额往往是按照实际发生的费用或收入损失而定。健康保险除具有长期险种外，以 1 年期或 1 年以内的短期险种居多。

(2)代位求偿

健康保险中保险人拥有代位求偿权。若医疗费用已经得到了第三方全部或部分赔偿，保险人可以不再给付保险金，或只给付第三方赔偿后的差额部分。

(3)承保标准

健康保险的承保条件一般比寿险的承保条件严格。为防止已经患有疾病的被保险人投保，保单中常规定一个等待期或者观察期，等待期或观察期多为 180 天，被保险人在等待期或观察期内因疾病支出医疗费用或收入损失，保险人不负责任。

(4)成本分摊

保险人对所承担的疾病医疗保险金的给付责任往往带有很多限制或制约性条款，通常使用的条款有：①免赔额条款；②比例给付条款；③给付限额条款。免赔额的计算一般有 3 种：单一赔款免赔额，针对每次赔款的数额；全年免赔额，按全年赔款总计；集体免赔额，针对团体投保而言。

(5)健康保险的除外责任

怀胎导致的疾病、残废、流产、死亡等属除外责任。

13.4.2 健康保险的种类

13.4.2.1 医疗保险

医疗保险是指提供医疗费用保障的保险，是健康保险的主要内容之一。医疗费用保险一般规定一个最高保险金额，免赔额条款、比例给付条款经常被采用。常见的医疗保险有：

①普通医疗保险。

②住院保险。

③手术保险。

④综合医疗保险。

⑤特种疾病保险。特种疾病保险的给付方式一般是在确诊特种疾病后，立即一次性支付保险金额。

13.4.2.2 残疾收入补偿保险

提供被保险人在残废、疾病或意外受伤后不能继续工作时所发生的收入补偿的保险称为残疾收入补偿保险。收入补偿保险的给付一般定为以下 3 种方式：

①按月或按周进行补偿。

②给付期限。给付期限可以是短期或长期的。

③推迟期。在残废后的前一段时间称为推迟期。在这期间不给付任何补偿，推迟期一般为 3 个月或 6 个月。全部残废给付金额一般比残废前的收入少一些，经常是原收入的 75%~80%。

部分残废给付=全部残废给付×(残废前的收入-残废后的收入)/残废前的收入　(13-2)

13.4.2.3 重大疾病保险

提供被保险人在残废、疾病或意外受伤后不能继续工作时所发生的收入补偿的保险称为残疾收入补偿保险。其给付规则通常包括以下要素，给付方式、推迟期(等待期)、给付金额计算、附加条款。

13.4.3 健康保险的内容

13.4.3.1 个人健康保险

个人健康保险是指以单个自然人为投保对象的健康保险。个人健康保险主要常用条款如下：①续保条款；②宽限期条款；③复效条款；④等待期或观察期或事先存在条件条款；⑤不可抗辩条款；⑥索赔条款。个人健康保险续保条款描述了两个方面的内容：一是保险人有权拒绝续保或者有权解除健康保险单的环境因素或条件；二是保险人增加健康保险单的保险费的权利。保险人在规定的等待期或观察期内，并不履行保险金赔付义务，其目的是防止被保险人可能发生的逆选择。

13.4.3.2 团体健康保险

团体健康保险是以团体或者其代表作为投保人，以团体成员作为被保险人的健康保险。团体健康保险就其承保团体的属性可分为普通团体健康保险；集团健康保险；协会健康保险；综合健康保险。团体健康保险的主要条款有转化条款，转化条款主要是对医疗费用保险而言的；事先存在条件或等待期或观察期条款；调整保险金条款。

本章思考题

(1)简述人身保险事故的特点与人身保险产品的特点。

(2)简述人身保险公司与财产保险公司相比，可用于投资的资金多，但同时投资的灵活性不足，试解释其原因。

案例分析13：

保险竞合案例

2023年2月20日，A先生乘坐司机B的出租车去办事，途中因为B驾驶的车辆与一辆在D保险公司投保、违章行驶的车辆(司机C)发生碰撞，造成A先生受伤。经交警认定责任，司机C负事故全部责任。在事故发生前，A先生已向某保险公司投保了限额为6000元的人身意外伤害医疗保险。

A在向司机B索赔医疗费过程中，因金额为12 000元的单据上面有某保险公司的印章标注(字样显示A已获得了限额为6000元赔偿)。D保险公司通知司机C，A提供的这笔金额为12 000元的医疗费已不能全额赔付，保险人只赔付剩余部分。据此，A将司机B起诉至法院。

经法院审理，判决司机B要全额赔付A先生12 000元的医疗费。随后，司机B依照法院判决向司机C提出索赔。

讨论：

(1)在本案例中出现保险竞合的问题，司机B与A先生是因为运输合同发生违约造成案件纠纷的，而司机C和司机B是侵权行为发生的纠纷，是两个不同的合同主体，A先生作为第三者的医疗费能否获得D保险公司的金额赔偿？

(2)在该案例中，由于同一事实符合两个以上法律规范的赔偿要件，从而产生了请求权竞合的问题。请讨论在人身保险中，发生请求权的竞合，是否可以分别行使？以及如何理解保险竞合？

基金篇

第 14 章　投资基金概述

学习目标

(1)了解证券投资基金的概念。

(2)掌握证券投资基金的基本特点。

(3)理解证券投资基金与其他金融工具的区别与联系。

(4)了解基金行业的运作环节。

(5)理解基金行业的主要参与者及其功能和运作关系。

(6)理解公司型基金和契约型基金的区别，开放式基金和封闭式基金的区别。

(7)了解证券投资基金的起源、发展历程、发展趋势与特点。

(8)了解我国证券投资基金发展的五个阶段以及每个阶段的特点和标志产品。

14.1　投资基金简介

14.1.1　投资基金的含义

投资基金是指通过向投资者发行受益凭证(基金份额)，将社会上小额闲散资金或者机构投资者的资金集中起来，交由专业的基金管理机构投资于各种资产，获得的收益按出资者的出资比例进行分配。它是一种组合投资、专业管理、利益共享、风险共担的集合投资方式，属于间接投资工具。筹集到的资金可投资于金融资产，包括股票、债券、外汇、股权、期货、期权等；还可以投资于其他资产，包括房地产、大宗能源、林权、艺术品等。

14.1.2　投资基金的主要类别

14.1.2.1　按资金募集方式进行划分

按资金募集方式进行划分可以分为公募基金和私募基金。

(1)公募基金

向不特定投资者公开发行收益凭证进行资金募集的基金。

(2)私募基金

面向特定投资者、采用非公开方式募集的基金。其特点包括：①对投资者的投资能力要求较高。②在信息披露和投资限制等方面监管要求较低。③方式较为灵活。

14.1.2.2　按法律形式进行划分

按法律形式进行划分可以分为契约型基金、公司型基金和有限合伙型基金。

(1)契约型基金

依据基金合同而设立的一类基金。目前我国的基金均为契约型基金。契约型基金的设立依据是基金合同，基金合同由基金管理人、基金托管人签署，是规定基金当事人之间权利与义务的基本法律文件。基金投资者自取得基金份额后即成为基金份额持有人和基金合同的当事人，依法享有权利并承担义务。

(2) 公司型基金

公司型基金在法律上是具有独立法人地位的股份投资公司，以美国的投资公司为代表。公司型基金设立的依据是基金公司章程，通过委托基金管理公司作为专业的财务顾问来经营和管理基金资产。基金投资者是股东，享有股东权，并按照所持有的股份承担有限责任，分享投资收益。设有董事会，代表投资者的利益行使职权。

(3) 有限合伙型基金

投资者成立有限合伙企业，由有限合伙人以其认缴的出资额为限对基金(合伙企业)债务承担责任，由基金管理人具体负责投资运作的股权投资基金。

14.1.2.3　按运作方式进行划分

按运作方式进行划分可以分为开放式基金和封闭式基金。

(1) 开放式基金

基金份额不固定，基金份额可以在基金合同约定的时间和场所进行申购或者赎回的一种基金运作方式。其中定期开放式基金不是在任何交易日都可以自由进行买卖，而是按照固定的周期开放。市场比较常见的是 3 个月和 6 个月开放一次。目前定期开放基金大多为债券型基金。投资者按照基金管理人确定的时间和地点向基金管理人或其销售代理人提出申购、赎回申请，交易在投资者与基金管理人之间完成。基金交易价格以基金份额净值为基础，按照每日基金单位资产净值确定，不受市场供求关系的影响。因存在投资者申购或赎回，投资操作常常会受到不可预测的资金流入和流出的影响。特别为了满足基金赎回的需要，开放式基金必须保留一定的现金资产，并高度重视基金资产的流动性，这在一定程度上给基金的长期经营业绩带来不利影响。开放式基金每日公布基金单位资产净值，每季度公布资产组合，每 6 个月公布变更的招募说明书。

(2) 封闭式基金

它是指经核准的基金份额总额在基金合同期限内固定不变，基金份额持有人不得申请赎回的一种基金运作方式。基金份额可以在依法设立的证券交易场所按照市价买卖，交易在投资者之间完成，封闭式基金受二级市场供求关系的影响，交易价格可能折价或者溢价，但多为折价。因其没有赎回压力，基金管理人可以根据预先设定的投资计划进行长期投资和全额投资。封闭式基金每周公布基金单位资产净值，每季度公布资产组合。

14.1.2.4　按所投资的对象划分

按所投资的对象划分可以分为传统投资基金和另类投资基金。

(1) 传统投资基金

它是指投资于公开市场交易的权益、债券、货币、期货等金融资产的基金，以证券投资基金为代表。

(2) 另类投资基金

它是指投资于传统对象以外的投资基金。常见的另类投资基金见表 14-1 所列常见的另类投资基金。

表 14-1 常见的另类投资基金

另类投资基金	内 容
私募股权基金	通过非公开形式对非上市企业进行的权益性投资，在交易实施过程中附带考虑了将来的退出机制，即通过上市、并购或管理层回购等方式，出售持股获利
风险投资基金	又称创业基金，一般采用非公开募集方式，将吸收的机构和个人的资金，投向一些初创期或者小型的新型企业，尤其是高新技术企业，帮助所投资的企业尽快发展、成熟，取得上市资格，从而实现资本增值
对冲基金	起源于20世纪50年代初的美国，一般采用非公开募集方式，是基于投资理论和极其复杂的金融市场操作技巧，充分利用各种金融衍生产品的杠杆效用，承担高风险、追求高收益的投资模式
不动产投资基金	公开或非公开两种募集方式均可采用，是一种以发行权益凭证的方式汇集投资者的资金，由专门投资机构进行不动产投资经营管理，并将投资综合收益按比例分配给投资者的一种基金
其他另类投资基金	采用非公开募集方式，是指投资于传统的股票、债券之外的金融和实物资产的基金，如房地产、证券化资产、对冲基金、大宗商品、黄金、艺术品等

14.2 证券投资基金

14.2.1 证券投资基金的含义与特点

14.2.1.1 证券投资基金的含义

证券投资基金是指通过发售基金份额，将众多不特定投资者的资金汇集起来形成独立财产，委托基金管理人进行投资管理，基金托管人进行财产管理，由基金投资人共享投资收益、共担投资风险的集合投资方式。证券投资基金本质上是间接通过基金管理人代理投资的一种方式。基金管理人和托管人可以按照基金的资产规模获得一定比例的管理费收入和托管费收入。证券投资基金在世界各国的称谓有所不同：在美国称“共同基金”；在英国和中国香港特别行政区称“单位信托基金”；在欧洲一些国家和地区称“集合投资基金”或“集合投资计划”；在日本和中国台湾地区称“证券投资信托基金”。

14.2.1.2 证券投资基金的特点

(1) 集合理财、专业管理

集合理财特点表现在将众多投资者的资金汇集起来，委托基金管理人集中进行投资，这样可以发挥资金的规模优势，降低投资成本。专业管理特点表现在基金管理人拥有更为专业的软、硬件资源，能够更好地对证券市场进行全方位的动态跟踪与深入分析。这样，中小投资者也能享受到专业化的投资管理服务。

(2) 组合投资、分散风险

基金通常会购买多种股票组合投资，投资者购买基金就相当于用很少的资金购买了一篮子股票。这样在市场不利时，能够有效分散风险；在市场有利时，能够享受到组合投资带来的利益。

(3) 利益共享、风险共担

基金投资所产生的风险和利益均由所有投资者按比例进行分配，基金管理人和基金托管人作为提供服务的机构，一般按基金合同的规定从基金资产中收取一定比例的管理费、托管费，并不参与基金收益的分配，也不承担基金投资产生的风险。

(4) 严格监管、信息透明

基金监管机构对证券投资基金业实行严格的监管制度，并强制基金进行及时准确、充分的信息披露。

(5) 独立托管、保障安全

基金管理人负责基金的投资操作，基金托管人负责基金财产的保管，形成相互制约、相互监督的制衡机制，保障投资者资金的安全。

证券投资基金反映信托关系，是一种收益凭证，股票反映的是所有权关系，是一种所有权凭证，债券反映的是债权债务关系，是一种债权凭证。基金所筹集的资金主要投向有价证券等金融工具或产品，是一种间接投资工具，而股票和债券是直接投资工具，主要投向实业领域。

14.2.2 证券投资基金的运作与参与主体

14.2.2.1 基金的运作环节和活动

基金的运作环节和活动包括基金的运作环节和基金的运作活动。

(1) 证券投资基金的运作环节

①基金的募集。②基金的投资管理。③基金资产的托管。④基金份额的登记交易。⑤基金的估值与会计核算。⑥基金的信息披露。⑦其他基金运作活动。

(2) 从基金管理人的角度看，基金的运作活动

①基金的市场营销即主要涉及基金份额的募集和客户服务。②基金的投资管理即体现了基金管理人的服务价值。③基金的后台管理即基金份额的注册登记、基金资产的估值、会计核算、信息披露等后台管理服务对保障基金的安全运作起着重要的作用。

14.2.2.2 证券投资基金的参与主体

证券投资基金的参与主体包括基金当事人、基金市场服务机构、基金监管机构和自律组织。

(1) 基金当事人有基金份额持有人、基金管理人和基金托管人

基金份额持有人是基金投资者，基金的出资人、基金资产的所有者和基金投资回报的受益人。按照《证券投资基金法》第四十六条规定，我国基金份额持有人享有下列权利：①分享基金财产收益；②参与分配清算后的剩余基金财产；③依法转让或者申请赎回

其持有的基金份额；④按照规定要求召开基金份额持有人大会或者召集基金份额持有人大会；⑤对基金份额持有人大会审议事项行使表决权；⑥对基金管理人、基金托管人、基金服务机构损害其合法权益的行为依法提出诉讼；⑦基金合同约定的其他权利。公开募集基金的基金份额持有人有权查阅或者复制公开披露的基金信息资料；非公开募集基金的基金份额持有人对涉及自身利益的情况，有权查阅基金的财务会计账簿等财务资料。

基金管理人是基金产品的募集者和管理者，是基金运作中的核心。按照基金合同的约定，负责基金资产的投资运作，力争在有效控制风险的同时为基金投资者获取最大的投资收益。我国的基金管理人是依法设立的基金管理公司。

基金托管人是基金资产的保管者，保管基金资产，进行基金资金清算、会计复核以及对基金投资的监督等。我国的基金托管人依法设立并取得基金托管资格的商业银行或其他金融机构。

(2)基金市场服务机构

基金市场服务机构包括基金销售机构、基金销售支付机构、基金份额登记机构、基金估值核算机构、基金投资顾问机构、基金评价机构、基金信息技术系统服务机构、律师事务所和会计师事务所。

①基金销售机构指从事基金销售业务活动的机构，包括基金管理人以及中国证券监督管理委员会认定的可从事基金销售的其他机构。目前可申请从事基金代理销售的机构主要包括商业银行、证券公司、保险公司、证券投资咨询机构以及独立基金销售机构。

②基金销售支付机构指从事基金销售支付业务活动的商业银行或者支付机构。其法定义务是按照规定办理基金销售结算资金的划付。基金销售支付机构从事销售支付活动的，应具备下列条件：取得中国人民银行颁发的《支付业务许可证》，商业银行除外；具有健全的治理结构、完善的内部控制和风险管理制度；具有与基金销售支付业务相适应的营业场所、安全防范设施和信息技术系统；制定了完善的资金清算和管理制度，能够确保基金销售结算资金的安全、独立和及时划付；中国证监会规定的其他条件。

③基金份额登记机构指从事基金份额登记业务活动的机构。基金份额登记机构主要职责有：建立并管理投资人的基金账户；负责基金份额的登记；基金交易确认；代理发放红利；建立并保管基金份额持有人名册；法律法规或份额登记服务协议规定的其他职责。

④基金估值核算机构指从事基金估值核算业务活动的机构。基金管理人及其委托的基金估值核算机构均可办理基金估值核算业务。拟从事公开募集基金估值核算业务的条件是必须向中国证监会申请注册。

⑤基金投资顾问机构指从事基金投资顾问业务活动的机构。提供公开募集基金投资顾问业务的条件是必须向工商登记注册地的中国证监会派出机构申请注册。

⑥基金评价机构指从事基金评价业务活动的机构。从事公开募集基金评价业务的条件是应当向基金业协会申请注册。

⑦基金信息技术系统服务机构指为基金管理人基金托管人和基金服务机构提供基金业务核心应用软件开发、信息系统运营维护、信息系统安全保障和基金交易电子商务平台等业务活动的机构。开展基金信息技术系统服务业务具备的条件：应当具备国家有关部门规

定的资质条件或者取得相关资质认证；具有开展业务所需要的人员、设备、技术、知识产权等条件；其信息技术系统服务应当符合法律法规、中国证监会以及行业自律组织等的业务规范要求。

(3) 我国的基金监管机构和自律组织

基金监管机构依法行使审批或核准权、办理基金备案，监督管理基金管理人、托管人以及其他从事基金活动的服务机构，并对违法违规行为进行查处。在我国，基金监督管理机构是中国证监会。

基金自律组织包括证券交易所和基金行业自律组织。我国证券交易所依法设立，不以盈利为目的，是实行自律性管理的法人。证券交易所为证券交易提供场所和设施；通过证券交易所募集和交易的基金，需要遵守证券交易所的规则；经中国证监会授权，对基金的投资交易行为承担重要的一线监控职责。我国基金自律组织是成立于 2012 年 6 月 6 日的中国证券投资基金业协会(后文简称“基金业协会”)。基金业协会是证券投资基金行业的自律性组织，是社会团体法人。基金业协会可以促进同业交流、提高从业人员素质、加强行业自律管理、促进行业规范发展等。

14.3 股权投资基金

14.3.1 股权投资基金的概念和特点

股权投资基金既可以以非公开方式募集(私募)，也可以以公开方式募集(公募)。在我国，目前股权投资基金只能以非公开方式募集(私募)。国内所称“股权投资基金”，其全称应为“私人股权投资基金”，是指主要投资于“私人股权”，即企业非公开发行和交易的股权投资基金。通常我们所说的“私募股权投资基金”的准确含义应为“私募类私人股权投资基金”。

私人股权包括未上市企业和上市企业非公开发行和交易的普通股、可转换为普通股的优先股和可转换债券。证券投资基金和股权投资基金的投资标的不同，证券投资基金的投资标的是公开交易的证券(股票或者债券等)，股权投资基金的投资标的是非公开交易的股权。股权投资基金投资期限长，流动性较差，投资期限一般是 3~7 年，被称为“有耐心的资本”。股权投资基金的基金份额流动性较差，在基金清算前，基金份额的转让或投资者的退出都有一定难度。

股权投资基金投资后管理投入资源较多，股权投资基金管理人在投资后管理阶段投入大量资源，主要包括以下两个方面：一是为被投资企业提供商业资源和管理支持，帮助被投资企业发展；二是通过参加被投资企业股东会、董事会等，有效监控被投资企业，以应对被投资企业的信息不对称和企业管理层的道德风险。此外，股权投资基金对基金管理人的要求较高，要求基金管理人需要具备很高的专业水准，具有智力密集型特征，市场上的股权投资基金通常委托专业机构进行管理，在基金管理机构内部，需要针对投资管理团队成员建立有效和充分的激励约束机制。股权投资基金收益波动性较高，高风险主要体现为投资项目的收益呈现出较大的不确定性，高期望收益主要体现为在正常的市场环境中，股权投资基金作为一个整体，其能为投资者实现的投资回报率总体上处于较高水平。

14. 3. 2　股权投资基金的基本运作流程和运作中的关键影响因素

14. 3. 2. 1　股权投资基金的基本运作流程

股权投资基金的基本运作流程包括 4 个阶段，分别为募集阶段、投资阶段、投资后管理阶段和退出阶段。

(1) 募集阶段

基金管理人向投资者募集资金并发起设立基金。募集主体是基金管理人。基金管理人可以自行向投资者募集基金，或者委托有资质的第三方募集机构代为募集基金。募集方式公开募集与非公开募集。募集对象只能向合格投资者募集。股权投资基金的组织形式有公司型、有限合伙型或信托(契约)型。

(2) 投资阶段

基金管理机构将资金投向被投资企业。这一阶段的主要活动：项目开发与初审、立项、签署投资备忘录、尽职调查、投资决策、签订投资协议、投资交割等。

(3) 管理阶段

投资后的管理阶段需要跟踪、监控被投资企业的运作，实施投资风险管理，为被投资企业提供增值服务，帮助被投资企业成长和发展。

(4) 退出阶段

主要的退出方式有上市转让、挂牌转让、协议转让、清算等。最后的收益分配根据约定将退出所得分配给基金的投资者和管理人。

14. 3. 2. 2　股权投资基金的基本运作中的关键要素

股权投资基金的基本运作中的关键要素包括基金规模、出资方式、管理方式、投资范围、基金的投资策略、基金的投资限制和基金的收益分配。

(1) 基金规模

它是指基金计划及实际募集的投资资本额度。计划募资规模是指基金合同中约定的基金总体计划募资规模。实际募资规模是指截至某一时点基金实际募集的资本规模。

(2) 出资方式

一般情况下，股权投资基金只能以货币资金出资，不可以使用实物资产、无形资产等非货币资金出资，根据基金合同的约定，投资者可以一次或分数次完成其在股权投资基金中的出资义务。在实务运作中，承诺出资制较为常见。

(3) 管理方式

自我管理和受托管理。自我管理需要基金自身建立投资管理团队负责其投资决策。受托管理基金通过委托第三方管理机构进行投资管理。目前，受托管理正逐渐成为主流的基金管理方式。

(4) 投资范围

它是基金投资对象选择所指向的集合。影响基金投资范围的因素有目标投资对象的行业、地域、发展阶段等。基金的投资策略是指基金在选择具体投资对象时，使用的一系列规则、行为和程序的总和。

（5）基金投资策略

影响基金投资策略的因素有基金的投资目标和投资者风险偏好、期望收益率等。

（6）基金的投资限制

它是指基金管理人禁止从事的，或者需要依法定程序得到投资者许可后才能从事的投资决策行为。基金投资限制可以保护投资者合法利益。股权投资基金的市场参与主体：投资者、管理人和第三方服务的机构。

（7）基金的收益分配

它主要在投资者与管理人之间进行。股权投资基金的收入来源于所投资企业分配的红利和实现项目退出后的股权转让所得。基金利润为基金的收入扣除基金承担的各项费用和税收之后，超出投资者出资本金的部分。基金管理人因其管理可以获得相当于基金利润一定比例的业绩报酬。

14.3.3　股权投资基金的参与主体

股权投资基金的参与主体同样包括基金当事人、基金市场服务机构、基金监管机构和自律组织。在这里主要介绍基金当事人，基金市场服务机构参考证券投资基金的内容，基金监管机构和自律组织会在后面的相关章节介绍。

股权投资基金当事人也包括基金投资者、基金管理人和基金托管人。股权投资基金投资者，即“基金份额持有人”，是股权投资基金的出资人、基金财产的所有者，按其所持有的基金份额享受收益和承担风险。股权投资基金投资者的具体权利包括分享基金财产收益，参与分配清算后的剩余基金财产，依法转让或者申请赎回其持有的基金份额，按照规定要求召开基金投资者会议，对基金投资者会议审议事项行使表决权，查阅或者复制公开披露的基金信息资料，对基金管理人和基金市场服务机构损害其合法权益的行为依法提出诉讼，基金合同约定的其他权利。我国目前只能以非公开方式募集股权投资基金。对于非公开募集的股权投资基金，投资者应当为具备相应风险识别能力和风险承担能力的合格投资者。合格投资者主要包括金融机构、社会保障基金、企业年金、社会公益基金、母基金、主权财富基金、政府引导基金、工商企业、个人投资者等。

股权投资基金管理人是基金产品的募集者和管理者。基金管理人按照基金合同的约定，负责基金资产的投资运作，控制基金投资风险，为基金投资者争取最大的投资收益。基金管理人的具体职责包括：①拟订和实施投资方案，并对被投资企业进行投资后管理。②积极参与制定被投资企业发展战略，为被投资企业提供增值服务。③定期或者不定期向基金投资者披露基金经营运作等方面的信息。④定期编制基金财务报告并向基金投资者呈报。基金管理人受托管理基金财产，应勤勉、忠实并审慎尽职地履行受托责任，依据合同约定，基金管理人有权获取相应收入。对于公开募集基金的基金管理人实行严格的准入限制。对于非公开募集基金的基金管理人实行宽松的准入限制。

基金托管人一方面对基金资产进行保管，另一方面对基金管理人进行监督。基金托管人应当安全保管基金财产，按照规定开设基金资金账户，对同一基金管理人所托管的不同基金的资金分别设置账户，确保各基金资金账户的独立，将托管资金与基金托管机构自有财产严格分开。保存基金托管业务活动的记录、账册、报表和其他相关资料，按照相关法律的规定和托管协议的约定，根据基金管理人的指令及时办理清算、交割事宜，按照相关法律的规定监督基金管理人的资金运作。定期向基金管理人出具资产托管报告。基金托管人独立于基金管理人，由其保管基金财产，可以防止基金财产挪作他用，从而保障基金资产安全，基金托管人监督基金管理人的投资运作，促使基金管理人按照相关规定和要求运作基金财产，从而维护基金投资者的合法权益。基金托管人对基金财产进行会计复核和净值计算，保障基金份额净值和会计核算的真实性、准确性。

本章思考题

(1)证券投资基金是如何产生和发展起来的?

(2)简述证券投资基金与其他金融工具的区别与联系。

(3)简述基金行业的主要参与者以及功能和运作关系。

案例分析 14：

公募基金市场数据(2024 年 7 月)

截至 2024 年 7 月底，我国境内公募基金管理机构共 163 家，其中基金管理公司 148 家，取得公募资格的资产管理机构 15 家。以上机构管理的公募基金资产净值合计 31.49 万亿元[*]。

类别	基金数量(只)(2024/7/31)	份额(亿份)(2024/7/31)	净值(亿元)(2024/7/31)	基金数量(只)(2024/6/30)	份额(亿份)(2024/6/30)	净值(亿元)(2024/6/30)
封闭式基金	1352	35 739.14	38 408.46	1354	36 022.57	38 570.52
开放式基金	10 742	263 748.73	276 460.10	10 682	260 604.07	272 255.86
其中：股票基金	2492	29 077.48	32 857.34	2474	28 472.32	31 048.96
其中：混合基金	5058	33 302.63	34 517.63	5046	33 600.34	35 461.50
其中：债券基金	2515	61 751.14	70 059.15	2490	61 085.56	68 896.29
其中：货币基金	371	133 822.89	133 789.24	371	131 910.07	131 870.27
其中：QDII 基金	306	5794.59	5236.73	301	5535.79	4978.83
合计	12 094	299 487.86	314 868.56	12 036	296 626.65	310 826.38

上表中“封闭式基金”包含申报为封闭运作和定期开放的基金。由于四舍五入原因，可能存在分项之和不等于合计的情形。基金数量统计不含已向证监会报送清盘的基金。数据来源于中国证监会。

讨论：

(1)基金是什么？

(2)基金的本质是什么？

(3)结合案例资料，讨论基金的分类。

第 15 章　证券投资基金的类型

学习目标

(1)掌握基金的不同分类标准和基本分类。

(2)掌握基金的基本类型及其特点。

(3)理解市场上各类特殊类别基金的特点。

15.1　证券投资基金的分类

15.1.1　根据投资对象进行分类

根据投资对象将证券投资基金划分为：①股票基金即 80%以上基金资产投资于股票。②债券基金即 80%以上基金资产投资于债券。③货币市场基金即全部投资于货币市场工具。④混合基金即投资于股票、债券和货币市场工具，但股票投资和债券投资的比例不符合股票基金、债券基金的规定。⑤基金中基金(FOF)即以基金为主要投资标的，80%以上的基金资产投资于其他基金份额。ETF 联接基金是一种特殊的基金中基金，是指将绝大部分基金资产投资于跟踪同一标的指数的 ETF，紧密跟踪标的指数表现，追求跟踪偏离度和跟踪误差最小化，采用开放式运作方式的基金。⑥另类投资基金即以股票、债券等传统资产以外的资产作为投资标的基金。

我国的另类投资基金主要包括：①商品基金即以商品现货或者期货合约为投资对象，主要有黄金 ETF 和商品期货 ETF。②非上市股权基金。③房地产基金。

15.1.2　根据投资目标进行分类

根据投资目标进行分类证券投资基金可划分为：

(1)增长型基金

以追求资本增值为基本目标的基金，较少考虑当期收入主要以具有良好增长潜力的股票为投资对象。其特点是风险较大、收益较高。

(2)收入型基金

以追求稳定的经常性收入为基本目标的基金：主要以大盘蓝筹股、公司债、政府债券等稳定收益证券为投资对象。其特点是风险较小收益较低。

(3)平衡型基金

既注重资本增值又注重当期收入的基金。其特点是风险收益介于增长型基金与收入型基金之间。

根据投资理念证券投资基金可划分为：

(1)主动型基金

力图取得超越基准组合表现的基金。

(2)被动型基金(指数基金)

①含义即一般进取特定的指数作为跟踪对象，并不主动寻求取得超越市场的表现，而是试图复制指数的表现。②目的即达到与选取的特定指数同样的收益水平。③特点即客观稳定、费用低廉分散风险、监控便利。④代表性产品即 ETF 基金。

15.1.3 根据投资理念分类

根据投资理念可以将基金分为主动型基金与被动型(指数)基金。

(1)主动型基金

它是一类力图取得超越基准组合表现的基金。

(2)被动型基金

一般选取特定的指数作为跟踪的对象，因此通常又被称为指数基金被动型基金并不主动寻求取得超越市场的表现，而是试图复制指数的表现。

发展最为迅速的指数基金是上市交易型开放式指数基金，又称为交易所交易基金(ETF)，是指数基金的重要品种。ETF 在交易所上市交易，基金份额可变，最早产生于加拿大，但发展与成熟主要在美国。

15.1.4 根据资金来源和用途进行分类

根据资金来源和用途进行分类，证券投资基金可划分为：

(1)在岸基金

在本国募集资金并投资于本国证券市场。

(2)离岸基金

一国(地区)的证券投资基金组织在他国(地区)发售证券投资基金份额，并将募集的资金投资于本国(地区)或第三国(地区)证券市场的证券投资基金。

(3)国际基金

资本来源于国内，并投资于国外市场的投资基金，如我国的合格境内机构投资者基金，简称 QDII 基金。

15.1.5 特殊类型基金

特殊类型基金分为：

(1)避险策略基金(原保本基金)

通过一定的保本投资策略进行运作，同时引入保本保障机制，以保证基金份额持有人在保本周期到期时，可以获得投资本金保证。

(2)上市开放式基金(LOF)

既可以在场外市场进行基金份额申购或赎回，又可以在交易所(场内市场)进行基金份额交易和基金份额申购或赎回的基金。是我国对证券投资基金的一种本土化创新。

(3) 分级基金

通过事先约定基金的风险收益分配，将基础份额分为预期风险收益不同的子份额，并可将其中部分或全部份额上市交易的结构化证券投资基金。

15.2　股票基金

15.2.1　股票基金的优势以及与股票的区别

(1) 股票基金的优势

股票基金以追求长期的资本增值为目标，更适合长期投资，其提供了长期的投资增值性，可供投资者用来满足远期支出的需要，如教育支出退休支出，是应对通货膨胀最有效的手段。

(2) 股票与股票基金存在的区别

股票每一交易日内始终处于变动之中，会受到投资者买卖股票数量的大小和强弱的对比的影响，会根据上市公司的基本面对股票价格高低的合理性判断，投资风险较为集中，投资风险较大。股票基金每一交易日股票基金只有一个基金份额净值不会受到买卖数量或申购赎回数量多少的影响。不能对股票基金份额净值进行合理与否的评判，即对基金份额净值高低进行合理与否的判断没有意义。投资风险较为分散，投资风险较低。

15.2.2　股票基金的分类

15.2.2.1　按投资市场进行划分

股票基金按投资市场进行划分可以分为：

(1) 国内股票基金

以本国股票市场为投资场所，投资风险主要受国内市场的影响。

(2) 国外股票基金

以非本国的股票市场为投资场所，存在一定的汇率风险。国外股票基金又可分为单国家型股票基金、区域型股票基金和全球股票基金 3 种类型。

(3) 全球股票基金

以全球股票市场为投资对象，进行全球化分散投资能够有效克服单一国家或区域的投资风险，但是其投资跨度较大，费用也相对较高。

15.2.2.2　按股票规模进行划分

按股票规模划分可以分为：

(1) 小盘股票基金

投资标的是小盘股票，通常将市值小于 5 亿元的公司或者市值排名靠后，累计市值占市场总市值 20%以下的公司划分为小盘股。

(2) 中盘股票基金

投资标的是中盘股票，通常将市值大于 5 亿元小于 20 亿元的公司或者市值排名居中，累计市值占市场总市值 20%以上 50%以下的公司划分为中盘股。

(3) 大盘股票基金

投资标的是大盘股票，通常将市值大于 20 亿元的公司或者市值排名居前，累计市值占市场总市值 50%以上的公司划分为大盘股。

15.2.2.3 按股票性质进行划分

股票基金按股票性质划分可以分为：

(1) 价值型股票基金

专注于价值型股票投资。价值型股票的收益稳定、价值被低估、安全性较高，市盈率、市净率通常较低。其可以进一步被细分为 5 类：包括低市盈率股、蓝筹股、收益型股票、防御型股票和逆势型股票。

(2) 成长型股票基金

专注于成长型股票投资。成长型股票的收益增长速度快，未来发展潜力大，市盈率、市净率通常较高。其可以进一步分为持续成长型股票、趋势增长型股票和周期型股票。

(3) 平衡型基金

同时投资于价值型股票与成长型股票。

价值型股票基金、成长型股票基金和平衡型基金三者之间收益与风险的比较如下：

收益：价值型股票基金<平衡型基金<成长型股票基金。

风险：价值型股票基金<平衡型基金<成长型股票基金。

股票基金按基金投资风格划分为成长型、平衡型和价值型。成长型又划分为小盘成长型、中盘成长型和大盘成长型。平衡型也划分为小盘平衡型、中盘平衡型和大盘平衡型。价值型划分为小盘价值型、中盘价值型和大盘价值型。

15.2.2.4 按行业进行划分

股票基金按行业进行划分可以分为：①行业股票基金即以某一特定行业或板块为投资对象，如基础行业基金、资源类股票基金、房地产基金金融服务、基金科技股基金等。②行业轮换型基金即集中于行业投资，投资风险相对较高。

15.3 债券基金

15.3.1 债券基金

债券基金主要以债券为投资对象，收益较为稳定，风险小于股票基金，属于收益、风险适中的基金产品，与股票基金进行组合投资时，能较好地分散投资风险。相比较债券而言，债券基金的收益有升有降，不如债券的利息固定，没有一个确定的到期日，收益率较难计算和预测，通过分散投资有效避免了单一债券可能面临较高的信用风险。

债券与债券基金的区别：

①二者收益不同。债券利率固定，利息收入稳定，到期时收回本金。债券基金收益有升有降，不如债券的利息固定。

②二者到期日不同。债券有一个确定的到期日。债券基金没有一个确定的到期日。

③二者收益率不同。债券投资收益率可以计算。债券基金收益率较难计算和预测。

④二者投资风险不同。债券信用风险比较集中。债券基金通过分散投资有效避免了单一债券可能面临较高的信用风险。

15.3.2　债券基金的分类

一般债券基金的分类：按发行主体划分，分为政府债券、企业债券、金融债券等，与此相对应，产生政府债券基金、企业债券基金、金融债券基金等。按债券到期日划分，分为短期债券、长期债券等，与此相对应，产生短期债券基金、长期债券基金等。按债券信用等级划分，分为低等级债券、高等级债券等，与此相对应，产生低等级债券基金、高等级债券基金等。

我国市场上的债券基金的特殊分类：①标准债券型基金(纯债基金)即仅投资于固定收益类金融工具，不能投资于股票市场，又可分为短债基金、信用债基金等类型。②普通债券型基金即主要进行债券投资(80%以上基金资产)，但也投资于股票市场，在我国市场上占主要部分，又可分为一级债基和二级债基。③其他策略型的债券基金，如可转债基金。

15.4　合格境内机构投资者(QDII)基金

15.4.1　QDII 基金的基本概念

QDII 基金是指在一国境内设立，经该国有关部门批准从事境外证券市场的股票、债券等有价证券的投资基金。在我国，人民币没有实现可自由兑换、资本项目尚未开放的情况下，有限度地允许境内投资者投资海外证券市场的一项过渡性的制度安排。QDII 基金的计价货币有人民币、美元或其他主要外汇货币。在投资组合中 QDII 基金是一种新的投资机会，为投资者降低组合投资风险提供新的途径。

15.4.2　QDII 基金的投资对象

(一)QDII 基金可投资的金融产品或工具

①银行存款、可转让存单、银行承兑汇票、银行票据商业票据回购协议、短期政府债券等货币市场工具。

②政府债券、公司债券、可转换债券、住房按揭支持证券、资产支持证券等，以及经中国证监会认可的国际金融组织发行的证券。

③与中国证监会签署双边监管合作谅解备忘录的国家或地区证券市场挂牌交易的普通股、优先股、全球存托凭证和美国存托凭证、房地产信托凭证。

④在已与中国证监会签署双边监管合作谅解备忘录的国家或地区证券监管机构登记注册的公募基金。

⑤与固定收益、股权、信用、商品指数、基金等标的物挂钩的结构性投资产品。

⑥远期合约、互换及经中国证监会认可的境外交易所上市交易的权证、期权、期货等

金融衍生产品。

(2)QDII基金不得投资的金融产品或工具

①购买不动产。

②购买房地产抵押按揭。

③购买贵重金属或代表贵重金属的凭证。

④购买实物商品。

⑤除应付赎回交易清算等临时用途以外，借入现金。该临时用途个人现金的比例不得超过基金集合计划资产净值的10%。

⑥利用融资购买证券，但投资金融衍生产品除外。

⑦参与未持有基础资产的卖空交易。

⑧从事证券承销业务。

⑨中国证监会禁止的其他行为。

15.5 其他基金

15.5.1 货币市场基金

15.5.1.1 货币市场基金的投资工具

货币市场基金的投资对象是货币市场工具。货币市场工具通常由政府、金融机构以及信誉卓著的大型工商企业发行，是指到期日不足1年的短期金融工具。由于货币市场工具到期日非常短，因此也称为现金投资工具。货币市场工具流动性好、安全性高，但其收益率与其他证券相比非常低。

货币市场与股票市场的主要区别是：货币市场进入门槛通常很高，在很大程度上限制了一般投资者的进入。此外，货币市场属于场外交易市场，交易主要由买卖双方通过电话或电子交易系统以协商价格完成。货币市场基金的投资门槛极低，因此货币市场基金为普通投资者进入货币市场提供了重要通道。

根据《货币市场基金监督管理办法》第四条规定，货币市场基金应当投资于以下金融工具：

①现金。

②期限在1年以内(含1年)的银行存款、债券回购、中央银行票据、同业存单。

③剩余期限在397天以内(含397天)的债券、非金融企业债务融资工具、资产支持证券。

④中国证监会、中国人民银行认可的其他具有良好流动性的货币市场工具。

根据《货币市场基金监督管理办法》第五条规定，货币市场基金不得投资于以下金融工具：

①股票。

②可转换债券、可交换债券。

③以定期存款利率为基准利率的浮动利率债券，已进入最后一个利率调整期的除外。

④信用等级在 AA+以下的债券与非金融企业债务融资工具。

⑤中国证监会、中国人民银行禁止投资的其他金融工具。

15.5.1.2　货币市场基金的作用与功能

(1)货币市场基金在投资组合中的作用

货币市场基金是厌恶风险、对资产流动性和安全性要求较高的投资者进行短期投资和现金管理的理想工具，或是暂时存放现金的理想场所。与其他类型基金相比，货币市场基金具有风险低、流动性好的特点。需要注意的是，货币市场基金的长期收益率较低，并不适合长期投资。

(2)货币市场基金的支付功能

货币市场基金风险低、流动性好，通过以下机制设计，基金管理公司将货币市场基金的功能从投资拓展为类似货币的支付功能：每个交易日办理基金份额申购、赎回；在基金合同中将收益分配的方式约定为红利再投资，并每日进行收益分配；每日按照面值(一般为 1 元)进行报价。

国外货币市场基金账户可以开出支票，因此货币市场基金具有了货币的支付功能。如美国的货币市场基金兼具银行储蓄和支票账户的功能，投资者可以根据货币市场基金账户余额开出支票用于支付，并且可以在自动取款机上从货币市场基金账户中提取现金。国内近年货币市场基金的发展也具有了一定的支付功能和流动性管理功能。

15.5.2　混合基金

15.5.2.1　混合基金在投资组合中的作用

混合基金的风险低于股票基金，预期收益则要高于债券基金。它为投资者提供了一种在股票、债券等不同资产类别之间进行分散投资的工具，基金管理人对基金投资有比较大的调整自由权限，适合较为保守的投资者。混合基金的问题是基金的投资目标、投资策略、风险收益特征等要素在基金合同中体现得并不明显，这就使得投资者难以识别和选择。

15.5.2.2　混合基金的类型

混合基金依据资产配置的不同可分为偏股型基金、偏债型基金、股债平衡型基金、灵活配置型基金等。

根据 2017 年中国银河证券基金研究中心最新调整的分类体系，根据基金资产投资范围与比例及投资策略，混合基金可分为以下 7 个二级类别，即偏股型基金、偏债型基金、灵活配置型基金、保本型基金、避险策略型基金、绝对收益目标基金、其他混合型基金。

(1)偏股型基金

偏股型基金的基金名称自定义为混合基金，基金合同载明或者合同本义是以股票为主要投资方向，业绩比较基准中也以股票指数为主。偏股型基金分为两个三级分类：基金合同中载明有约束力的股票投资下限是 60%的是偏股型基金(股票下限 60%)，不满足 60%股票投资比例下限要求但业绩比较基准中股票比例值等于或者大于 60%的是偏股型基金(基准股票比例为 60%~100%)。偏股型基金中股票的配置比例较高，债券的配置比例相对较低。一般情况下，采用股票指数或者以股票指数为主作为业绩比较基准。

(2)偏债型基金

偏债型基金的基金名称自定义为混合基金，基金合同载明或者合同本义是以债券为主要投资方向，业绩比较基准中是以债券指数为主。偏债型基金的条件是：基金合同中债券投资下限≥60%，业绩比较基准中债券比例值≥70%，满足前述其中一个条件即可。偏债型基金中债券的配置比例较高，股票的配置比例相对较低。一般情况下，采用债券指数或者以债券指数为主作为业绩比较基准。

(3)灵活配置型基金

灵活配置型基金的基金名称自定义为混合基金，原则上基金名称中有“灵活配置”四个字，基金合同载明或者合同本义是股票和债券等大类资产之间较大比例灵活配置。不同的灵活配置型基金配置的股票与债券的重心差异较大，在缺乏有约束力的股票下限与债券下限的情况下，选择具有指导意义的业绩比较基准中的股票比例作为划分标准，分为基准股票比例为0%~100%(含60%)、基准股票比例为30%~60%(均不含)、基准股票比例为0~30%(含30%)3个三级分类。灵活配置型基金会根据市场状况调整在股票、债券上的配置比例，有时股票的比例较高，有时债券的比例较高。

(4)保本型基金

保本型基金的基金名称自定义为混合基金，基金名称中有保本字样，基金合同载明基金管理人或者第三方承担保本保证责任。

(5)避险策略型基金

避险策略型基金的基金名称自定义为混合基金，为在避险策略周期到期时避免基金份额持有人投资本金出现亏损，基金合同载明通过一定的避险投资策略进行投资运作，引入了相关保障机制。

(6)绝对收益目标基金

绝对收益目标基金的基金名称自定义为混合基金，基金合同载明基金投资运作比较宽泛，投资方向不明确，没有股票、债券80%比例的最低持仓要求，业绩比较基准为银行定期存款收益或者定期存款收益基础上增加某个固定值或者某个年化固定值。根据投资策略的差异，绝对收益目标基金分为灵活策略基金与对冲策略基金。

(7)其他混合型基金

其他混合型基金是兜底的分类，不适合与其他混合基金进行收益与风险评价比较，在上述分类无法明确归属。

15.5.3 避险策略基金

15.5.3.1 避险策略基金的概述

(1)避险策略基金由来

避险策略基金的前身是保本基金，最大特点是其招募说明书中明确引入保本保障机制，以保证基金份额持有人在保本周期到期时，可以获得投资本金的保证。保本基金的风险：

①保本基金保障机制本身存在一定问题。

②保本基金保本投资策略存在可能失效的问题。

③保本基金快速膨胀可能带来的风险。

(2)避险策略基金及其相关保障机制

避险策略基金是指通过一定的保本投资策略进行运作，同时引入保本保障机制，以保证基金份额持有人在保本周期到期时，可以获得投资本金保证的基金。

为了能够保证本金安全，避险策略基金通常会将大部分资金投资于与基金到期日一致的债券；同时，为提高收益水平，避险策略基金会将其余部分投资于股票、衍生工具等高风险资产，使得市场不论是上涨还是下跌，该基金于投资期限到期时，都能保障其本金不遭受损失。

避险策略基金的投资目标是在锁定风险的同时力争有机会获得潜在的高回报。避险策略基金本质上讲是一种混合基金，比较适合那些不能忍受投资亏损，比较稳健和保守的投资者。

(3)避险策略基金的类型

境外的避险策略基金形式多样。其中，基金提供的保证有本金保证、收益保证和红利保证，具体比例由基金公司自行规定。一般本金保证比例为 100%，但也有低于 100%或高于 100%的情况。至于是否提供收益保证和红利保证，不同基金情况各不相同(但我国目前的避险策略基金并没有保证收益的类型)。

15.5.3.2　避险策略基金的投资策略

避险策略基金的前身保本基金于 20 世纪 80 年代中期起源于美国，其核心是运用投资组合保险策略进行基金的操作。国际上比较流行的投资组合保险策略主要有对冲保险策略与固定比例投资组合保险策略(CPPI)。

(1)对冲保险策略

主要依赖金融衍生产品，如股票期权、股指期货等，实现投资组合价值的保本与增值。国际成熟市场的保本投资策略目前较多采用衍生金融工具进行操作。

(2)固定比例投资组合保险策略

目前，国内避险策略基金为实现保本的目的，主要选择固定比例投资组合保险策略作为投资的保本策略。

固定比例投资组合保险策略是一种通过比较投资组合现时净值与投资组合价值底线，从而动态调整投资组合中风险资产与保本资产的比例，以兼顾保本与增值目标的保本策略。CPPI 投资策略的投资步骤可分为以下 3 步：

①根据投资组合期末最低目标价值(基金的本金)和合理的折现率设定当前应持有的保本资产的价值，即投资组合的价值底线。

②计算投资组合现时净值超过价值底线的数额。该值通常称为安全垫，是风险投资(如股票投资)可承受的最高损失限额。

③按安全垫的一定倍数确定风险资产投资的比例，并将其余资产投资于保本资产(如债券投资)，从而在确保实现保本目标的同时，实现投资组合的增值。风险资产投资额通

常可用下式确定：

风险资产投资额=放大倍数×(投资组合现时净值-价值底线)　　(15-1)

风险资产投资额=放大倍数×安全垫　　(15-2)

风险资产投资比例=风险资产投资额/基金净值×100%　　(15-3)

15.5.3.3 避险策略基金的分析

避险策略基金的分析指标主要包括封闭周期、保本比例、赎回费、安全垫、担保人等。

(1)封闭周期

避险策略基金有一个封闭周期，封闭周期较长会使基金经理有较大的操作灵活性，也就是在相同的保本比例要求下，经理人可适当提高风险性资产的投资比例。需要注意的是封闭周期越长，投资者承担的机会成本也就越高。

(2)保本比例

到期时投资者可获得的本金保障比率是保本比例，它是影响基金投资风险性资产比例的重要因素之一。常见的保本比例为80%~100%。其他条件相同时，保本比例较低的基金投资于风险性资产的比例较高。

(3)赎回费

为避免投资者提前赎回资金，避险策略基金往往会对提前赎回基金的投资者收取较高的赎回费，这也将加大投资者退出投资的难度。

(4)安全垫

风险资产投资可承受的最高损失限额是安全垫。安全垫较小，基金将很难通过放大操作提高基金的收益；安全垫较高，在提高基金运作灵活性的同时也有助于增强基金到期保本的安全性。

15.5.4 交易型开放式指数基金(ETF)

15.5.4.1 ETF概述

交易型开放式指数基金，又被称为交易所交易基金(Exchange Traded Funds，简称“ETF”)。ETF是一种被动操作指数基金，采用完全复制法或抽样复制法来追踪某一特定指数，以该指数包含的特定种类、特定数量的证券作为投资对象的指数基金。ETF基金不以超越市场收益水平为目标，只为取得市场平均收益水平，采取被动投资的策略，跟踪某一特定指数来投资。

(1)ETF的特点

实物申购、赎回机制。投资者向基金管理公司申购ETF，需要拿这只ETF指定的一篮子证券或商品来换取；赎回时得到的不是现金，而是相应的一篮子证券或商品；如果想变现，需要再卖出这些证券或商品。实物申购、赎回机制是ETF最大的特色之一，使ETF省去了用现金购买证券或商品以及为应付赎回卖出证券或商品的环节。此外，ETF有“最小申购、赎回份额”的规定，只有资金达到一定规模的投资者才能参与ETF一级市场的实物申购、赎回。

目前中国市场上只有跨时区 ETF 采用全现金替代模式进行申购、赎回，因为暂时无法买到跨时区的市场证券，部分商品和债券 ETF 采用实物申购、赎回和全现金替代申购、赎回两种模式并行，股票 ETF 基本采用实物申购、赎回制度。

(2) 一级市场与二级市场并存的交易制度

在一级市场上，只有资金达到一定规模的投资者(基金份额通常要求在 30 万份、50 万份甚至 100 万份以上)可以随时在交易时间内进行以股票换份额(申购)、以份额换股票(赎回)的交易，中小投资者被排斥在一级市场之外。在二级市场上，ETF 与普通股票一样在市场挂牌交易。在正常情况下，ETF 二级市场交易价格与基金份额净值总是比较接近。

(3) ETF 的类型

①根据 ETF 跟踪某一标的市场指数的不同，可以将 ETF 分为股票型 ETF、债券型 ETF、商品型 ETF 等。

②根据复制方法的不同，可以将 ETF 分为完全复制型 ETF 与抽样复制型 ETF。

完全复制型 ETF 是依据构成指数的全部成分股在指数中所占的权重，进行 ETF 的构建。我国首只 ETF—上证 50ETF 采用的就是完全复制。在标的指数成分股数量较多、个别成分股流动性不足的情况下，抽样复制的效果可能更好。抽样复制就是通过选取指数中部分有代表性的成分股，参照指数成分股在指数中的比重设计样本股的组合比例进行 ETF 的构建，目的是以最低的交易成本构建样本组合，使 ETF 能较好地跟踪指数。

(4) ETF 的套利交易

ETF 的独特之处在于实行一级市场与二级市场交易同步进行的制度安排，因此投资者可以在 ETF 二级市场交易价格与基金份额净值两者之间存在差价时进行套利交易。

具体而言，当二级市场 ETF 交易价格低于其份额净值，即发生折价交易时，大的投资者可以通过在二级市场低价买进 ETF，然后在一级市场赎回份额，再于二级市场上卖掉股票而实现套利交易。相反，当二级市场 ETF 交易价格高于其份额净值，即发生溢价交易时，大的投资者可以在二级市场买进一篮子股票，于一级市场按份额净值转换为 ETF 份额，再于二级市场上高价卖掉 ETF 而实现套利交易。

套利机制的存在会迫使 ETF 二级市场价格与份额净值趋于一致，使 ETF 既不会出现类似封闭式基金二级市场大幅折价交易和溢价交易现象，也克服了开放式基金不能进行盘中交易的弱点。

折价套利会导致 ETF 总份额的减少，溢价套利会导致 ETF 总份额的扩大。但正常情况下，套利活动会使套利机会消失，因此套利机会并不多，通过套利活动引致的 ETF 规模的变动也就不会很大。ETF 规模的变动最终取决于市场对 ETF 的真正需求。

15.5.4.2　ETF 与 LOF 的区别

LOF 与 ETF 都具备开放式基金可以申购、赎回和场内交易的特点，但两者有本质区别。

(1) 申购、赎回的标的不同

ETF 与投资者交换的是基金份额与一篮子证券或商品，LOF 申购、赎回的是基金份额与现金的对价。

(2) 申购、赎回的场所不同

ETF 的申购、赎回通过交易所进行；LOF 的申购、赎回既可以在代销网点进行，也可以在交易所进行。

(3) 对申购、赎回的限制不同

只有资金在一定规模以上的投资者才能参与 ETF 级市场的申购、赎回交易；LOF 在申购、赎回上没有特别要求。

(4) 基金投资策略不同

ETF 通常采用完全被动式管理方法，以拟合某一指数为目标；LOF 则是普通的开放式基金增加了交易所的交易方式，它可以是指数基金，也可以是主动管理型基金。

(5) 净值报价频率不同

在二级市场的净值报价上，ETF 每 15 秒提供一个基金份额参考净值(IOPV)报价；LOF 的净值报价频率要比 ETF 低，通常 1 天只提供 1 次或几次基金参考净值报价。

15.5.4.3 ETF 联接基金

(1) ETF 联接基金的概念

ETF 联接基金是将绝大部分基金财产投资于某一目标 ETF，密切跟踪标的指数表现、可以在场外申购赎回的基金。根据中国证监会的规定，ETF 联接基金投资于目标 ETF 的资产不得低于联接基金资产净值的 90%，其余部分应投资于标的指数成分股和备选成分股等。并且，ETF 联接基金的管理人不得对 ETF 联接基金财产中的 ETF 部分计提管理费。

(2) ETF 联接基金的主要特征

①联接基金依附于主基金，通过主基金投资，若主基金不存在，联接基金也不存在。因此，联接基金和 ETF 是同一法律实体的两个不同部分，联接基金处于从属地位。

②联接基金提供了银行、证券公司场外、互联网公司平台等申购 ETF 的渠道，可以吸引大量的银行和互联网公司平台客户直接通过联接基金介入 ETF 的投资，增强 ETF 的影响力。

③联接基金可以提供目前 ETF 基金不具备的定期定额等方式来介入 ETF 基金的运作。

④联接基金不能参与 ETF 基金的套利，发展联接基金主要是为了做大指数基金的规模。

⑤联接基金是一种特殊的基金中的基金(FOF)，ETF 联接基金持有目标 ETF 的市值不得低于该联接基金资产净值的 90%。

15.5.5 基金中基金

15.5.5.1 基金中基金的概念与特点

基金中基金(FOF)是基金市场壮大发展到一定阶段的产物，指的是以其他证券投资基金为投资对象的基金，其投资组合由其他基金组成，这类产品的基本特点是不直接投资于股票、债券等金融工具，而是将大部分资产投资于一篮子基金。在合理的投资操作下，这一投资模式大多伴随投资标的分散化以及波动相对偏低的特点，同时能够帮助投资者解决基金挑选的难点。

15.5.5.2　基金中基金的类型

(1) 主动管理主动型 FOF

主动管理主动型 FOF 指的是基金经理主动地对不同资产的未来表现进行判断并择时，然后基于配置结论将标的投资于各主动管理型基金。其优点是 FOF 产品可以从母基金管理人的大类资产投资能力以及子基金管理人的具体金融工具投资能力中得益。

(2) 主动管理被动型 FOF

主动管理被动型 FOF 指的是基金经理通过主动管理的方式投资于被动型基金产品。其优点是可以较完整地执行母基金的基金经理的投资观点，避免因子基金的基金经理风格漂移使整个基金的表现不同于母基金管理人最初的投资意图；被动型基金在费用、流动性等方面相对主动型基金有着相对优势。

(3) 被动管理主动型 FOF

被动管理主动型 FOF 指的是母基金采用指数编制的方式或者采用特定的投资比例对子基金进行投资并做定期调整，而被投资的子基金则为主动管理型基金。其特点是母基金基金经理的主要工作聚焦在子基金的挑选上，避免在资产配置、择时上出现错误从而削弱了 FOF 的整体业绩。

(4) 被动管理被动型 FOF

被动管理被动型 FOF 指的是母基金采用指数编制的方式或者采用特定的投资比例对子基金进行投资并做定期调整，而被投资的子基金为被动管理型基金。其特点是基金经理对各类资产有着固定且长期的展望，通过投资被动型子基金达到对资产长期配置的目的。

本章思考题

(1) 简述创业投资基金的运作特点。

(2) 简述公司型基金、合伙型基金与信托(契约)型基金的特点。

(3) 简述股权投资母基金如何分散风险。

案例分析 15：

首批 10 只中证 A500ETF 集体发行

2024 年 9 月 10 日，市场翘首已久的首批 10 只中证 A500ETF 正式迎来集中发行，每只基金的首募规模上限均为 20 亿元。

作为新“国九条”后发布的第一只核心宽基指数，中证 A500 被市场赋予了不小的期待。在业内人士看来，中证 A500 指数作为优质资产的新表征，既有面向未来的成长性，行业均衡的特性也与当下投资者对于分散风险以及多元化投资的需求相契合。相比于既有宽基指数，更符合机构与国际投资者喜好、可投资性强、成分股还具有现代化产业体系特征。

此外，200 亿元资金借道 A500ETF 入市在即，也意味着一批传统产业和新兴产业优质资产均有望受益于增量资金的赋能。站在当下时点，在基本面缓慢修复与政策端的持续发力背景下，机构普遍认为资本市场孕育了更多的长坡厚雪投资机会，并看好大盘蓝筹的低位布局机遇。

讨论：

(1)说明 EFT 基金的特点。

(2)结合本章内容和案例资料，讨论 EFT 和 LOF 的区别。

第 16 章　股权投资基金分类

学习目标

1) 掌握创业投资和创业投资基金的定义和特点。

2) 了解公司型基金、合伙型基金与信托(契约)型基金的定义和特点。

3) 了解股权投资母基金、人民币基金和外币基金的定义和特点。

16.1　创业投资基金与并购基金

16.1.1　创业投资和创业投资基金

16.1.1.1　创业投资

创业投资是指向处于创建或重建过程中的未上市成长性创业企业进行股权投资，以期所投资创业企业发育成熟或相对成熟后，通过股权转让获取资本增值收益的投资方式。投资对象包括早期、中期、后期各个发展阶段的未上市成长型企业。

创业投资包括组织化形式和非组织化形式。组织化创业投资是指机构或个人通过设立专业创业投资组织从事创业投资。非组织化创业投资是指非专业机构和个人分散从事创业投资。天使投资属于非组织化创业投资。天使投资是指除被投资企业职员及其家庭成员和直系亲属以外的个人以其自有资金直接开展的创业投资活动。

16.1.1.2　创业投资基金

创业投资基金是指主要投资处于各个创业阶段的未上市成长型企业的股权投资基金。创业投资基金通过注资的形式对企业的增量股权进行投资，为企业发展提供所需的资金。从运作特点上看，创业投资基金的投资对象是未上市成长性创业企业，运用的投资方式主要是参股性投资，控股性投资处于次要地位。创业投资基金的投资使用基金自有资金进行投资，通常不借助杠杆，基金的投资收益主要来源于被投资企业的价值创造带来的股权增值。

16.1.2　并购基金

并购基金指主要对企业进行财务性并购投资的股权投资基金。并购基金对企业的存量股权进行投资的形式是购买股权，并不为企业提供任何资金，只是一种所有权转移的投资方式，获得资金的是出让企业股权的老股东。战略投资者能够从收购中获得协同效应，因此，战略投资者往往支付比并购基金更高的收购价格。并购基金能够与战略投资者在收购中竞价的原因是并购基金在收购中通常采取更高的杠杆率。因此，并购基金主要是杠杆收购基金。

收购基金采取控股性投资，投资于成熟企业运用杠杆效应，形成杠杆收购，投资收益主要源于被投资企业因管理增值带来的股权增值。杠杆收购是指收购方用少量的自有资金结合大规模的外部资金来收购目标企业的活动。其中，收购方的自有资金和外部资金比例的影响因素包括：目标公司的现金流；外部资金的融资成本；资本结构的风险。杠杆收购资金来源于普通股、夹层资金和高级债。

(1)普通股

由收购方提供资金，具体来说就是由杠杆收购基金提供，当目标公司的规模较大时，可联合多家基金共同投资，即采取俱乐部交易的方式，选择一家基金作为牵头投资人，统筹整个杠杆收购交易，其他基金提供各自的关系和技能。杠杆收购基金也会联合目标公司管理层和老股东共同提供股权资本。其中杠杆收购基金提供大部分的股权资本，拥有目标公司的控股权，从而控制管理层执行杠杆收购策略。

(2)夹层资本

它是处于资本结构的中间位置，收益和风险介于银行贷款和股权资本之间的资本形态。在杠杆收购融资中，夹层资本比股权资本优先级高、成本低，比银行贷款优先级低、成本高。夹层资本，一般采取优先股和垃圾债券的形式，有时附有转股权。有时这些证券会附带对普通股的认股权或转股权。夹层资本与借贷资本存在本质区别。借贷资本要求融资方提供资产抵押或由第三方担保。夹层资本无法要求融资方提供资产抵押或由第三方担保。

(3)高级债

即银行提供的并购贷款。银行贷款主要由循环贷款和定期贷款组成。具体包括循环贷款和定期贷款。循环贷款提供的资金用于满足目标企业日常营运资本需求。循环贷款一般是杠杆收购中成本最低的债务融资方式，享有最高级别的优先偿还权。定期贷款指具有固定偿还期限的贷款，通常以被收购公司的资产做抵押，同时又需要分期偿还本金和利息。定期贷款拥有最高级别的优先偿还权。定期贷款按级别分类，分为 A 级、B 级乃至更多级别。A 级定期贷款有明确的分期偿还本金的要求，风险最小融资成本最低。B 级定期贷款通常面向非银行机构，不用分期偿还本金，票面利率更高，在杠杆收购中规模比 A 级定期贷款大。

我们提过并购基金主要是杠杆收购基金，下面对该基金的投资对象、投资分析及其作用进行介绍。杠杆收购基金的投资对象应具备的基本条件包括以下方面。①具有优质的资产，提高收购方获得债务融资的可能性。②现金流充裕能够增强收购方偿付债务的能力。投资对象具体特征：处于成熟行业；强劲、稳固的市场地位；稳定、可预测的现金流；抵押资产基础强大；资产负债率较低；资本性支出较低；有减少开支的潜力；资产可剥离。而对于杠杆收购基金的投资分析我们主要借助构建杠杆收购财务模型来分析。

构建杠杆收购财务模型的目标：①评估交易融资结构。在给定的现金流、信用条件、利率的基础上，确定杠杆收购过程对目标企业的资产负债表和信用的影响，分析融资结构是否合理。②测算投资回报。计算内部收益率，从而确定目标企业是否具有投资价值，杠杆收购基金能否获得合理的回报。③估值。通过适当的估值方法来估算目标企业的价值。

估值结果比较依赖融资结构、财务预测和出售价格与时间等关键变量的假设，故估值分析需要对结果进行敏感性分析，从而得到一个区间的结果。

构建杠杆收购财务模型的步骤：①收集、分析、处理与交易相关的基础信息和数据。②构建杠杆收购前的财务模型。包括构建历史和预测利润表；期初和预测资产负债表；通过投资活动构建现金流量表。③输入交易相关数据。这些数据包括假设的收购价格；含融资结构的融资来源；将二者关联于资产负债表调整项。④构建杠杆收购后的财务模型。包括对偿债时间表、预测利润表、预测资产负债表、预测现金流量表的构建。⑤杠杆收购分析。主要内容包括评估交易融资结构；测算投资回报；估值、生成交易汇总表。

杠杆收购基金，也称杠杆收购的金融发起人，作为杠杆收购的牵头方，不仅为收购提供自有资金(普通股)还要统筹收购全局，在整个杠杆收购中处于核心地位。杠杆收购基金在杠杆收购中的职责体现：①选择杠杆收购的目标(通常在投资银行的协助下)。②谈判收购价格(通常在投资银行的协助下)。③募集高级债及夹层资本(通常在投资银行的协助下)。④通过一个结束性事件完成交易。⑤作为公司的所有者及董事会控制成员，通过已有管理层或新的管理层经营被收购公司。⑥监督高层管理者的活动及决策。⑦做出所有的战略和财务决策。⑧决定出售公司的时机和方式(通常在投资银行的协助下)。

16.2　公司型基金、合伙型基金与信托(契约)型基金

16.2.1　公司型基金

公司型基金是指投资者依据《公司法》，通过出资形成一个独立的公司法人实体，由公司法人实体自行或委托专业基金管理人进行管理的股权投资基金。在我国，公司法人实体可采取有限责任公司或股份有限公司的形式。公司型基金的参与主体为投资者与基金管理人。投资者不仅是基金份额持有者也是公司股东，按照公司章程行使相应权利、承担相应义务和责任。从投资者权利的角度看，投资者是公司的股东，有权通过股东大会(股东会)和董事会(执行董事)委派并监督基金管理人。公司型基金存在以下特点：

①公司比合伙企业、契约结构的历史更悠久、法律环境更健全、组织结构更完整、管理系统更规范，可以有效降低运作风险。

②公司型基金是独立的企业法人，相比合伙型基金和信托(契约)型基金，可通过借款来筹集资金。

③公司全体股东以其投资额为限对公司债务承担有限责任。

16.2.2　合伙型基金

合伙型基金是指投资者依据《中华人民共和国合伙企业法》成立有限合伙企业，由普通合伙人对合伙债务承担无限连带责任，由基金管理人具体负责投资运作的股权投资基金。合伙型基金不具有独立的法人地位。合伙型基金的参与主体包括普通合伙人、有限合伙人及基金管理人。普通合伙人对基金(合伙企业)债务承担无限连带责任。有限合伙人以其认缴的出资额为限对基金(合伙企业)债务承担责任。有限合伙人仅需按照有限合伙协议的约

定按期、足额缴纳认缴出资；受普通合伙人委托的基金管理人或自任基金管理人的普通合伙人负责基金投资等重大事项的管理与决策，对有限合伙企业的责任是执行合伙事务。有限合伙人不参与投资决策。基金管理人可由普通合伙人担任或者委托专业的基金管理机构担任。合伙型基金存在以下特点：

(1)合伙型基金本质上是一种合伙关系

合伙型基金一般以有限合伙形式设立，有限合伙人承担有限责任；普通合伙人对合伙企业债务承担无限连带责任。国有独资公司、国有企业、上市公司以及公益性的事业单位、社会团体不得成为普通合伙人。

(2)有利于避免“双重”赋税

合伙企业不具有法人资格，不属于纳税主体。对于基金取得的收益，仅须在合伙人层面纳税。《合伙企业法》第 6 条规定：“合伙企业的生产经营所得和其他所得，依照国家有关税收规定，由合伙人分别缴纳所得税。”

16.2.3 信托(契约)型基金

信托(契约)型基金是指通过订立信托契约的形式设立的股权投资基金。信托(契约)型基金的参与主体包括基金投资者、基金管理人及基金托管人。基金投资者通过购买基金份额，享有基金投资收益。基金管理人根据基金合同负责基金的经营和管理操作。基金托管人职责是保管基金资产，执行管理人的指令，办理基金名下的资金往来。信托(契约)型基金的本质是信托关系，契约各方订立信托契约，运作比较灵活。信托(契约)型基金可有效避免双重纳税，信托(契约)型基金不是企业所得税的纳税主体，无须缴纳所得税。信托(契约)型基金中，基金投资者一般以其出资为限对基金的债务承担有限责任，基金合同另有约定的除外。

16.2.4 公司型基金、合伙型基金和信托(契约)型基金比较分析

(1)公司型基金

公司型基金是法人企业，具有独立的法人地位，投资者购买基金公司的股份后成为该公司的股东，基金依据基金公司章程运营基金，基金管理人通过自行或委托专业基金管理人进行，参与主体包括投资者和基金管理人，公司股东以其投资额为限对公司债务承担有限责任。

(2)合伙型基金

合伙型基金是非法人企业，不具有独立的法人地位，投资者购买有限合伙企业的财产份额后成为合伙企业的合伙人，基金运营时依据合伙协议运营基金，基金管理人负责具体投资运作，基金参与主体为普通合伙人、有限合伙人及基金管理人，普通合伙人对合伙债务承担无限连带责任，有限合伙人以其认缴的出资额为限承担责任。

(3)信托(契约)型基金

信托(契约)型基金是非法人，不具有独立的法人地位，投资者购买基金份额后成为基金合同的当事人之一，基金运营依据信托契约运营基金，基金管理人负责经营和管理操

作，基金参与主体为基金投资者、基金管理人及基金托管人，基金投资者以其出资为限对基金的债务承担有限责任。

16.3　股权投资母基金、人民币基金和外币基金

16.3.1　股权投资母基金

股权投资母基金是以股权投资基金为主要投资对象的基金，即基金中的基金。股权投资母基金通过集合多个投资者的资金，形成集合投资计划，再投资于多个股权投资基金。

股权投资母基金业务分为一级投资、二级投资和直接投资。

(1)一级投资

它是指母基金在股权投资基金募集时对基金进行投资，成为基金投资者。母基金选择股权投资基金时应重点考察的内容包括以下方面：①投资理念。投资阶段、投资单笔规模、投资行业、目标公司特点投资方式、投资角色、持股比例、董事会席位、联合投资。②市场。股权投资基金市场环境、市场定位、竞争对手分析。③管理团队历史、团队组织结构、管理层、和谐度、工作量、团队变更、核心人员详细介绍、对团队主管的评价。④之前基金业绩。业绩整体分析、按照阶段分析、按照行业分析、按照退出途径分析、损失案例分析、高回报案例分析、股权占有量分析、投资角色分析。⑤投资流程。项目挖掘、尽职调查、投资决策。⑥基金条款。期限、规模、管理人投资、管理费、业绩报酬。⑦主观分析。独特性、卖点需要关注的问题。

(2)二级投资

它是指母基金在股权投资基金募集设立完成后，对存续基金或其投资组合公司进行投资。按投资标的的不同，二级投资可以分为购买存续基金份额及后续出资购买基金持有的投资组合公司的股权。母基金二级投资业务比例不断增加的原因包括以下内容：①价格折扣。股权投资基金主要采取私募形式，流动性差，故二级投资一般都有价格折扣，使得二级投资业务收益通常高于一级投资业务。②加速投资回收。在二级投资业务中，母基金投资于存续期的股权投资基金，缩短了投资等待期，从而能够加速回收投资。③投资于已知的资产组合。在一级投资业务中，母基金投资时对基金的资产组合是未知的，只是对于股权投资基金管理人的信任而投资。在二级投资业务中，母基金投资的是存续基金，母基金对股权投资基金资产组合是已知的。

(3)直接投资

它是指母基金直接对非公开发行和交易的企业股权进行投资。直接投资的特征表现为以下两方面：①在实际操作中，母基金可与所投资的股权投资基金联合投资，股权投资基金负责管理投资工作，母基金往往扮演跟投角色。②直接投资业务中，母基金可以在股权投资基金的投资项目中，挑选最优质、与其现有投资组合最匹配的项目。

股权投资母基金通常投资于多只(15 到 25 只)股权投资基金，投资者可以有效地实现风险分散。避免单只股权投资基金在基金投资中过度依赖某基金管理人的风险。母基金管理人与普通投资者相比具有更全面的股权投资的知识、人脉和资源，在对股权投资基金进

行投资时更易做出正确的投资决策。母基金是缺乏经验的投资者参与投资股权投资基金的良好途径。基于股权投资母基金的专业、资源等优势，对于优秀的股权投资基金具有更好的投资机会。股权投资母基金有一定的规模优势：①缩小规模。大的投资者可通过母基金来投资小规模的基金，从而实现节约成本和分散投资。②扩大规模。小的投资者可通过母基金来投资大规模的基金，从而达到大型基金的规模门槛。

政府引导基金主要通过投资于创业投资基金，达到支持创业投资基金发展的目的，是一类特殊的母基金。政府引导基金是由政府设立并按市场化方式运作的政策性基金，主要通过扶持创业投资基金发展，引导社会资金进入创业投资领域。政府引导基金本身不直接从事创业投资业务。政府引导基金的宗旨是通过鼓励创业投资企业投资处于种子期、起步期等创业早期的企业来弥补一般创业投资基金的不足。发挥政府出资的引导和聚集放大作用，引导民间资本等社会资本投入，增加创业投资资本供给，克服单纯通过市场配置创业投资资本的市场失灵问题。政府引导基金通过参股、融资担保和跟进投资等方式对创业投资基金进行支付。参股指政府引导基金主要通过参股方式，吸引社会资本共同发起设立创业投资企业。融资担保指政府引导基金根据信贷征信机构提供的信用报告，对历史信用记录良好的创业投资基金，采取提供融资担保方式，支持其通过债权融资增强投资能力。跟进投资指产业导向或区域导向较强的政府引导基金，通过跟进投资，支持创业投资基金发展并引导其投资方向。

16.3.2 人民币基金

人民币股权投资基金是指依据中国法律在中国境内设立的主要以人民币对中国境内非公开交易股权进行投资的股权投资基金。人民币基金可分为内资人民币股权投资基金和外资人民币股权投资基金。内资人民币股权投资基金是指中国国籍自然人或根据中国法律注册成立的公司、企业或其他经济组织依据中国法律在中国境内发起设立的主要以人民币对中国境内非公开交易股权进行投资的股权投资基金。外资人民币股权投资基金是指外国投资者或外国投资者与根据中国法律注册成立的公司、企业或其他经济组织依据中国法律在中国境内发起设立的主要以人民币对中国境内非公开交易股权进行投资的股权投资基金。

16.3.3 外币基金

外币股权投资基金是指依据中国境外的相关法律在中国境外设立，主要以外币对中国境内的企业进行投资的股权投资基金。外币股权投资基金采取“两头在外”的方式，具体包括以下内容：①外币股权投资基金经营实体注册在境外，而不是在中国境内以基金名义注册法人实体。②外币股权投资基金在投资过程中，受资对象一般为境外特殊目的公司，在境外完成项目的投资退出。

本章思考题

(1)简述创业投资基金的运作特点。

(2)简述公司型基金、合伙型基金与信托(契约)型基金的特点。

(3) 简述股权投资母基金如何分散风险。

案例分析 16：

江苏省战略性新兴产业母基金启动运营

2024 年 6 月 21 日，江苏省战略性新兴产业母基金启动运营，首批产业专项基金成立新闻发布会召开。总规模 100 亿元的三只基金落地无锡，涉及两个标志性产业和五个未来产业。

据悉，无锡产业专项基金包括“江苏省集成电路(无锡)产业专项母基金”(50 亿元)、“江苏省生物医学(无锡)产业专项母基金”(40 亿元)和“无锡未来产业天使基金”(10 亿元)。

基金投资与各区市主导优势产业和重点发展产业密切相关。其中，集成电路(无锡)产业专项母基金主要投资于半导体设备、材料及零部件、第三代半导体材料、生产主体及设备、芯片设计等。

此外，苏州和省级母基金将合作设立江苏高端设备(苏州)产业专项母基金、江苏生物医学(苏州)产业专项母基金和苏州未来产业天使基金。其中，江苏省高端设备(苏州)产业专项母基金总规模 60 亿元，重点投资新型储能设备、工业 AI 母机及集成设备、智能汽车互联网、人形机器人等高端设备和核心部件。

讨论：

(1) 简述股权投资母基金的概念及分类。

(2) 简述股权投资母基金的特点。

第 17 章　基金的募集、交易、登记和设立

学习目标

(1)掌握基金募集的概念、基金募集申请及注册、基金份额的发售。

(2)掌握基金合同生效的条件。

(3)掌握基金认购的概念、各类基金(开放式、封闭式、ETF、LOF、QDII)的认购方式和程序。

(4)理解封闭式基金的上市与交易。

(5)掌握开放式基金申购与赎回的概念。

(6)了解基金市场创新产品的上市交易及申购、赎回。

17.1　基金的募集

17.1.1　基金募集的概念与程序

基金的募集是指基金管理公司根据相关规定向中国证监会提交募集申请文件、发售基金份额、募集基金的行为。

基金募集的步骤为：申请—注册—发售—基金合同生效。

17.1.1.1　募集资金申请

《公开募集证券投资基金运作管理办法》第六条规定，申请募集基金，拟任基金管理人、基金托管人应当具备下列条件：①拟任基金管理人为依法设立的基金管理公司或者经中国证监会核准的其他机构，拟任基金托管人为具有基金托管资格的商业银行或者经中国证监会核准的其他金融机构。②有符合中国证监会规定的，与管理和托管拟募集基金相适应的基金经理等业务人员。③最近一年内没有因重大违法违规行为、重大失信行为受到行政处罚或者刑事处罚。④没有因违法违规行为、失信行为正在被监管机构立案调查、司法机关立案侦查，或者正处于整改期间。⑤最近一年内向中国证监会提交的注册基金申请材料不存在虚假记载误导性陈述或者重大遗漏。⑥不存在对基金运作已经造成或者可能造成不良影响的重大变更事项，或者诉讼、仲裁等其他重大事项。⑦不存在治理结构不健全、经营管理混乱、内部控制和风险管理制度无法得到有效执行、财务状况恶化等重大经营风险。⑧中国证监会根据审慎监管原则规定的其他条件。

《证券投资基金法》第五十一条规定，注册公开募集基金，由拟任基金管理人向国务院证券监督管理机构提交下列文件：①基金募集申请报告。②基金托管协议草案。③基金合同草案。④招募说明书草案。⑤律师事务所出具的法律意见书。⑥中国证监会规定提交的其他文件。

17.1.1.2　基金募集申请的注册

根据《证券投资基金法》的要求，基金募集申请经中国证监会注册后方可发售基金份额。中国证监会应当自受理公开募集基金的募集申请之日起 6 个月内按规定进行审查，做出注册或者不予注册的决定，并通知申请人。

基金注册程序分为简易程序和普通程序。常规基金产品，如常规股票基金、混合基金、债券基金、指数基金等适用简易程序，注册审查时间≤20 个工作日。其他产品，如分级基金、基金中基金(FOF)等按照普通程序注册，注册审查时间≤6 个月。

17.1.1.3　基金份额的发售

基金管理人应当自收到核准文件之日起 6 个月内进行基金份额的发售。期限自收到核准文件之日起 6 个月内。超过 6 个月开始募集，原注册的事项未发生实质性变化的，应当报国务院证券监督管理机构备案；发生实质性变化的，应当向国务院证券监督管理机构重新提交注册申请。基金的募集期限自基金份额发售之日起计算，募集期限一般不得超过 3 个月。基金的募集不得超过中国证监会核准的基金募集期限。

基金份额的发售，由基金管理人负责办理。基金管理人应当在基金份额发售的 3 日前公布基金合同、招募说明书及其他有关文件。

在基金募集期间募集的资金应当存入专门账户，在基金募集行为结束前，任何人不得动用。

17.1.1.4　基金合同生效的条件

①根据《证券投资基金法》第六十条的规定，基金募集期限届满，基金不满足有关募集要求的，则意味着此次基金募集失败，基金管理人应承担下列责任：

a. 以固有财产承担因募集行为而产生的债务和费用。

b. 在基金募集期限届满后 30 日内返还投资者已缴纳的款项，并加计银行同期存款利息。

②基金募集期限届满，开放式基金需满足募集份额总额不少于 2 亿份，基金募集金额不少于 2 亿元人民币，基金份额持有人的人数不少于 200 人；封闭式基金需满足募集的基金份额总额达到核准规模的 80%以上，且基金份额持有人人数达到 200 人以上。基金管理人应当自募集期限届满之日起 10 日内聘请法定验资机构验资。自收到验资报告之日起 10 日内，向中国证监会提交备案申请和验资报告，办理基金备案手续。

中国证监会自收到基金管理人验资报告和基金备案材料之日起 3 个工作日内予以书面确认；自中国证监会书面确认之日起，基金备案手续办理完毕，基金合同生效。基金管理人应当在收到中国证监会确认文件的次日予以公告。

发起式基金的基金合同生效不受上述条件的限制。发起式基金是指基金管理人在募集基金时，使用公司固有资金、公司股东资金、公司高级管理人员或者基金经理等人员资金认购基金的金额不少于 1000 万元人民币，且持有期限不少于 3 年。发起式基金的基金合同生效 3 年后，若基金资产净值低于 2 亿元的，基金合同自动终止。发起资金的持有期限自基金公开发售之日或者合同生效之日较晚日起计算。

17.1.2 股权投资基金的募集和募集流程

股权投资基金的募集是指股权投资基金管理人或受其委托的募集服务机构向投资者募集资金，用于设立股权投资基金的行为。

17.1.2.1 股权投资基金的募集方式

股权投资基金的募集方式有自行募集和委托募集。

(1)自行募集

自行募集由管理人自行拟订基金募集推介材料、寻找投资者的基金募集方式。自行募集股权投资基金的要求有以下两方面：①基金管理人自行募集股权投资基金的，应设置有效机制，切实保障募集结算资金安全；基金管理人应当建立合格投资者适当性制度。②基金管理人自行募集股权投资基金的，应当采取问卷调查等方式，对投资者的风险识别能力和风险承担能力进行评估，由投资者书面承诺符合合格投资者条件；应当制作风险揭示书，由投资者签字确认。

(2)委托募集

由基金管理人委托第三方机构代为寻找投资者并完成资金募集工作。委托募集股权投资基金的要求有以下两方面：①委托第三方机构募集的，基金管理人应当委托具有合格基金销售资质和专业基金销售服务团队的机构代为募集，并与代销机构签署书面协议，要求其严格遵守合格投资者制度和募集规定，履行对投资者的评估和投资者风险确认程序。②我国要求代销机构应获得中国证监会基金销售业务资格且成为中国证券投资基金业协会会员。

17.1.2.2 股权投资基金的募集流程

(1)募集筹备期

基金管理人撰写基金私募备忘录，并与潜在投资者会晤，评估并筛选准备定向路演的对象。私募基金备忘录是指基金管理人撰写的说明自身优势和投资计划的文件，用于招募基金投资者参与基金投资。私募基金备忘录应包含的内容有以下方面：基金的规模、存续期和预计封闭时间；基金管理人在管基金情况摘要；机构和基金的投资理念，包括投资策略和基金管理人在特定市场上的竞争优势；投资管理团队和投资决策委员会的介绍；基金管理人过往业绩描述；重要基金条款，包括分配机制、管理费及管理人投入等。

(2)基金路演期

基金管理人需要准备募集推荐资料并分发私募备忘录。路演可以通过举行线下定向路演活动等方式进行。募集推介资料是指基金管理人制作的关于特定基金产品的推介说明资料。募集推介资料反映基金的基本情况，内容简明，基金管理人对其内容的真实性、完整性、准确性负责。

(3)投资者确认

基金管理人向有意向的投资者提供(反向)尽职调查材料，潜在投资者对基金管理人展开(反向)尽职调查，基金管理人鉴别主要基金投资者并就最终条款展开预先谈判传阅最终文件，谈判基金合同和附属文件。(反向)尽职调查资料是指根据基金投资者需求，由基金管理人准备和提供的关于基金管理人的一系列说明资料。(反向)尽职调查资料包括基金管理人基本情况、基金管理人内部治理和重要制度、历史基金或项目业绩、核心团队成员信息等。

(4)协议签署及出资

基金管理人与基金投资者确定募集结束日期，签署基金合同和附属文件，按约定履行出资义务。基金管理人需保证履行的程序和募集结束时的基金状态符合法律法规的要求。募集还需要形成基金条款书。基金条款书中常见条款包括以下 6 个方面。①经营/投资范围条款。约定投资期、投资范围、投资限制、循环投资等内容。②运营成本条款。管理费是基金管理人向基金收取的费用。管理费的数额一般是基金规模的一定百分比。收取方式可以按资金承诺比例收取或者基于基金运营预算收取。③利润分配条款。包括收益分配方式门槛收益率、追赶方式、业绩报酬比例、回拨机制等内容。④资金承诺。也称"认缴规模"，是基金投资者所承诺的要投入一只基金总的资金额度，在基金投资者做出承诺时，通常要求基金管理人也承诺投入资金。⑤缴款安排。在股权投资基金中，承诺的投入资金并非要求一次性汇入基金账户，而是在需要进行投资时，由基金管理人向基金投资者提出缴款要求。⑥退出与份额转让。股权投资基金运作周期长，基金管理人与投资者会就基金扩募与缩募、份额退出、份额转让、基金清算等进行限制和约束。

17.2　基金的认购、交易、申购和赎回

17.2.1　不同基金的认购

17.2.1.1　开放式基金的认购

开放式基金认购的前提是在注册登记机构开立基金账户。基金管理人或管理人委托的商业银行、证券公司期货公司、保险机构、证券投资咨询机构、独立基金销售机构以及经国务院证券监督管理机构认定的其他机构均可办理开放式基金的认购。认购需要填写认购申请表，按销售机构规定的方式全额缴款，已经正式受理的认购申请不得撤销。投资者在 T 日提交认购申请，$T+2$ 日后办理认购的网点查询认购申请的受理情况。认购申请被确认无效的，认购资金将退回投资人资金账户。开放式基金采用金额认购方式办理认购，结束基金认购款后，将申请认购的金额换算成相应的基金份额。股票型基金的认购费率：根据认购金额设置不同的费率，最高不超过 1.5%。债券型基金的认购费率通常在 1%以下。货币型基金的认购费率一般为 0。开放式基金的收费模式有前端收费模式和后端收费模式。前端收费模式在认购基金份额时支付认购费用。后端收费模式在赎回基金份额时支付认购费用。其认购费率一般会随着投资时间的延长而递减，甚至不再收取认购费用，可以鼓励投资者长期持有基金。认购费率与认购份额的计算：

$$净认购金额=认购金额\div(1+认购费率) \tag{17-1}$$

$$认购费用=认购金额-净认购金额 \tag{17-2}$$

$$认购份额=(净认购金额+认购利息)\div基金份额面值 \tag{17-3}$$

17.2.1.2 封闭式基金的认购

封闭式基金份额的发售，由基金管理人负责，其发售方式主要包括两种：网上发售和网下发售。封闭式基金认购的程序：①开立沪、深证券账户或沪、深基金账户及资金账户。②在资金账户中存入足够的资金，并以“份额”为单位提交认购申请。③认购申请一经受理就不能撤单。认购费按1元募集，外加券商自行按认购费率收取。

17.2.1.3 特殊类型基金份额的认购

ETF 份额的认购方式是现金认购和证券认购。现金认购可分为场内现金认购和场外现金认购。ETF 份额认购的办理机构是基金管理人及其指定的代理发售机构，如证券公司。ETF 份额认购程序：①现金认购需开立沪、深 A 股证券账户或证券投资基金账户。②证券认购需开立沪深 A 股证券账户。

LOF 份额认购方式有场外认购和场内认购。场外认购，基金份额注册登记在中国证券登记结算有限责任公司的开放式基金注册登记系统。场内认购，基金份额注册登记在中国证券登记结算有限责任公司的证券登记结算系统。LOF 份额认购的办理机构：场内认购在具有基金代销业务资格的证券经营机构营业部办理。场外认购在基金管理人及其代销机构的营业网点办理。LOF 份额认购程序：场内认购应持深圳证交所人民币普通证券账户或证券投资基金账户。场外认购应持中国证券登记结算有限责任公司深圳证交所开放式基金账户。

QDII 基金份额的认购与一般开放式基金基本相同，但有其独特之处：发售 QDII 基金的基金管理人必须具备合格境内机构投资者资格和经营外汇业务资格，并可根据产品特点确定 QDII 基金份额面值的大小。QDII 基金份额计价货币有人民币、美元或其他外汇货币。

分级基金份额的募集方式有合并募集和分开募集。合并募集是投资者以母基金代码进行认购。分开募集是投资者分别以子代码进行认购，通过比例配售实现子份额的配比。目前我国公开募集的分级基金仅限于债券型分级基金。分级基金份额的认购方式有场外认购和场内认购。场外认购，基金份额注册登记在中国证券登记结算有限责任公司的开放式基金注册登记系统。场内认购，基金份额注册登记在中国证券登记结算有限责任公司的证券登记结算系统。分级基金份额认购的办理机构：场内认购在具有基金销售业务资格的证券经营机构营业部办理。场外认购在基金管理人及其销售机构的营业网点办理。

17.2.2 基金的申购和赎回

17.2.2.1 封闭式基金的上市与交易规则

封闭式基金上市交易的条件包括：①基金的募集符合《证券投资基金法》规定。②基金合同期限为5年以上。③基金募集金额不低于2亿元人民币。④基金份额持有人不少于1000人。⑤基金份额上市交易规则规定的其他条件。

封闭式基金份额上市交易，应当经由基金管理人向证券交易所提出申请，证券交易所依法审核同意后，双方签订上市协议。①投资者必须开立沪、深证券账户或沪、深基金账户及资金账户。②根据当前规定，投资者每个有效证件在同一市场可以开立3个封闭式基金账户。每位投资者只能开设和使用一个资金账户。封闭式基金交易时间：每周一至周五

9:30–11:30，13:00–15:00(法定节假日除外)。交易原则遵循价格优先，时间优先。报价单位为每份基金价格。申报价格的最小变动单位为 0.001 元。申报数量为 100 份或其整数倍，单笔最大数量应当低于 100 万份，每日价格涨跌幅比例限制在 10%。

交割日期方面，二级市场交易份额和股份的交割是在 $T+0$ 日。资金交割是在 $T+1$ 日。交易佣金不得高于成交金额的 0.3%，起点 5 元；不足 5 元的按 5 元收取，目前暂不收取印花税。折、溢价率的计算公式为：

$$\begin{aligned}\text{折、溢价率} &= (\text{二级市场价格}-\text{基金份额净值})/\text{基金份额净值}\times 100\% \\ &= (\text{二级市场价格}/\text{基金份额净值}-1)\times 100\% \qquad (17\text{-}4)\end{aligned}$$

17.2.2.2　开放式基金的申购与赎回

开放式基金的封闭期最长不超过 3 个月。封闭期结束后，开放式基金将进入日常申购、赎回期。它的认购费一般低于申购费。认购按 1 元进行，申购通常按未知价确认。认购份额要在基金合同生效时确认，并且有封闭期；而申购份额通常在 $T+2$ 日之内确认，确认后的下一工作日就可以赎回。股票基金、债券基金的申购和赎回原则：未知价交易原则；金额申购、份额赎回原则。申购申报单位为 1 元，申购金额应当为 1 元的整数倍，且不低于 1000 元；赎回申报单位为 1 份基金份额，赎回应当为整数份额。货币市场基金的申购和赎回原则：确定价原则，以 1 元为基准进行计算；金额申购份额赎回原则。开放式基金申购和赎回的场所：基金管理人的直销中心与基金销售代理网点；基金管理人或其指定的基金销售代理人以电话、传真或互联网的方式进行。每周一至周五 9:30–11:30，13:00–15:00(法定节假日除外)为赎回时间。

申购费用的规则：①前端收费方式即根据投资人申购金额分段设置申购费率。②后端收费方式即根据投资人持有期限不同分段设置申购费，持有期低于 3 年的投资人，不得免收其后端申购费。赎回费用的规则：场外赎回按份额在场外的持有时间分段设置赎回费率；场内赎回为固定赎回费率。赎回费在扣除手续费后，余额不得低于赎回费总额的 25%，并应当归入基金财产。

对于不收取销售服务费的(一般为 A 类份额)一般股票型和混合型基金赎回费归属基金财产的比例的规定包括以下方面：持续持有期短于 7 日的，赎回费率不低于 1.5%，基金赎回费全额计入基金财产。持续持有期短于 30 日，赎回费率不低于 0.75%，基金赎回费全额计入基金财产。持续持有期短于 3 个月，赎回费率不低于 0.5%，基金赎回费计入基金财产的比例不低于总额的 75%。持续持有期长于 3 个月短于 6 个月的，赎回费率不低于 0.5%，基金赎回费计入基金财产的比例不低于总额的 50%。持续持有期长于 6 个月的，没有赎回费率，基金赎回费计入基金财产的比例不低于总额的 25%。对于收取销售服务费的(一般为 C 类份额)一般股票型和混合型基金赎回费归属基金财产的比例的规定：持续持有期少于 30 日，收取不低于 0.5%的赎回费并全额计入基金财产。ETF、LOF 分级基金、指数基金、短期理财产品基金等股票基金、混合基金以及其他类别基金，赎回费的收取标准和计入基金财产的比例，不做强制要求。

销售服务费从基金财产中按一定比例计提。基金申购费用及申购份额的计算：

$$\text{净申购金额}=\text{申购金额}\div(1+\text{申购费率}) \qquad (17\text{-}5)$$

净申购金额=申购金额-固定金额(申购费用为固定金额时)　(17-6)

申购费用=申购金额-净申购金额　(17-7)

申购份额=净申购金额÷申购当日基金份额净值　(17-8)

申购份额=净申购金额÷T日基金份额净值(申购费用为固定金额时)　(17-9)

赎回金额的计算:

赎回金额=赎回总额-赎回费用(实行后端收费模式，还需扣除后端认购/申购费)　(17-10)

赎回总额=赎回数量×赎回日基金份额净值　(17-11)

赎回费用=赎回总额×赎回费率　(17-12)

货币市场基金的申购和赎回费一般为0，销售服务费从基金财产中按不高于0.25%的比例计提。开放式基金的申购方式为全额缴款。投资人按规定提交申购申请并全额交付款项的，申购申请即为成立；基金份额登记机构确认基金份额时，申购生效。赎回方式为7个工作日内支付赎回款项，赎回基金份额成功后，登记机构一般在T+1日为投资者办理扣除权益的登记手续。单个开放日基金净赎回申请超过基金总份额的10%为巨额赎回，单个开放日的净赎回申请=(赎回申请+基金转换中该基金的转出申请)-(当日发生的该基金申购申请+基金转换中该基金的转入申请)。巨额赎回时可接受全额赎回，也可以部分延期赎回。出现巨额赎回且部分延期赎回时，基金管理人应当立即向中国证监会备案，并在3个工作日内在至少一种中国证监会指定的信息披露媒体公告。

开放式基金份额的转换是指投资者不需要先赎回已持有的基金份额，就可以将其持有的基金份额转换为同一基金管理人管理的另一基金份额的一种业务模式。开放式基金份额的转换方式即未知价法，以转换申请日的基金份额净值为基础计算转换基金份额数量。转换费用综合费用较低，其原因是转换不需要先赎回已持有的基金再购买另一基金。

开放式基金非交易过户是指不采用申购、赎回等基金交易方式，将一定数量的基金份额按照一定的规则从某一投资者基金账户转移到另一投资者基金账户的行为。过户的方式有继承、司法强制执行等。基金份额的转托管通常在转出方进行申报。T日转托管成功，T+1日到达转入方网点，T+2日起可赎回。基金账户或基金份额被冻结的，其产生的权益，如现金分红、红利再投资等也相应冻结。

17.2.2.3 ETF的交易方式与流程

(1)ETF份额的折算

折算时间ETF建仓期应不超过3个月。建仓期结束后，通常以某选定日期作为基金份额折算日，以标的指数的1%(或1%)作为份额净值，对原来的基金份额及其净值进行折算。折算的变更登记及原则即由基金管理人办理。折算后，基金份额总额和基金份额持有人持有的份额有调整，但是基金份额持有人的持有比例不变。份额折算的计算：折算比例=$X/Y/(I/100)$，折算后的份额=原持有份额×折算比例，其中，X为计算当日的基金资产净值，Y为基金份额总额，为标的指数收盘值。

(2)ETF份额的上市交易

①ETF份额上市交易的规则。a.上市首日的开盘参考价为前一工作日基金份额净值。

b. 实行价格涨跌幅限制，涨跌幅比例为 10%，自上市首日起实行。c. 买入申报数量为 100 份或其整数倍，不足 100 份的部分可以卖出。d. 申报价格最小变动单位为 0.001 元。②每一交易日开市前，基金管理人需向证券交易所提供当日的申购、赎回清单。证券交易所在开市后根据申购、赎回清单和组合证券内各只证券的实时成交数据，计算并每 15 秒发布一次基金份额参考净值(IOPV)。

(3) ETF 份额的申购与赎回

①申购与赎回的场所：a. 参与券商的营业场所。b. 参与券商提供的其他方式。②申购与赎回的时间：a. 申购的时间基金份额折算日之后即可办理。b. 赎回的时间：基金合同生效日后的 3 个月内。c. 开放日：证券交易所的交易日。d. 开放时间 9:30-11:30，13:00-15:00(法定节假日除外)。③申购与赎回的数额限制：最小申购和赎回单位的整数倍。目前，我国 ETF 的最小申购和赎回单位一般为 50 万份或 100 万份。④申购与赎回的原则：a. 场内申购和赎回：份额申购、份额赎回。b. 场外申购和赎回：金额申购份额赎回。⑤申购与赎回的程序：提出申请→申请的确认与通知→申购与赎回的清算交收与登记。投资者 T 日申购与赎回成功后，登记结算机构在 T 日收市后办理基金份额与组合证券的清算交收以及现金替代等的清算。在 $T+1$ 日办理现金替代等的交收以及现金差额的清算；在 $T+2$ 日办理现金差额的交收，并将结果发送给申购与赎回参与券商、基金管理人和基金托管人。⑥申购与赎回的对价、费用。a. 对价：场内申购与赎回的对价包括组合证券、现金替代、现金差额及其他对价；场外申购与赎回的对价均为现金。b. 费用：参与券商按照 0.5% 的标准收取佣金。⑦申购与赎回清单。a. 清单内容：最小申购、赎回单位所对应的组合证券内各成分证券数据(证券名称、证券代码及数量)、现金替代、T 日预估现金部分、$T-1$ 日现金差额、基金份额净值及其他相关内容。b. 现金替代：指申购和赎回过程中，投资者按基金合同和招募说明书的规定，用于替代组合证券中部分证券的一定数量的现金，主要包括 3 种类型：禁止现金替代、可以现金替代和必须现金替代。成分证券不允许使用现金作为替代。可以现金替代的允许使用现金作为全部或部分该成分证券的替代，但在赎回基金份额时，该成分证券不允许使用现金作为替代。替代金额 = 替代证券数量 × 该证券最新价格 ×(1+现金替代溢价比例)。成分证券必须用现金作为替代。必须现金替代的证券，基金管理人将在申购清单和赎回清单中公告替代的一定数量的现金，即“固定替代金额”。固定替代金额 = 申购清单和赎回清单中该证券的数量 × 该证券价格(可采用该证券 T 日预计开盘价或该证券经除权调整的 $T-1$ 日收盘价)。c. 预估现金部分：T 日预估现金部分 = $T-1$ 日最小申购和赎回单位的基金资产净值(申购清单和赎回清单中必须用现金替代的固定替代金额 + 申购清单和赎回清单中可以用现金替代成分证券的数量与 T 日预计开盘价相乘之和 + 申购清单和赎回清单中禁止用现金替代成分证券的数量与 T 日预计开盘价相乘之和)。d. 现金差额：T 日现金差额 = T 日最小申购和赎回单位的基金资产净值(申购清单和赎回清单中必须用现金替代的固定替代金额 + 申购清单和赎回清单中可以用现金替代成分证券的数量与 T 日收盘价相乘之和 + 申购清单和赎回清单中禁止用现金替代成分证券的数量与 T 日收盘价相乘之和)。

(4) 暂停申购与赎回的情形

①不可抗力导致基金无法接受申购和赎回。②证券交易所决定临时停市，导致基金管

理人无法计算当日基金资产净值。③证券交易所、申购和赎回参与券商、登记结算机构因异常情况无法办理申购和赎回。④法律法规规定或经中国证监会批准的其他情形。

17.2.2.4 LOF 的交易方式与流程

LOF 基金上市首日的开盘参考价为上市首日前一交易日的基金份额净值。

(1) LOF 交易规则

①买入 LOF 申报数量应当为 100 份或其整数倍，申报价格最小变动单位为 0.001 元。②深圳证券交易所对 LOF 交易实行价格涨跌幅限制涨跌幅比例为 10%，自上市首日起执行。③投资者 T 日卖出基金份额后，资金 $T+1$ 日即可到账（T 日也可做回转交易），而卖回资金至少 $T+2$ 日到账。

(2) LOF 基金申购与赎回的原则

金额申购、份额赎回。申购与赎回的申报单位：①场内申购与赎回的申报单位分别为 1 元和 1 份基金份额。②场外申购和赎回申报单位在基金招募说明书中载明。

(3) LOF 份额转托管

①系统内转托管。投资者将托管在某证券经营机构的 LOF 份额转托管到其他证券经营机构，或将托管在某基金管理人或其代销机构的 LOF 份额转托管到其他基金代销机构或基金管理人。②跨系统转托管。投资者将托管在某证券经营机构的 LOF 份额转托管到基金管理人或代销机构，或将托管在基金管理人或其代销机构的 LOF 份额转托管到某证券经营机构。③LOF 份额不得办理跨系统转托管的情形。a. 分红派息前 $R-2$ 日至 R 日（R 日为权益登记日）的 LOF 份额。b. 处于质押、冻结状态的 LOF 份额。

17.2.2.5 其他类型基金的交易方式与流程

QDII 基金的申购与赎回和一般开放式基金的申购与赎回的比较：

(1) 相同点

①申购与赎回的渠道均包括基金管理人的直销中心代销机构的网站等。②申购与赎回的开放时间均为证券交易所交易日的 9:30-1:30，13:00-15:00。③申购与赎回的原则、程序基本相同。

(2) 不同点

①币种不同。QD 基金的申购与赎回的币种是人民币，基金管理人可在规定内接受其他币种，但应当提前公告。②申购与赎回登记不同。QD 基金赎回申请成功后，基金管理人将在 $T+10$ 日内支付赎回款项。在发生巨额赎回时，按基金合同有关规定处理。③拒绝和暂停申购的情形不同。

分级基金份额的上市交易、申购与赎回：

(1) 分级基金份额的上市交易

①分开募集的分级基金。分别以子基金代码进行募集，基金成立后，向深交所提交上市申请，仅以子基金代码上市交易，母基金既不上市也不申购、赎回。②合并募集分级基金。子基金份额上市交易，母基金份额仅进行申购和赎回，不上市交易。

(2) 开放式分级基金份额的申购与赎回

①分开募集的分级基金。以子代码进行申购和赎回。②合并募集的分级基金。以母基

金代码进行申购和赎回，子基金份额只能上市交易，不能单独申购和赎回。③对于新募集分级基金的规定。合并募集的分级基金，单笔认购、申购金额不得低于 5 万元；分开募集的分级基金，B 类份额单笔认购、申购金额不得低于 5 万元。

(3)分级基金必须进行跨系统转托管

即将登记在基金注册登记系统中的基金份额转托管到证券登记结算系统，然后再将基础份额拆分为子基金份额后可以在证券交易所卖出。

17.3　基金的登记

17.3.1　开放式基金注册登记体系的模式与机构

开放式基金份额的登记是指基金注册登记机构通过设立和维护基金份额持有人名册，确认基金份额持有人持有基金份额事实的行为。基金份额登记具有确定和变更基金份额持有人及其权利的法律效力，是保障基金份额持有人合法权益的重要环节。我国开放式基金注册登记体系的模式有“内置”模式、“外置”模式和“混合”模式。“内置”模式由基金管理人自建注册登记系统。“外置”模式由基金管理人委托中国证券登记结算有限责任公司作为注册登记机构。“混合”模式以上两种情况兼有。开放式基金的登记业务可以由基金管理人或者委托中国证监会认定的其他机构办理。其职责主要包括以下几个方面：①建立并管理投资者基金份额账户。②负责基金份额登记确认基金交易。③发放红利。④建立并保管基金投资者名册。⑤基金合同或者登记代理协议规定的其他职责。

17.3.2　开放式基金份额登记的流程

基金份额登记过程的实质是基金注册登记机构通过基金注册登记系统对基金投资者所投资基金份额及其变动的确认、记账的过程。在 T 日，投资者的申购和赎回申请信息由代销机构网点传送至代销机构总部，代销机构总部将申购和赎回申请信息汇总后统一传送至注册登记机构。$T+1$ 日，注册登记机构将确认的基金份额登记至投资者的账户，然后将确认后的申购和赎回数据信息下发至各代销机构，各代销机构再下发至各所属网点。同时，注册登记机构也将登记数据发送至基金托管人。

17.3.3　开放式基金申购与赎回的资金结算

开放式基金申购与赎回的资金结算包括清算和交收两个环节。注册登记机构根据确认的投资者申购和赎回数据信息进行资金清算。根据清算结果，申购资金从其资金账户转移至基金在托管银行开立的银行存款账户，我国一般 $T+2$ 日到达；赎回资金从基金的银行存款账户转移至投资者的资金账户，我国一般 $T+3$ 日到达，货币市场基金一般 T 日或 $T+1$ 日即可到达。

本章思考题

(1)基金合同生效的条件有哪些？发起式基金的基金合同生效为什么不受上述条件的

限制？

(2)试比较各类基金(开放式、封闭式、ETF、LOF、QDII)的认购方式和程序之不同点。

(3)简述我国开放式基金注册登记体系的模式。

案例分析 17：

上海三商被纪律处分，暂停受理私募基金产品备案

2024 年 7 月 26 日，中国证券投资基金业协会发布中基协处分〔2024〕362 号文，对上海三商作出纪律处分：对上海三商进行公开谴责，并暂停受理私募基金产品备案 12 个月。

经查，上海三商曾兼营金交所相关业务等与私募基金管理无关业务的行为，存在非专业化运营的问题。2020 年 12 月 30 日，中国证券监督管理委员会发布《关于加强私募投资基金监管的若干规定》(后文简称《规定》)，其中第四条规定私募基金管理人不得从事与私募基金无关的业务，第十四条规定不符合第四条规定的应当自本规定施行之日起一年内完成整改。根据上海三商自认，其于《规定》发布之后整改期内，仍然从事金交所业务并为相关发行人提供托管、承销服务，收取相应服务费用。以上行为违反了《私募投资基金管理人内部控制指引》第八条的规定。

此外，根据监管部门的监管措施决定书，上海三商还存在以下违规行为：一是委托不具有基金销售业务资格的单位或个人从事资金募集活动；二是委托他人制作、收集部分投资者适当性材料，未将部分专业投资者的认定结果告知投资者，也未按普通投资者类别履行告知、警示等适当性义务，在适当性管理过程中，未勤勉尽责、审慎履职。

讨论：

结合案例资料，讨论基金募集申请及注册、基金份额的发售必须满足的条件。

第 18 章 基金的信息披露

学习目标

(1)掌握基金信息披露的作用、原则和内容。

(2)掌握基金信息披露的禁止性行为。

(3)了解我国基金信息披露体系及 XBRL 的应用。

(4)理解基金管理人信息披露的主要内容。

(5)理解基金托管人信息披露的主要内容。

(6)了解基金份额持有人的信息披露义务。

(7)基金合同、托管协议等法律文件应包含的重要内容。

18.1 基金信息披露的基础知识

18.1.1 信息披露的概念和作用

基金信息披露是指以保护投资者及相关当事人的合法权益为出发点，按照法律、行政法规和中国证券监督管理委员会的规定向公众披露基金信息的行为。

信息披露的作用主要包括：①有利于投资者的价值判断。②有利于防止利益冲突与利益输送，保护公众投资者的合法权益。③有利于提高证券市场的效率。④能有效防止信息滥用，防止信息误导给投资者造成损失。

18.1.2 信息披露的原则

(1)披露内容方面应遵循的原则

①真实性原则(最根本、最重要的原则)即要求披露的信息应当以客观事实为基础，反映信息的真实状态。②准确性原则要求用精确的语言披露信息在内容和表达方式上做到准确，不得使人误解。③完整性原则要求披露所有可能影响投资者决策的信息，即所有重大的信息。④时性原则要求以最快的速度公开信息。⑤公平性原则要求将信息向市场上所有的投资者平等、公开地披露，而不应有所偏颇。

(2)披露形式方面应遵循的原则

①规范性原则要求基金信息必须按照法定的内容和格式进行披露。②易解性原则要求信息披露的表述应当简明扼要、通俗易懂。③易得性原则要求公开披露的信息一般公众投资者也可以轻易获取。

18.2 基金主要当事人的信息披露义务

18.2.1 基金管理人信息披露的义务

(1)基金募集信息披露中管理人的义务

在基金份额发售的三日前，将基金招募说明书、基金合同摘要登载在指定报刊和网站上；基金管理人、基金托管人应当同时将基金合同、基金托管协议登载在网站上。于基金合同生效的次日，在指定报刊和网站上登载基金合同生效公告。开放式基金的基金合同生效后，在每6个月结束之日起45日内，更新招募说明书并登载在网站上，将更新后的招募说明书摘要登载在指定报刊上。在公告的15日前向中国证监会报送更新的招募说明书，并就有关更新内容提供书面说明。

(2)基金运作信息披露中管理人的义务

基金份额获准在证券交易所上市交易的，在基金份额上市交易的前3个工作日，将基金份额上市交易公告书登载在指定报刊和网站上。至少每周公告一次封闭式基金的资产净值和份额净值。开放式基金的基金合同生效后，在开始办理基金份额申购或者赎回前，至少每周公告1次基金资产净值和基金份额净值。在每个季度结束之日起15个工作日内，编制完成基金季度报告，并将季度报告登载在指定报刊和网站上，分别于上半年和每年结束之日起60日和90日内，编制完成基金半年度报告和年度报告，并将半年度报告和年度报告的正文登载于网站上，将半年度报告和年度报告摘要登载在指定报刊上；基金合同生效不足2个月的，基金管理人可以不编制当期季度报告、半年度报告或者年度报告。基金定期报告应当在公开披露的第二个工作日，分别报中国证监会和基金管理人主要办公场所所在地中国证监会派出机构、基金上市的证券交易所备案。

(3)基金临时信息披露中管理人的义务

①基金发生重大事件在2日内编制临时报告书，予以公告，并在公开披露日分别报中国证监会和基金管理人主要办公场所所在地中国证监会派出机构备案。封闭式基金还应在披露临时报告前，送基金上市的证券交易所审核。②基金管理人召开基金份额持有人大会的，应当至少提前30日公告基金份额持有人大会的召开时间、会议形式、审议事项、议事程序和表决方式等事项。③在基金合同期限内，任何公共媒体中出现的或者在市场上流传的消息可能对基金份额价格产生误导性影响或者引起较大波动时，基金管理人知悉后应当立即对该消息进行公开澄清，并将有关情况立即报告中国证监会、基金上市交易的证券交易所。

基金管理人职责终止时的义务：按照规定聘请会计师事务所对基金财产进行审计，并将审计结果予以公告，同时报国务院证券监督管理机构备案。

18.2.2 基金托管人信息披露的义务

基金托管人信息披露的义务：①基金募集申请经中国证监会核准后，应当在基金份额发售的3日前，将基金合同、基金托管协议登载在网站上。②按照相关法律行政法规、中国证监会的规定和基金合同的约定对基金管理人编制的基金资产净值、基金份额净值、基金份额申购赎回价格、基金定期报告和定期更新的招募说明书等公开披露的相关基金信息进行复核、审查，并向基金管理人出具书面文件或者盖章确认。③在基金半年度报告及年度报告中出具托管人报告，对报告期内托管人是否尽职尽责履行义务以及管理人是否遵规守约等情况做出声明。④当基金发生涉及托管人及托管业务的重大事件时，应当在事件发生之日起 2 日内编制并披露临时公告书，并报中国证监会及地方监管局备案。⑤托管人召集基金份额持有人大会的，应至少提前 30 日公告大会的召开时间、会议形式、审议事项、议事程序和表决方式等事项。会议召开后应将持有人大会决定的事项报中国证监会核准或备案，并予以公告。

基金托管人职责终止时的义务：按照规定聘请会计师事务所对基金财产进行审计，并将审计结果予以公告，同时报国务院证券监督管理机构备案。

18.2.3 基金份额持有人信息披露的主要内容

代表基金份额 10%以上的基金份额持有人自行召集基金份额持有人大会时，召集人应当至少提前 30 日公告基金份额持有人大会的召开时间、会议形式、审议事项、议事程序和表决方式等事项。会议结束后，召集基金持有人大会的基金份额持有人有义务履行相关的信息披露义务。公开披露的基金信息需要由中介机构出具意见书时，中介机构应保证所出具文件内容的真实性、准确性和完整性。

18.3 基金募集信息披露

18.3.1 基金合同

我国证券投资基金的基金管理人、基金托管人和基金持有人之间的权利义务由基金合同确定。基金合同成立的条件：投资者交纳基金份额认购款项，表明投资者对公募基金合同的承认和接受。

《证券投资基金法》第五十二条规定，公开募集基金的基金合同应当包括下列内容：①募集基金的目的和基金名称。②基金管理人、基金托管人的名称和住所。③基金的运作方式。④封闭式基金的基金份额总额和基金合同期限，或者开放式基金的最低募集份额总额。⑤确定基金份额发售日期、价格和费用的原则。⑥基金份额持有人、基金管理人和基金托管人的权利、义务。⑦基金份额持有人大会召集、议事及表决的程序和规则。⑧基金份额发售、交易申购赎回的程序、时间、地点、费用计算方式，以及给付赎回款项的时间和方式。⑨基金收益分配原则、执行方式。⑩基金管理人、基金托管人报酬的提取、支付方式与比例。⑪与基金财产管理、运用有关的其他费用的提取、支付方式。⑫基金财产的投资方向和投资限制。⑬基金资产净值的计算方法和公告方式。⑭基金募集未达到法定要求的处理方式。⑮基金合同解除和终止的事由程序以及基金财产清算方式。⑯争议解决方式。⑰当事人约定的其他事项。

基金合同还包括两项重要信息：①基金投资运作安排和基金份额发售安排方面的信

息：基金运作方式，运作费用，基金发售、交易、申购、赎回的相关安排，基金投资基本要素，基金估值和净值公告等事项。②基金合同特别约定的事项：基金当事人的权利和义务，尤其是基金投资人的权利；基金持有人大会的召集、议事及表决的程序和规则、基金合同终止的事由、程序及基金财产的清算方式等事项。

18.3.2 基金招募说明书

基金招募说明书可以使投资者更好地了解管理人的基本情况，说明基金募集有关事宜，是指导投资者认购基金份额的规范性文件。

基金招募说明书包含的重要信息：①基金投资目标、投资范围、投资策略、业绩比较基准、风险收益特征和投资限制等(最为重要的信息)。②基金运作方式。③从基金资产中列支的费用的种类、计提标准和方式。④基金份额的发售、交易、申购、赎回的约定，特别是买卖基金费用的相关条款。⑤基金资产净值的计算方法和公告方式。⑥基金风险提示。⑦招募说明书摘要。

18.3.3 基金托管协议

托管协议是明确基金管理人和基金托管人在基金财产保管、投资运作、净值计算等事宜中的权利、义务和职责的协议。基金托管协议明确基金管理人和托管人在基金财产保管、投资运作、净值计算、收益分配、信息披露及相互监督等事项中的权利、义务及职责，确保基金财产的安全，保护基金份额持有人的合法权益。

基金托管协议包含的重要信息：基金管理人和基金托管人之间的相互监督和核查；协议当事人信息权责约定中事关持有人权益的重要事项。

18.4 基金运作信息披露

18.4.1 基金净值公告的规定

(1)普通基金净值公告的相关规定

公告信息包括基金资产净值、份额净值和份额累计净值等。资产净值和份额净值的公告频率为封闭式基金至少每周披露一次；开放式基金放开申购和赎回前，至少每周披露一次；放开申购和赎回后，每个开放日均会披露份额净值和份额累计净值。

(2)货币市场基金收益公告的相关规定

公告信息包括每万份基金收益和最近七日年化收益率。公告按披露时间不同，可分为封闭期的收益公告、开放日的收益公告和节假日的收益公告3类。封闭期的收益公告：基金管理人于开始办理基金份额申购或者赎回当日披露截至前一日的基金资产净值，基金合同生效至前一日期间的每万份基金净收益，前一日的七日年化收益率。开放日的收益公告：货币市场基金于每个开放日的次日披露开放日每万份基金净收益和最近七日年化收益率。节假日的收益公告：货币市场基金放开申购赎回后，在遇到法定节假日时，于节假日结束后第二个自然日披露节假日期间的每万份基金净收益节假日最后一日的七日年化收益率，节假日后首个开放日的每万份基金净收益和七日年化收益率。

(3) 货币市场基金偏离度公告的相关规定

偏离度是指影子定价法与摊余成本法之间的偏离度。若偏离影子定价法所确定的基金资产净值超过摊余成本法计算的基金资产净值，基金组合中存在浮盈。负偏离指影子定价法所确定的基金资产净值小于摊余成本法计算的基金资产净值，基金组合中存在浮亏。当偏离达到一定程度时，货币市场基金应刊登偏离度信息。偏离度信息主要包括下列几类：①在临时报告中披露偏离度信息。负偏离度绝对值超过 0.25%时，基金管理人在 2 个交易日内向中国证监会报告，并依法履行信息披露义务。正偏离度绝对值达到 0.5%时，基金管理人暂停接受申购，同时在 5 个交易日内将正偏离度绝对值调整到 0.5%以内。负偏离度绝对值达到 0.5%时，基金管理人要使用风险准备金或者固有资金弥补潜在资产损失，将负偏离度绝对值控制在 0.5%以内。负偏离度绝对值连续 2 个交易日超过 0.5%时，基金管理人需要采用公允价值估值方法对持有投资组合的账面价值进行调整，或者采取暂停接受所有赎回申请并终止基金合同进行财产清算等措施。②在半年度报告和年度报告中披露偏离度信息。披露报告期内偏离度的绝对值达到或超过 0.5%的信息。③在投资组合报告中披露偏离度信息。披露报告期内偏离度绝对值在 0.25%~0.5%的次数、偏离度的最高值和最低值、偏离度绝对值的简单平均值等。

18.4.2　基金定期公告的相关规定

(1) 基金季度报告的相关规定

基金季度报告的主要内容：①基金概况。②主要财务指标和净值表现。③管理人报告。④投资组合报告。⑤开放式基金份额变动等。季度报告的投资组合报告中应披露的内容：①基金资产组合。②按行业分类的股票投资组合。③前 10 名股票明细。④按券种分类的债券投资组合。⑤前五名债券明细。⑥投资贵金属、股指期货、国债期货等情况。⑦投资组合报告附注等。

(2) 基金半年度报告的相关规定

基金半年度报告披露的特点包括以下几方面：①不要求进行审计。②只需披露当期的主要会计数据和财务指标。③需要披露过去一个月的净值增长率。④无须披露近三年每年的基金收益分配情况。⑤管理人报告无须披露内部监察报告。⑥财务报表附注重点披露比上年度财务会计报告新更新的信息，披露时应遵循重要性原则。⑦重大事件揭示中，本报告期内改聘会计师事务所的情况。⑧半年度报告摘要的财务报表附注无须对重要的报表项目进行说明。

(3) 基金年度报告的相关规定

①基金管理人作为基金年度报告的编制者和披露人，应保证报告的真实、准确和完整。基金年度报告应经 2/3 以上独立董事签字同意，并由董事长签发。

②基金托管人负责复核年度报告、半年度报告中的财务会计资料等内容，并出具托管人报告等。

③基金年度报告需要在基金管理人网站上披露正文、在指定报刊上披露摘要。

④基金年度报告中的扉页中通常会涉及一些重要的提示内容，包括基金管理人和托管人的披露责任、基金管理人管理和运用基金资产的原则投资风险提示，以及年度报告中注册会计师出具非标准无保留意见的提示等。

⑤基金年度报告中应披露相关的财务指标，其中，披露的净值增长指标用来评价基金业绩表现是比较合理的。

⑥在基金年度报告、半年度报告和季度报告中需要以图表形式披露基金的净值表现。

⑦基金年度报告中的投资组合报告应披露期末基金资产组合，期末按行业分类的股票投资组合，期末按市值占基金资产净值比例大小排序的所有股票明细，报告期内股票投资组合的重大变动期末按券种分类的债券投资组合期末按市值占基金资产净值比例大小排序的前五名债券明细投资贵金属、股指期货、国债期货等情况投资组合报告附注等。

⑧基金年度报告中应当披露基金持有人的信息。基金持有人信息：上市基金前10名持有人的名称、持有份额及占总份额的比例；持有人结构，包括机构投资者、个人投资者持有的基金份额及占总份额的比例；持有人户数、户均持有基金份额等。

⑨基金年度报告中还需披露开放式基金合同生效日的基金份额总额、报告期内基金份额的变动情况。报告期内基金合同生效的基金，应披露自基金合同生效以来基金份额的变动情况。

18.4.3 基金上市交易公告书和临时信息披露的相关规定

(1)基金上市交易公告书的相关规定

上市交易公告书的主要披露事项：①基金概况。②基金募集情况与上市交易安排。③持有人户数。④持有人结构及前10名持有人。⑤主要当事人介绍。⑥基金合同摘要。⑦基金财务状况。⑧基金投资组合报告。⑨重大事件揭示等。

披露上市交易公告书的基金品种：①封闭式基金。②上市开放式基金(LOF)。③交易型开放式指数基金(ETF)。④分级基金子份额。

(2)基金临时信息披露的相关规定

基金信息披露中的重大性标准的界定：①影响投资者决策标准。②影响证券市场价格标准。信息披露义务人应当在重大事件发生之日起2日内编制并披露基金临时报告书，“重大事件”包括基金份额持有人大会的召开，提前终止基金合同，延长基金合同期限，转换基金运作方式，更换基金管理人或托管人，基金管理相关规定人的董事长、总经理及其他高级管理人员、基金经理和基金托管人的基金托管部门负责人发生变动涉及基金管理人、基金财产、基金托管业务的诉讼，基金份额净值计价错误金额达到基金份额净值的0.5%，开放式基金发生巨额赎回并延期支付等。

18.5 特殊基金品种的信息披露

18.5.1 QDII基金信息披露的相关规定

信息披露时，由于QDII基金将其全部或部分资金投资于境外证券，所以其披露相关信息时，可同时采用中文和英文，并以中文为准。币种可单独或同时使用人民币、美元等主要币种。

基金合同招募说明书中的特殊披露要求：①境外投资顾问和境外托管人信息。②投资交易的基本信息。③投资境外市场可能产生的风险信息。

定期报告中的特殊披露要求：①境外投资顾问和境外资产托管人信息。②境外证券投资信息。③外币交易及外币折算相关的信息。

临时公告中的特殊披露要求：①变更境外托管人。②变更投资者。③投资顾问主要负责人变动。④涉及境外诉讼等重大事件。放开申购、赎回前至少每周披露一次资产净值和份额净值。放开申购赎回后每个开放日披露份额净值和份额累计净值。

18.5.2　ETF 信息披露的相关规定

基金合同和招募说明书的特殊披露要求：①说明基金份额的各种认购、申购、赎回方式。②说明投资者认购、申购、赎回基金份额涉及的对价种类等。

基金上市交易之后，在每日开市前通过基金公司官方网站和证券交易所指定的信息发布渠道披露当日的申购清单和赎回清单，在交易时间内即时揭示基金份额参考净值（IOPV）。①申购清单和赎回清单主要包括最小申购、赎回单位对应的各组合证券名称、证券代码及数量、现金替代标志等内容。②交易日的基金份额净值除了按规定于次日在指定报刊和管理人网站披露外，也将通过证券交易所的行情发布系统于次一交易日揭示。定期报告的披露要求：按上市交易指数基金的规定进行。

本章思考题

（1）简述基金信息披露的意义。

（2）简述基金信息披露的禁止性行为。

（3）简述基金管理人、基金托管人、基金份额持有人分别的信息披露义务。

案例分析 18：

湘联控股有限公司被纪律处分

2024 年 7 月 10 日，中国证券投资基金业协会发布中基协处分〔2024〕342 号文，对湘联控股有限公司进行纪律处分：对湘联控股进行公开谴责，并暂停受理其私募基金产品备案十二个月。其违规行为之一是未披露影响投资者权益的重大事项。

湘联控股通过其在管产品“湘联乾利 1 号私募证券投资基金”（后文简称“乾利 1 号”）、“湘联乾利 2 号私募证券投资基金”（后文简称“乾利 2 号”）于 2021 年 12 月 29 日在一级市场认购某建设有限公司所发行某债券共计 27 000 万元，该债券实际发行量 30 000 万元。经查询“乾利 2 号”募集户银行流水，某科技有限公司于 2021 年 12 月 27 日认购“乾利 2 号”金额 15 000 万元，某科技有限公司为某建设有限公司的关联方。“乾利 2 号”的投资者除某科技有限公司外，还存在多名自然人及机构投资者，湘联控股未就前述相关交易及关联关系进行披露。相关行为违反了《私募投资基金信息披露管理办法》第十八条第十四项的规定。

讨论：

(1) 简述基金管理人信息披露的义务。

(2) 结合本章内容和案例资料，讨论基金信息披露的关键内容。

参考文献

曹龙骐，2023. 金融学[M]. 7版. 北京：高等教育出版社.

陈曜亮，方东波，2022. 基金实战[M]. 北京：人民邮电出版社.

高蕾，丁少群，2024. 政府引入商业保险参与社会治理的典型模式与应用路径研究[J]. 保险研究(06)：28-42.

基金从业人员资格考试研究组，2022. 基金法律法规、职业道德与业务规范[D]. 重庆：西南财经大学出版社.

基金从业人员资格考试研究组，2022. 证券投资基金基础知识[D]. 重庆：西南财经大学出版社.

刘瑞杰，2019. 证券市场的职业道德与合规管理[M]. 北京：经济管理出版社.

王妹，2013. 主要发达国家保险监管制度比较研究[D]. 长春：吉林大学.

王绪瑾，2009. 中国财产保险市场分析[J]. 保险研究(01)：57-65.

新创企业财务人员进阶项目组，2022. 一本书读懂基金管理[M]. 北京：化学工业出版社.

尹玉，2014. 浅析《证券法》中关于市场操纵行为的法律规范[J]. 现代经济信息(16)：346.

张洪涛，2014. 保险学[M]. 4版. 北京：中国人民大学出版社.

张震，2024. 个人养老金税优模式优化与个人所得税税制改革——基于TEE模式与EET模式的精算研究[J]. 保险研究(04)：48-61.

中国人寿保险股份有限公司会计准则研究课题组，2024. 实施新保险合同准则和新金融工具准则的思考[J]. 金融会计(05)：24-33.

中国银行业协会银行业专业人员职业资格考试办公室，2024. 银行管理[M]. 北京：中国金融出版社.

中国银行业协会银行业专业人员职业资格考试办公室，2023. 银行业法律法规与综合能力[M]. 北京：中国金融出版社.

中国证券监督管理委员会，2020. 证券市场法律法规汇编[M]. 北京：中国证券市场出版社.

中央财经大学，2021. 中国证券市场发展报告[R]. 北京：经济科学出版社.

Andrés C，João T，2023. Insurance contracts and financial markets[J]. Mathematical Social Sciences，121.

参考文献